U0854430

高等学校小学教育专业精品教材

郭健　丛书主编

教育科研方法

张志杰　冯　超　李士萍　主编

JIAOYU KEYAN FANGFA

北京师范大学出版集团
BEIJING NORMAL UNIVERSITY PUBLISHING GROUP
北京师范大学出版社

图书在版编目(CIP)数据

教育科研方法/张志杰，冯超，李士萍主编．—北京：北京师范大学出版社，2018.4(2024.8 重印)
(高等学校小学教育专业精品教材)
ISBN 978-7-303-23561-2

Ⅰ．①教…　Ⅱ．①张…　②冯…　③李…　Ⅲ．①小学教育—教育研究—研究方法—高等学校—教材　Ⅳ．①G620-03

中国版本图书馆 CIP 数据核字(2018)第 047344 号

图书意见反馈　**gaozhifk@bnupg.com　010-58805079**
营销中心电话　010-58802755　58800035
北师大出版社教师教育分社微信公众号　京师教师教育

出版发行：北京师范大学出版社　www.bnup.com
北京市西城区新街口外大街 12-3 号
邮政编码：100088
印　　刷：北京虎彩文化传播有限公司
经　　销：全国新华书店
开　　本：787 mm×1092 mm　1/16
印　　张：16.5
字　　数：342 千字
版　　次：2018 年 4 月第 1 版
印　　次：2024 年 8 月第 5 次印刷
定　　价：38.00 元

策划编辑：王建虹　　责任编辑：韩　妍
美术编辑：李向昕　　装帧设计：焦　丽
责任校对：陈　民　　责任印制：马　洁

版权所有　侵权必究
反盗版、侵权举报电话：010-58800697
北京读者服务部电话：010-58808104
外埠邮购电话：010-58808083
本书如有印装质量问题，请与印制管理部联系调换。
印制管理部电话：010-58806364

丛书编委会

主　　任　郭　健

副主任　薛彦华

委　　员　（按姓氏拼音排序）

白世国　崔万秋　范　杰　付建中　苟增强

胡玉平　李景春　李玉侠　鲁忠义　裴元庆

单迎春　宋耀武　王国英　王润兰　武立民

邢秀茶　张丽娟　张彦云　赵　伍

总　序

PREFACE

20世纪90年代以来，随着社会发展水平的提高，社会对高质量教育的需求越来越强烈。为顺应社会需求，我国对教师培养体系进行了重大变革——小学教师由原来的中等师范学校培养改为由专科学校和本科院校培养。1998年南京师范大学晓庄学院首次尝试开设小学教育（本科）专业，开小学教师本科化培养的先河。在教育部1998年颁布的《普通高等学校本科专业目录》中，小学教育专业以“经教育部批准同意设置的目录外专业”出现，标志着小学教育专业开始被纳入高等教育体系中。2012年，小学教育专业以教育学二级学科的身份，正式被纳入教育部颁布的《普通高等学校本科专业目录》。经济发达的地区把对小学教师的学历要求提升到专科或本科水平，并在全国范围内扩招教育硕士。

自小学教育专业被纳入高等教育体系以来，小学教育专业取得了一定的成效，为我国输送了大批本科和专科学历的小学优秀教师。

为了保证教师的培养质量，教育部于2011年10月8日颁布了《教育部关于大力推进教师教育课程改革的意见》，其附件《教师教育课程标准（试行）》是国家对教师教育课程改革提出的建议和要求，也是认定教师资格的重要依据。这对我国小学教师教育类课程结构调整和优化提出了新的要求；对深化教师教育改革，规范和引导教师教育课程与教学，培养和造就高素质专业化教师队伍具有纲领性的作用。

小学教育专业被纳入高等教育体系的时间短，在专业建设的过程中我们需要解决的问题很多，尤需解决的是小学教育专业的课程及教材建设问题。河北省教育学教学指导委员会审时度势，组织全省教育学、心理学相关领域专家进行了充分的调研，分析了小学教育专业人才培养存在的问题，针对权威教材匮乏的现状，组织专家编写了河北省小学教育专业系列教材。

此次教材编写既注重理论的系统性与前沿性，也注重解决教育实践问题的应用性与操作性；既注重编写过程的学术性，也注重教材形式上的趣味性。希望本教材成为小学教育专业学生喜读、乐读的基本学习素材。

本套小学教育专业系列教材共包括十几种，分别是《教育学》《教育政策与法规》《教育测量与评价》《教育科研方法》《现代教育技术应用》《课程与教学论》《小学教育管理》《小学语文课程与教学论》《小学数学课程与教学论》《小学英语课程与教学论》《小学科学课程与教学论》《教育心理学》《儿童心理学》《小学生心理健康教育》《小学综合实践活动》《小学班主任工作原理与实践》和《小学教师专业技能训练》。

本套教材的编写参与人员较多，涉及学科较广，是一项艰巨的工程，能顺利付梓得益于所有参编人员的辛勤工作、密切配合，也得益于北京师范大学出版社王剑虹女士的积极协调与沟通。在此向所有参与此次编写活动的作者及编辑人员表达我们的敬意。

教材编写过程中由于编者的学术视野及学术能力的限制，难免会出现不足之处，我们将在教材使用中进一步总结反思，不断修订和完善。同时，也欢迎广大学界同人及读者予以批评和指正。

郭健

2016 年 6 月 8 日

前　言
FOREWORD

教育研究是探究教育现象，解释和揭示教育活动基本规律的系统活动。随着教育发展和课程改革的深入，教育科研在教师专业发展中的作用也越来越重要，因此具有和掌握教育科研的能力和方法就成为未来教师的一个基本要求。针对我国小学教育专业教育发展的现状，尤其是针对小学教育专业学生在教育科研能力上的不足，我们组织了全省相关专业的教师编写了这本《教育科研方法》。本书作为一本导论性质的教材，其目的是教给学生教育研究方法的基本知识和技能。为此我们在编写过程中体现了以下几方面的特点：

1. 科学性：每个概念力求引用准确，确保概念和相关理论的科学性。

2. 启发性：在每章之后推荐有启发性的阅读文献和相关资源，通过课后材料的阅读以提高学生分析和理解能力。

3. 操作性：在每章中通过丰富的实例分析来增进学生对每种研究方法的理解和掌握。

4. 可读性：在每章之前设立案例导入，并以通俗易懂的方式来介绍每种研究方法，以增加可读性。

本书由笔者来提供写作提纲，邀请相关领域的老师参加各部分的编写。参与各章的编写人员如下：第一章，高梦莹、王海月(河北师范大学)；第二章，倪虹、高梦莹(河北师范大学)；第三章，贾志平(河北化工医药职业技术学院)；第四章，冯超(石家庄学院)；第五章、第六章，李士萍(廊坊师范学院)；第七章，代景华(河北中医学院)；第八章，冯超(石家庄学院)；第九章，王章峰(衡水学院)；第十章，张雅静(河北师范大学)；第十一章，刘馨元(河北师范大学)。最后由笔者统稿，笔者的研究生高梦莹和刘馨元在最后统稿的过程中做了大量的工作。

本书的编辑与出版得到了北京师范大学出版社王剑虹女士的大力帮助与支持，在此表示由衷的感谢。本书在写作过程中参考和引用了大量学者的研究成果，同时也引用了互联网上的一些案例和资料，在此表示深深的谢意。由于时间仓促，加之编写者的学术水平有限，难免会出现一些问题和遗漏，恳请各位读者给予批评和指正！

张志杰

2018年1月

目　录

CONTENTS

第一章　科学研究与教育研究

【本章要点】

教育研究属于科学研究的范畴，真正的教育研究必须是科学研究，教育研究同样具备科学研究的一般特征。本章首先介绍科学研究的方法和特征，并详细介绍科学研究的过程；其次，介绍教育研究的性质、类型，并向读者展示几种常见的教育研究范式；最后，介绍教育研究中的伦理问题，为教育研究提供道德准则。

学习目标

1. 了解科学研究和教育研究的概念和基本特征，掌握科学研究的过程及研究方法。

2. 了解并掌握教育研究的性质、类型以及教育研究的范式。

3. 了解教育研究中的伦理问题，学会在实践中预见和处理这些问题。

导入案例▶

研究者想探讨早期行为干预对婴幼儿健康人格发展的影响，于是在当地的妇幼保健院选取66例新生儿进行了婴幼儿早期行为干预的研究，按照数字表法随机分为干预组和对照组，每组33例。对照组仅给予一般养育指导，干预组在对照组的基础上给予健全人格培养的个体化指导。2个月内的婴儿由其父母填写人格量表，对1～4个月及2.5～3岁的儿童进行儿童气质量表的评定并进行比较，对2.5～3岁的儿童进行人格发展趋向量表(PTSC)及婴幼儿智能发育量表(CDCC)评定。结果表明，早期行为干预可有效促进婴幼儿的健康人格发展，值得临床推广应用。

那么，该案例是科学的吗？是否具备教育研究的性质和特征？是否遵守了教育研究过程中的伦理守则？这些问题将会在本章中找到答案。

第一节　科学与科学研究

教育研究属于科学研究的范畴，是指用科学的方法解决教育问题，促进教育事业发展的过程。需要注意的是，真正的教育研究必须是科学研究，因此，教育研究同样具备科学研究的一般特征。要科学认识教育研究就必须对什么是科学研究有一个基本的认识。

一、科学与科学方法

(一)科学与科学研究

科学是指将各种知识通过细化分类(如数学、物理、化学等)研究，逐渐形成公认的普遍真理或定理。1888年，达尔文也曾给科学下过一个定义："科学就是整理事实，从中发现规律，做出结论。"达尔文的定义指出了科学的内涵，即事实与规律。科学要发现人所未知的事实，并以此为依据，实事求是，而不是脱离现实的纯思维的空想。科学是建立在实践基础上，经过实践检验和严密逻辑论证的，关于客观世界各种事物的本质及运动规律的知识。科学研究便是人类通过科学的方法寻求真理的过程，它是指运用严密的科学方法，从事有目的、有计划、系统的认识客观世界，探索客观真理的活动的过程。

(二)科学研究的方法

库恩(Kuhn)曾说过，科学研究并不是一个完全按照顺序进行的过程。科学研究包含了很多的活动，是一个动态的过程，主要有观察、提出并检验假设、建立理论并予以验证，并试图将其运用到实践当中。

科学研究常见的研究方法包括探索法和验证法。探索法主要包括3个步骤：

第一，研究人员对日常行为进行观察；第二，对观察到的内容进行整理，探索其一般的模式；第三，得出结论或对某一现象做出初步的判断。同样，验证法也包括 3 个步骤：第一，研究人员基于现有理论（现有的科学解释），对某一现象提出假设；第二，通过收集数据检验假设；第三，在数据的基础上，对假设的准确性进行判断。

尽管这两种方法都依赖人们的日常行为观察，但其目的是不同的。探索法是一种自下而上的加工方法，它强调从具体数据和观察开始，发现更普遍的现象。探索法有时也被称作“归纳法”，因为其方向是“从特殊到一般”。相反，验证法是自上而下的加工方法，它强调从一般理论出发，通过具体的数据检验理论假设。验证法有时也被称作“演绎法”，其方向是“从一般到特殊”。

探索法是一种理论—生成法，即通过观察形成一些想法，并将这些想法整合为一个理论，能够对观察到的现象进行合理的解释。验证法则是传统的理论—检验法，是用新的数据检验理论或假设，以证明它们的准确性。通常情况下，人们通过探索法形成新的知识，而通过验证法来检验经验性知识。总的来说，探索法侧重于理论的发现、生成和建构，而验证法侧重于检验或验证理论。

以上介绍了探索法和验证法两种不同的科学研究方法，如何在实践中利用这两种方法也是至关重要的。如图 1 1，科学研究方法是一个循环系统。根据研究目的的不同，一些研究侧重理论—检验过程，还有研究侧重理论—生成过程，但通常情况下，科学研究会经历一个完整的周期。事实上，定量研究（如经过标准化检验的大量数据资料）和定性研究（如开放式的访谈）都需要经历整个循环系统，但是他们强调不同的部分。定量研究是根据理论提出假设，并进行实证研究，得出结论的研究过程（“验证逻辑”），而定性研究则是直接从观察入手，描述现象，形成特定模式，甚至生成理论的研究过程（“发现逻辑”）。

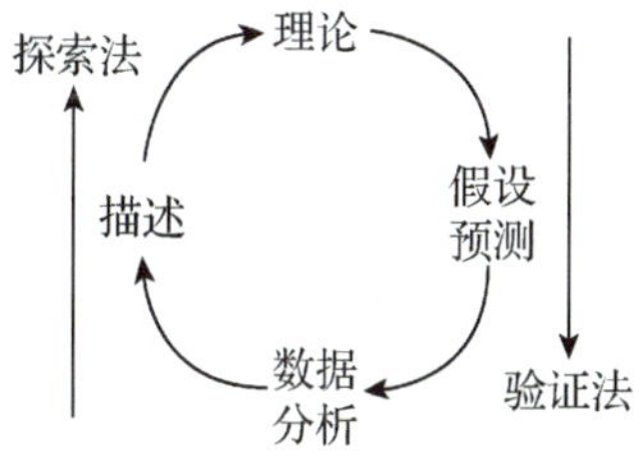

图 1-1　研究循环系统

（三）科学研究的特征

科学研究的目的在于认识世界，通过科学研究，可以发现对象的新特点和新规律，从而提供新信息、新知识、新理论，它是对现有知识和理论的进一步推进，而不是对当前理论的重复。科学研究不同于一般的认识过程，它具有以下几个特征。

第一，系统性。科学研究都有比较系统的理论框架，有目的、有组织、有步骤地通过实际调查与研究，结合科学的分析方法，检验理论假设的正确性，寻求研究对象之间的关系，解决实践中遇到的各种问题，分析实践中的各种现象；而在人们一般的认识过程中，虽然也用某些概念或假设，但都是经验的总结，缺乏系统性和周密性，也不可能严格检验各种观点和想法。

第二，控制性。科学研究都有一定程度的控制机制。在科学研究中，人们总是有意地设法恒定或排除某些无关的因素，以便着重观察与分析有关对象的关键特征及其影响因素，找出事物发展的因果或相关关系；而人们在一般认识过程中，很少会有意识地控制某些条件和系统地解释各种现象。

第三，重复性。可重复性原则是科学研究中的重要原则之一。一个科学的研究不仅是一项系统的活动，而且它的过程和结果都应是可以重复的，即不同的研究者可以通过相同或类似的方法得出相同的结论。如果一个现象和结果不能被别人重复，那研究者声称的发现可能是错误的或是伪造的。它是证实研究结果客观性和真实性的重要方法。要实现科学研究的可重复性，需要研究对象具有可操作性，即可以通过客观的方法对研究的对象进行测量或操纵。

第四，可证伪性。著名科学哲学家波普尔(Popper)曾指出："可以作为划界标准的，不是可证实性而是可证伪性。换句话说，我并不要求科学系统能在肯定的意义上被一劳永逸地挑选出来。我要求它具有这样的逻辑形式：它能在否定的意义上借助经验检验的方法被挑选出来。"这就是强调科学研究的可证伪性特点。科学研究是在一定条件下进行的，没有这个前提，这个结论是不成立的。因此，科学结论不是永恒的，它总是在一定条件下被证实，超出这个条件就会被证伪。科学是不怕出错和证伪的，它总是在对已有结论的证伪过程中发展，通过对原有理论的证伪，人们才更清楚一个理论更准确的适用范围。

第五，开放性。科学研究的开放性主要表现在：①多视角。即可以通过不同角度不同的科学方法对某一客观现象进行研究。科学研究不限制研究者看待问题的角度，相反，它鼓励开放性思维，只要能说明问题，任何角度都是可以允许的。②公开性。即科学研究过程和成果对众人开放，强调交流和共享。研究者可以将自己的研究通过学术期刊、学术会议或网络等媒介公布，供大家参考、借鉴或批判。③可争辩性。前面提到，科学研究可以被证伪，所以，其允许理性的质疑和争辩。④科学研究无禁区。只要是能够客观观测的事物都能纳入科学研究。对于科学本身没有什么禁区可言。这是科学研究与其他探索世界方式的不同之处。比如，根据伦理的观点，克隆就是禁区。

二、科学研究的过程

科学研究的过程主要分为 5 步：选题并提出假设、设计研究方案、数据采集、数据分析、解释结果并做出推论。

(一)选题并提出假设

题目的选择可以有多个来源，研究的目的可以是：尝试新的方法和技术、满足研究者的好奇心、确认某一行为现象的存在或探索必然事件出现的条件。很多研究领域都基于以上研究目的，同时，这些领域的研究思路的获得渠道也大同小异。以下从 4 个方面介绍常见的选题思路的来源。

第一，阅读已发表过的文献。即使是专家的研究思路也并非凭空思考或想象的。在许多情况下，有经验的研究者也需要通过阅读其他人的文献获得新的想法或思路来进一步研究。当你阅读这些文献时，根据文献中出现的问题，发现新的研究思路。比如，一位教师正在阅读一份关于儿童发展的研究报告，但该报告并没有集中某一个特定的年龄组。而这位教师所教的学生年龄在 10～12 岁，那么这位教师就可以基于已有的文献，对这个年龄段的学生进行更加深入、细致的研究。

第二，阅读文献综述。科学研究的一般方法是找到自己感兴趣的领域，通过阅读这个领域的文献，总结他们的研究思路。其中最有效的方法之一就是阅读这个领域的文献综述。文献综述是作者对某一话题领域做的大量的搜索、阅读和汇编文献的工作，因此一篇好的文献综述几乎可以涵盖这个领域的全部内容。有些专门发表文献综述的期刊可以为研究主题提供非常丰富和科学的信息来源，通过这样的文献综述能够找到新的研究思路。

第三，重复先前的研究。很多教师把学生看成经验学习者。因此，教师会经常建议学生在初学时，重复或复制先前的研究。重复研究为先前的研究补充了数据，提供了更充足的证据，这是科学研究中至关重要的一步。但是重复先前的研究，并不等于简单的复制，即使与之前研究过的课题相同，也需要对研究问题的科学性和逻辑性进行整体上的把握，而不是盲目地重复研究。

第四，在与导师进行合作研究时，也可能会创造性地出现新的研究思路。这样合作研究的效果将有大幅度提升。

(二)设计研究方案

有时也可以根据研究过程中的不同情况适当地改变研究方案。如图 1-2，调查研究从一个思路到提出研究问题。这个研究问题可能引起一些关于这个研究课题的假设或"猜测"，也可能形成一个研究设计或计划。然后进行一系列数据采集和分析来回答这个问题，从而形成循环的模式。在这个模式中，会经常出现新的问题作为未来研究的课题。

一些研究思路是先前研究的进一步发展。很多情况下，研究者将之前的研究变得更具体或更集中。当研究思路或者主题确定了，下一步就是蒸馏问题。蒸馏问题的过程是精炼问题和思路的过程，是指把研究思路具体化、可操作化，将更多的术语进行操作性定义，完善更多的细节，最终引导现有的研究进行进一步的操作。

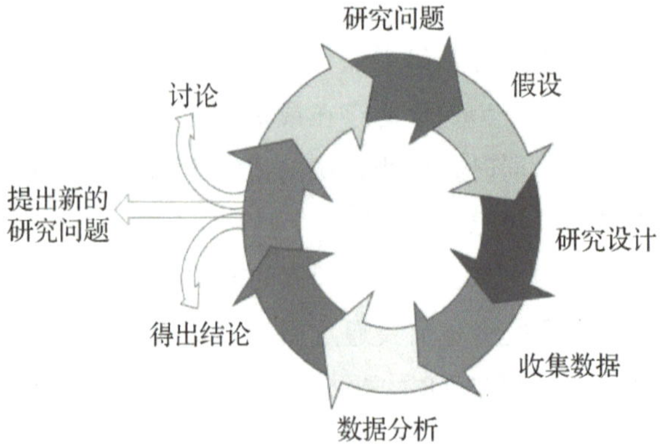

图 1-2　研究方案的设计过程

(三)数据采集

数据采集阶段指的是实际操作阶段，主要的方法包括问卷调查法、访谈调查法等。数据收集最关键的要素在于数据采集前详细规划测验的每一步。开始数据收集之前，要注意两个方面：第一，在数据采集的过程中，可能出现的操作细节；第二，不可预测的情况。研究者需要考虑各种可能会出现的影响数据收集的情况，尽量保证数据的真实有效性。研究经验对于避免数据采集过程中不可预测的情况是至关重要的。

数据收集过程中的重要注意事项如下。

第一，对研究任务情境的控制。不同的研究方法需要考虑和控制的条件也存在差异。通常研究者选择在学校进行实验，你需要一个实验室或是更便于观察的环境。那么，实验室与被试的距离、被试到达实验室的路上是否会有情绪或其他因素的影响。此外，也要考虑物理环境对研究的影响，这将取决于你的研究目的，如果你需要进行自然观察，你会和被试在一个房间或是隐藏起来通过一个单向镜来观察。如果你需要一个单独的研究空间，它应该是一个相对自由的，可以避免被试分心的空间，以便被试可以专注于研究任务。

第二，被试的选取。首先，根据研究问题的性质，确定被试群体，凡是影响人类身心健康的实验，绝对禁止使用人类被试。例如，研究儿童对凶猛动物的恐惧心理，研究者不能将儿童和凶猛动物安置在同一房间里，这是对儿童身心的一种摧残。其次，要根据研究目的确定研究总体的范围。根据研究的推广范围和推广人群确定研究对象的总体。最后，根据研究总体，确定样本数量、取样方法，采取一定的程序保证抽样具有代表性。例如，准备采用大样本还是小样本研究设计模式，前者每组要超过 30 个被试，后者要小于 30 个被试。然后，如何抽取这些数量的被试，确保其对总体的代表性，只有确保了其代表性后，根据样本推断总体才有比较牢固的基础。比较可靠的办法是采用随机抽样。被试的选取，根据研究目的的不同，你可能需要进行课堂观察或是实验室观察。

第三，实验室的布置。在实验室观察时，你需要考虑哪些家具是必须摆放的，以及如何安置这些家具。有时候，为了营造一个温馨、舒适的环境，需要壁画、摆件等类似的装饰品。如果实验需要与被试面对面接触，还需要一张桌子。

第四，与被试的人际关系。你和被试之间将是一种什么样的沟通方式，指导语在研究中是至关重要的。如何将指导语清晰准确地表达出来，是研究开始前需要反复考虑的事情。对于被试的回答，你将会做什么反应？研究者可能以某种方式(如表情、手势、语气等)有意无意地影响被试，使他们的反应附和主试的期望。这种现象称为"实验者效应"。因此，你对被试的反馈会影响被试接下来的行为。根据研究目的的不同，需要对被试的回答有不同的反馈。

以上这些问题只是例子。它们在研究程序中是经常出现的，但可能不包括在一个调查研究中。任何一个环节的失误，都会直接导致收集数据的无效性。

(四)数据分析

收集数据之后，接下来就是对数据进行分析。这个步骤也是至关重要的。数据分析可能会比单一的程序设计部分带来更多的不理想的结果。事实上，大多数的定量分析仅仅是基本的算数运算。多数情况下，只需要具备基本的四则运算的技能即可。这些实际操作可以根据市面上的任何一个定量分析手册来执行。这些手册都支持一个观点，即研究者没有必要记住这些公式，只需知道在特定的情况下用适当的方法进行分析即可。定性分析通常是以语言而不是数字的形式进行描述的。它主要是分析者凭借知觉、经验等资料，对分析对象的性质、特点、发展、变化规律等做出判断。比较而言，定量分析更加科学，而定性分析较为粗糙，但在数据资料不够充分或者数学基础较为薄弱时，定性分析更为实用。

(五)解释结果并做出推论

研究中常常会有一个错误的想法，认为数据分析完成后，研究也就随之结束了。恰恰相反，这正是另一个过程的开始——解释数据和做出推论。推论是研究者从数据中建构描述性陈述的解释过程，是对结果的解释和说明。推论的结果可能呈现在论文的讨论部分，也可能作为文章的结论。推论主要解决两个问题：第一，为什么发生这样的情况，它意味着什么？第二，对出现的现象进行解释。

第二节　教育研究的性质、范式和类型

教育研究是指通过收集教育领域中各方面的信息，对教育中的问题进行更好的分析和解释。教育研究是科学研究的一种形式，其突出特点是富有创造性，因此教育研究不仅具有科学研究的一般特征，还有其独有的研究内涵。以下将从教育研究的性质和特征两个方面对教育研究进行简单的介绍，并向读者展示几种常见的教育研究范式和类型，以便于对教育研究有一个整体的了解。

一、教育研究的性质

科学研究从根本上说是一个活动或是一个系统的过程。尽管不同的研究中过程不尽相同，但它们的某些基本特性是相同的。同样，在教育研究中也具有这些特性，学习这些特性，可以帮助学者更好地理解教育研究。

(一)经验性

教育研究以典型的经验取向为特征。经验主义认为，所有的知识都是从感觉经验中获得的，而感觉经验信息来源于现实中的观察和实验室实验，整合、概括这些得到的信息，并通过某种形式呈现出来。信息有很多呈现形式，如测验分数、观察结果、咨询记录或通过测量仪器测得的结果等。研究者可以根据这些资料进行研究，提出假设，进行验证并得出结果。

(二)系统性

研究是一个过程，而且是一个系统的过程。研究过程在本章第一节有详细的介绍。教育研究本就是系统的科学研究，可以用科学研究的方法，通过对资料的收集、整理、分析和解释来得出结论。需要强调的是，教育研究方法是一个过程，不应当与具体的研究方法(如实验法)相混淆。此外，教育研究是有系统的，在一个大的框架中遵循着科学的方法步骤。但是，不同的研究类型在如何完成这项步骤上存在较大弹性。

(三)有效性

研究的有效性，即效度，指结论解释的准确性和结论的普遍性。具体来讲，效度可以分为内部效度和外部效度。内部效度是指研究中自变量与因变量关系的确定程度。如果在研究中存在没有考虑到的因素，从而模糊了研究变量对研究结果的影响，研究问题复杂化，那么就影响了研究的内部效度。外在效度是指将研究结果推广到研究情境外的程度，即研究结果和变量条件、时间和背景的代表性和普遍适用性。一般认为，内部效度是外部效度的必要条件，但不是充分条件。内部效度低的研究结果就谈不上对其他情境的普遍意义；可是内部效度高的研究，其结果却不一定能够一般化到其他情境中去。教育科学研究的重要意义是要发现教育活动的普遍规律，指导教育工作的开展。因此，提高研究结果的外部效度十分重要。任何研究的效度都是针对研究的目标来说的，或者说研究的结论只适用于与研究目的和场合一致的情境。

(四)可靠性

研究的可靠性，即信度，是指采用同样的方法对同一批研究对象重复测量时所得结果的一致性程度。同样，信度分为复本(平行)信度和重测信度。复本信度是指在相同的条件下，收集资料并分析处理，能够保证一致性的程度。比如，使用课堂观察方法收集资料时，复本信度取决于两个或多个观察者在看待同一位教师的上课状态时，意见是否统一。如果缺乏复本信度，所收集的资料也仅仅是一些数据，就不能反映真实的情况。重测信度是指一项研究能否在相同或相似的背景下重复进行研究。如果研究是可靠的，一项研究前后两次得出的结果应该是一致的。因此，为了保证可重复性，研究中必须对研究过程和条件有充分的界定。

信度是效度的一个必要的保证，也就是说，一项研究不可能只有效度却没有信度。如果一项研究无法保证信度，我们就无法对结果进行解释并推广到其他的研究背景中去。本质上讲，信度和效度共同构成了研究的可靠性。信度强调可重复性而效度强调结果的精确性和推广性。

(五)目的性

从学术上讲，影响教育过程的学术性问题激发了众多教育工作者研究的兴趣。比如，研究者想要了解家庭的力量和意义，以及其他外部因素对青少年在学校表现的影响；低收入、父母离异或其他因素与儿童在学校的学习情况是否有直接影响；早期干预是否可以平衡这些因素对儿童的不利影响等。这都体现了教育研究的目的性。从个人层面来看，早期教育研究者通常在教学过程中得到启发，想要了解学生的一些情况，很多研究问题来源于个人的生活、经验以及价值观。从社会层面来看，我们希望通过教育研究来提升教育品质；学校根据研究结果来规划课程和教学方法；家长间接得到一些信息，能够更好地配合学校的工作，为孩子提供良好的家庭环境；辅导机构或社会组织运用这些成果，根据当前需求研发教育产品。

二、教育研究的范式和类型

(一)常见的教育研究范式

美国著名科学家库恩指出，“范式(paradigm)”是从哲学研究中总结出一种独特的方式，相同研究领域的科学工作者通过分享和交流他们研究的新进展或范式来推动科学的发展。当研究者的意见不同时，范式就是解决这些问题的依据。从古希腊时期开始的教育研究发展至今，研究范式的发展与革新始终是推动教育研究向前迈进的基础动力。需要强调的是，新旧范式之间没有可比性，从意义上讲他们用不同的方式来阐释研究问题，因此每个范式都有其自身的优点，同时也存在缺陷。

随着西方教育研究的不断发展，也出现了很多教育研究的范式。梳理各个时期的范式，朴普科维茨(Popkewitz)将范式分为经验分析科学范式、符号科学范式和批判科学范式 3 种；当代一些学者主张从女性主义、后现代主义、新实用主义、建构主义的视角来研究范式。科汉(Cohan)等人在人们对“知识的质疑、认识、获得途径、传播方式的研究”认识层面上，将教育研究分为实证的、规范的、解释的、自然的及批判的 5 种科学研究范式。

不同的教育研究者有不同的研究理念。在一般情况下，一种研究范式意味着对一种教育的看法。当然，具体的研究方法取决于所要研究的内容。本书将介绍两种在教育研究中盛行的范式：实证主义范式和构造主义范式。实证主义者及后实证主义者重点是使用定量研究方法进行研究，而解释主义者及其后来的结构主义者更多地使用定性研究方法进行研究。

1. 实证主义与后实证主义

实证主义强调感觉经验，认为通过观察现象可以归纳出一般规律。其研究目的是为了更好地了解事物本身。这是传统与自然科学(如生物学、化学、物理)的联系，符合人类行为的普遍规律，科学家可以客观和公正地通过科学的方法和手段看清楚现实。实证主义者认为，以一个良好的理论为基础的预测可以让我们更进一步地了解实际教育过程。

后实证主义与实证主义是存在区别的。后实证主义者认为现实是外部的、客观存在的，但由于事物的复杂性、研究者自身认识的局限及个人的偏见导致人们无法用科学的方法来感知客观事物。与实证主义不同，后实证主义者认为科学的目标是达成研究者对事物的研究共识。例如，后实证主义者可能担心研究者在理论中的个人偏见。因此，他们对研究的结果持怀疑的态度直到很多研究人员都能证实这个理论。

2. 解释主义与结构主义

教育的定性研究往往是由不同的解释主义者来引导的。自 20 世纪 90 年代起，解释学方法在教育研究中越来越有影响力，被称为“解释学逆转”，改变了教育研究的蓝图。解释主义者认为教育事物是社会构建的，教育研究的目的是理解人们赋予事物的含义，而不是确定事物与解释之间的差距。这种哲学反对实证主义思想(事物是一个具体的、客观存在的，科学的方法有助于我们理解事物)。解释主义者认为，人们依据自己的喜好和偏见以及与他人的交流来构建事物的知识体系。这意味着人们永远都不能确定我们已经真正地了解了一个事物，因为不同的人对研究对象有不同的理解，这也是社会科学应该注意的问题。

结构主义者认为，现象与事实不等于真相，教育的真相不是仅仅通过对现象、事实和实证数据的归纳就能得出的，对教育真相的认识还需要整体性思维和悟性(直觉、敏感性、想象力和洞察力)。因此，结构主义的教育研究主张从现象学式的研究，走向经验实证研究与理性和直觉之间的融合，其最终目的就是逐渐接近对教育结构的认识。结构主义的教育研究关注的不再是个体(教师或学生)的主观感受和生存际遇，而是教育系统的整体结构，以及教育在社会整体结构中的地位以及教育与其他社会因素的互动机制。

通过以上介绍，很多人会认为实证主义与解释主义和结构主义是对立的。但是，在研究中可以选择一个折中的方法，将这两类范式很好地结合起来。实证主义者受到其社会和教育背景的制约，研究方法与对结果的解释并不是很完美；而解释主义者在研究程序上存在不足，会影响其结果的信度。研究的教育现象通常是复杂的，我们必须将这种混合的思想运用到方法的选择和结果的解释中。

即使在充满争议的研究领域，探索、更新更复杂的研究仍然很有价值。提高对教育领域的理解最重要的不是基于特定的研究，而是从相关问题的不同研究中积累证据。从之前研究中的薄弱点或是有争议的地方入手设计新的研究，可以拓宽视野，解决其中的一些分歧意见。

(二)教育研究的类型

根据研究目的的不同，教育研究一般可以分为描述型研究、探索型研究、说明型研究以及评价型研究。以下通过几个儿童早期教育研究的实例来详细解释各个研究类型的特点。

1. 描述型研究

教育研究的目的之一就是对教育现象进行定义和描述，因此描述型研究往往是一些研究问题的首要任务。描述性研究是通过问卷调查、访谈调查、观察以及测验等手段收集资料以验证假设或回答有关现时研究的问题。描述性研究主要关注测量与取样过程。

20 世纪 80 年代，休斯敦(Huston)等人对儿童看电视节目的类型进行了描述性研究："儿童早期看什么类型的电视节目，与稍年长的儿童看电视节目的类型有何不同"。在此之前，研究表明儿童会看很多的电视节目，但实际上看电视节目的类型是什么却鲜有研究。休斯敦等人对 326 个儿童进行跟踪调查。将儿童分为 3～5 岁和5～7 岁两个年龄段，对儿童看电视节目的时长和类型进行了长达两年的研究。研究发现，儿童平均每天看2～3 小时的电视节目，所看节目的类型因年龄的不同而改变。其中，男孩更爱看动画片或者是成人类的节目。随着年龄的增长，儿童慢慢开始喜欢看喜剧类的节目。此外，研究还发现随着他们日趋成熟，其看电视节目的类型有从少儿节目过渡到娱乐性节目的趋势。该项研究通过调查的方式，同时利用了横断研究(将儿童分为 3～5 岁和5～7 岁两个年龄段)和纵向研究(对儿童看电视节目的时长和类型进行了长达两年的研究)两种描述性研究的方法对研究问题进行了描述性研究。

2. 探索型研究

探索型研究旨在探讨人们关心的是何问题、他们处理问题的方式以及对行为的解释方式。研究的重点是"现在正在发生什么?"，而且在没有明确目的的情况下调查教育现象。通常，研究的目的与所选用的方法相联系，以获取大量非结构化的信息。

伊丽莎白·欧文(Elizabeth Erwin)等人通过查阅 20 世纪 30 年代相关资料了解到，社会背景与儿童同侪互动学习的重要性，但是，在儿童早期环境中，包括残疾儿童的研究很少。因此，他们对"社会大课堂"如何影响一名残疾的学前儿童展开研究。他们在一个学前班设计了一个小的试点研究，其中包括 3 岁的残疾儿童瑞安(双眼视网膜脱落，右眼无光感，左眼视力为 20/600，无认知障碍，但有其他并发症，如肾脏疾病)。在日常课堂或自然环境(如音乐室、操场、走廊和教室)中收集数据。

研究从 9 月开学后起，每月进行一次直到次年 6 月放假。除了观测到的数据外，还每次与老师、其助手以及瑞安的父母进行一小时交谈。作为一个探索型研究，调查结果包括对叙事的描述，即瑞安与其他小伙伴之间的相互影响。因此，欧文的这项研究对整个研究过程有很详细的描述，得到更多的是问题而不是答案，同时该研究呼吁其他研究者能够进一步探索帮助残疾儿童的方式。上面提到的是探索型研究中常见的结论类型，这为进一步的研究指明了方向，通常是在一个问题或研究领域开始研究时进行的。

3. 说明型研究

许多人认为，解释是科学研究的首要目标。说明型研究旨在解释教育现象的原因和影响，预测一种教育现象将如何改变或影响其他的现象，使其在不同水平上随着它的变化而变化。当早期儿童教育的研究者们开始关注影响儿童发展和行为的因素时，将解释说明也作为一个目标。例如，他们解释的问题有："1 岁以内母亲就业与 3 岁前儿童的消极反应是否相关?""这些影响可以通过提高对儿童关爱的质量或是家庭环境而改善吗?"说明型研究的常用研究方法包括实验法和调查法。

随着时代的发展，越来越多的母亲在孩子很小的时候就开始工作，随之而来的问题就是：这对于准备接受正式教育的孩子来说是好还是坏？美国儿童健康和人类发展研究所(U. S. National Institute of Child Health and Human Development)的研究人员调查了母亲在孩子 1 岁之前工作对其之后上学有何影响。布鲁克(Brooks)对调查研究 900 名欧洲儿童得到的数据进行分析，自变量为母亲在外工作时间，因变量是比较儿童的认知技能标准测试成绩的差异。他们得到的结论是：母亲在孩子 9 个月时出去工作比在 36 个月时出去工作测得的入学前成绩低；此外，当母亲每周工作 30 小时或更多时间时，差异更加明显。但是布鲁克发现了这个研究的局限性。这项研究仅仅研究的是在欧洲生活的美国人，而且除了工作以外的其他因素也会影响研究的结果。这些因素包括母亲对孩子关心的质量、家庭环境和母亲对孩子反应的敏感度等。然而，就算是将这些外加的因素都考虑进去，母亲 9 个月就开始工作且每周工作超过 30 小时对孩子产生消极的影响这一结果仍然存在。布鲁克等人在他们的研究中，对母亲是否应该在孩子很小的时候工作提出了政策上的建议。例如，他们建议政策制定者参照家庭和母亲休假法，让妈妈们可以选择推迟回到工作岗位的时间，或是选择兼职工作直到孩子 1 岁以后再开始工作。这样的建议在教育研究中很常见。

4. 评价型研究

评价型研究是说明型研究的一种特殊情况，与其他形式的说明型研究不同的是评价研究考虑到教育政策和教育计划的实施和效果，而这些问题与其他的说明型研究可能是不相关的。

每个学校都会有大型或小型的活动，因此很多教育研究试图来测量活动的有效性。1995 年，美国国会提出了早期提前开端计划(Early Head Start)，这项计划是唯一一项联邦政府专门设计的计划，旨在提高低收入家庭孩子的早期教育。研究人员将全国 17 个城市超过 3000 个家庭随机分配，对他们认知、语言和社会情感的发展等方面进行跟踪测量。2002 年 8 月，联邦政府发表了这一项目的第一个全面评估报告，评估结果表明儿童的早期教育情况影响到了很多方面，包括儿童的认知功能、与父母的互动程度、自我价值感的提高、儿童与父亲的关系以及为入学做更充足的准备。这项研究旨在通过提高孕妇产前健康水平，促进儿童的认知、社会性和情感的发展，来提升婴幼儿入学后的成绩。

特定的研究类型经常使用特定的研究方法，因为同一方法领域的数据对于解释相同类型的问题是有帮助的。下表列出了上述研究类型通常情况下与所研究内容的研究目标、研究思路和研究方法相匹配的对应关系。需要说明的是，研究类型和方法之间的对应关系并不是一成不变的，可根据具体的研究内容做相应的改变。例如，在探索型研究中可能使用定量研究的方法，表 1-1 只是为读者提供一个简单的方式了解研究类型和方法之间的关系。

表 1-1 研究类型与研究目标、研究方法之间的关系

研究类型	研究目标	研究方法	可能用到的方法	备注
描述型研究	研究的范围是什么	定性研究	调查研究	通常采用最初的数据
探索型研究	研究的进展是什么	定性研究	观察、描述、访谈调查	捕捉大量非结构化的信息，通常可以提出更多研究问题
说明型研究	确定了原因和影响，预测一个变量会如何影响其他变量	定量研究	实验、大数据统计学分析	在有很多变量或背景影响时会难以解释
评价型研究	确定政策和计划的实施和效果	定性研究、定量研究	统计成绩、评定量表、访谈焦点小组、现场观察	可以看成一个特殊的说明型研究的类型

(三)教育研究中常见的错误

辩证思维在教育研究中是至关重要的，其中一个很重要的目的就是避免发生逻辑上的错误。通常在非科学的、平时的交流或日常的教育写作中可能会出现逻辑错误，它可能出现在建立假设、提出问题、问题推理或是得出结论等方面，也就是说，每一个研究的过程都可能出现逻辑上的错误。我们通过一个例子向读者介绍常见的 4 种推理逻辑错误。

兰德斯·安曾向友人写过一封信，内容大致为由于在城市里，她的两只猫不能在户外随意活动，因此她觉得对不起它们，便与猫一起搬到乡下去住。但是到了乡下之后，她打开门，两只猫却很谨慎地出门望了一会儿转身便回卧室躺下了。她得到的结论是，人类无须对不让猫出门活动感到罪恶，因为就算它们有机会出去，它们也不是真的想出去玩。通过信中逻辑上的错误，我们大致可以总结出以下 4 种教育研究过程中常见的错误。

①选择性观察：她仅仅观察了一次猫在外面的情景，便得出了它们不是真的想出去玩的结论。

②以偏概全：她只观察了两只长时间在室内封闭的猫，却对所有的猫下了结论。

③推理不合逻辑：她假设所有人对室内养猫感到罪恶，并且猫会对有机会玩感到激动。

④抗拒改变：她很快就得出结论说她不需要改变对猫的饲养方法。

如果在研究中可以意识到这些问题，并且避免出现逻辑错误，研究者的推理水平就会提高，能够从大局出发，避免过早下结论。以下是根据经验总结出的在教育研究中避免逻辑错误出现的一些方法。

①观察。选择性观察是一个常见的观察错误，人们更倾向于选择观察那些符合自己喜好或信仰的事物。当人们倾向于批判某一个人或一件事时，就会很容易注意到他们的每一个瑕疵。例如，若你认为看电视节目对儿童有害而无一利的话，你会找出很多证据来证实你的观点。但是那些教学、科普或是寓教于乐的电视节目，对儿童的成长是很有帮助的。你如果在研究中只认同与自己倾向相符的证据，就很容易出现选择性错误。

此外，亲眼看到的也不一定是正确的，正所谓"眼见不一定为实"。一个孩子如果表现出她"饿了(hungry)"的表情，却有可能被认为是"疼(hunted)"，那就是错误的观察。你也可能错把走廊里的 7 名学生看成 5 名，那同样是错误的观察。类似的错误经常发生在随意的观察中。事实上，认知并不能直观地反映周边的环境，所以人感知到的不一定是真实的；甚至当感觉器官完全接受了外界的信息，大脑也可能会错误地解释为之前的信息。如图 1-3 是一个两歧图形，可以被看成两张脸或一个花瓶，这取决于大脑对看到的图形的理解加工。不同的观察者可能对同一个情境有不同的认识，因为他们有不同的理解。具体影响方式如下。

图 1-3　两歧图形

②归纳。根据一般经验来判断一件事情的对错，由此对所观察的结果进行总结时就会出现过度概括。人类总是根据自己的经验得出结论，但很多时候人的经验是有限的。教育研究有其复杂性，在一个有限的时间范围内同一个团体中的人会相互影响。因此，做教育研究要善于归纳，不能过度概括。

从上面可以发现，选择性观察和过度概括有相似的地方。二者的区别在于过度概括是根据经验直接概括出来，没有考虑到特殊情况；而选择性观察则是只看到了部分的信息，忽略了其他信息。

③推理。过早得出结论或是争论无效的假设都不符合逻辑推理的表现。例如，不看电视节目的孩子将会没有注意力问题的假设是不合理的，因为他们可能有其他的注意力问题。另一方面，每一个看电视节目的孩子都将会有注意力问题这一假设本身就忽略了一些重要的方面，如电视节目的类型以及父母与孩子是否交流电视节目的内容。

④改变。有些人抗拒变化，不愿意根据新的信息重新评估自己的想法，这种抗拒的原因可能是：第一，个体本身的需求。首先，人们通常会抱一种怀疑的态度来面对企业、学校或单位的领导们的承诺(如让员工更快乐的工作、有更高的薪水或是有更好的服务)，从而抗拒变化。其次，人们更不乐于承认之前自己对某个问题的见解是错误的。第二，对传统的过分推崇。弘扬传统文化是很重要的，无论校内还是校外，无论在开放还是封闭的环境中，都可以通过很多方式来宣传传统文化。但是过分推崇传统会成为改变当前适应环境的阻力。为了与传统的研究结果相一致，而扭曲观察的结果或改变正确的推理时，就会阻碍人接受和发现新知识的能力。第三，对权威的完全信服。人们如果没有勇气对那些有权威地位的人的想法做出评价，在行使权力的过程中，一旦权威的想法与自己向左，就没有办法让别人听到自己的诉求。如果不允许新的研究发现来填补先前研究的空白，可能就限制了某个教育领域的发展。

第三节 教育研究中的伦理问题

道德已经成为进行有效和有意义研究的基石。因此，研究人员的道德行为受到了前所未有的重视。当今社会，任何关于道德实践的问题都会对科学的态度产生影响。因此，本节主要对研究过程中涉及的道德问题进行说明。尽管研究者建议调查研究中的伦理现象，但对伦理现象的调查并不是研究者的最终目的或是解决伦理问题的最终方案。本节提供了一个道德准则，涵盖研究过程中可能遇到的伦理问题。这个准则广泛适用于教育研究学家、研究与学习教育研究的学生以及涉及教育研究工作的所有人。由于教育研究中涉及的伦理问题颇多，难以一一仔细讨论，以下仅对一些基本的道德原则进行讨论。

一、以人为被试的研究中的伦理问题

每个教育研究者都有责任保护参加研究的被试。美国心理协会指出，“心理学家必须关心参与心理学工作的个体或团体的利益和安全，以及关注对研究成员、学生和公众研究的道德标准的教育”。同样，美国教育研究协会指出，“对于教育研究者来说，最重要的就是尊重被试的权利、隐私、尊严，尊重研究人群的敏感性和研究体系的完整性”。无论研究人员是心理学家、教育家或是人类学家，都要明确其对被试的主要责任：获得被试同意，保护被试不受伤害，保护和确保被试的隐私。目前，存在这样一个问题：研究者对被试的故意欺骗。以下是对这些内容的详细介绍。

（一）知情同意

知情同意是指个体可以选择是否参加研究。研究人员要确保被试对研究目的和研究所用方法的完整理解，包括研究所涉及的风险。此外，被试还必须明白，他们有权利选择中途从研究中退出。以上两种同意称为直接同意，直接同意在研究中也是优选的。除此之外，还有间接同意或称为替代同意。比如，18 岁以下的儿童或患有认知或情绪障碍的被试，就需要第三方替被试做出决定。直接同意或替代同意都必须满足知情同意的要求。从法律层面讲，知情同意涉及 3 个要素：能力、信息充分和自愿。能力是指一个人获得和掌握知识的能力。研究者需评估被试群体接收信息的能力，并根据评价选择合适的被试。信息充分是指确定信息是否准确有效地传达给了被试，即被试是否在完全知情的情况下选择参与研究。哪些信息需要被试了解？怎样的方式呈现给被试，从而确保被试可以完全理解？这些都是研究者需要考虑的。自愿是指被试在没有强迫、欺骗、胁迫或其他的干预形式的约束或强制下自由的选择参与研究的权利。因此，做到知情同意需要同时满足这 3 个要素。只有这 3 个要素同时满足，同意才是有效的。同时要清楚的是，同意不是永久的，被试可以在任何时候选择退出。

（二）避免伤害

心理学家必须采取合理措施，以避免研究过程中对他们的客户、患者、学生、研究被试和其他与他们一起工作的人员的伤害，或最大限度减小这些可以预见和不可避免的伤害。当心理学家意识到这一研究过程已经伤害到被试时，他们必须采取合理的措施把危害降到最低。被试或其他监护人，在参与研究之前有权利了解参与研究可能遇到的风险和可能产生的后果。在研究的道德背景下，广义的伤害包括极端身体痛苦和死亡，导致被试精神过度紧张，引起个人尴尬，使被试感到侮辱等。

某些类型的调查会对被试产生潜在威胁。例如，研究者刚刚设计出一项新的比较危险的物理治疗研究，如果这个治疗手段在前期毫无经验的情况下强加到被试身上实验，可能真的会对被试产生伤害。不幸的是，有些以极端方式做研究的例子确实违反了道德准则。比如，探讨心理或情绪压力对人身体影响的研究是极其困难的。因为从专业的角度来看，压力本身对被试也是有害的，所以施压的程度对被试来讲尤其重要，要在被试可承受范围内或在一定时间内可调节到健康水平的范围内。若研究者在实际“施加”程序时将施加的压力程度增大，则研究可能对被试身体造成严重伤害(如中风或心脏病发作)。

一些研究还会遇到不一样的道德问题，就是众所周知的“成本/收益率”问题。成本/收益率是用来表达科学研究中主要道德困境的一个概念。即研究者在研究过程中需要将研究活动带来的可能社会收益与被试付出的个人代价进行对比考虑。研究者要按照专业人员以及个人的价值标准决定研究的内容和程序。针对弱势人群的研究往往会出现这种情况。对弱势人群进行研究可以为提高人类生活，造福社会做贡献，因此研究者不能因为这种道德困境就停止研究。

(三)保护隐私

古往今来，个人隐私的价值观已经发生了变化，现代社会中个人隐私是非常珍贵的。科学研究需要收集数据并对数据进行分析，教育工作者以及行为和社会学家等研究群体的研究目标通常是获得关于态度、信仰、观点和行为等信息，首先，这些信息作为个人隐私应该受到保护。其次，隐私的泄露可能会给参与者的生活带来困扰。因此，对所获得的被试资料进行保密成为研究者的基本义务和责任。在研究过程中，研究者要明确告诉被试哪些人可能会接触到相关资料，同时确保这些人不会将资料泄露出去，同时确保其他人不能接触到有关资料。为了确保被试的隐私不被泄露，还要采取一些必要措施。

①不要求被试署名或不采集与被试身份有关的信息。

②不直接将被试信息和有关资料联系起来。例如，可以采用代码的形式。

③如果研究中必须用到被试的一些个人信息(如联系方式)以便后续研究，必须进行一定的技术处理。

④在研究结束后的规定时间内消除敏感资料。

当然，为被试保密的原则也不是绝对的，如果在研究过程中发现被试有严重心理问题或犯罪行为等情况，可以根据具体情况向相关部门反映。

(四)欺骗

故意歪曲一项调查的目的、性质或结果属于研究欺骗。在这种情况下，它指的是研究者在和被试互动的过程中所表现出的遗漏或委托。遗漏性欺骗可能意味着研究人员不能充分地告诉被试研究的一些重要信息，保留了部分或全部的信息。委托性欺骗指的是研究者给予被试有关研究的部分或全部的错误信息。在第一种情况下，被试也许没有意识到研究正在进行，或者他们仅仅被告知了研究的一部分信息。在第二种情况下，被试意识到他们参与某种类型的研究或者不寻常的活动，但是有关研究的实际目的可能被误导。无论是以上哪种情况，研究人员都歪曲了这项研究的目的。不管欺骗的确切性质是什么，它都已经成为研究者研究过程的重要关注点。进入 21 世纪，欺骗在教育和社会研究中备受关注。

将欺骗运用于研究中可能也有不同的原因。比如，可能研究目的本身就需要被隐藏，这是发现某些重要事实的唯一方法，那么，只要在不伤害被试的情况下，可以在研究过程中隐瞒被试实验的目的。但如果欺骗性实验会对被试产生严重后果，那需要优先考虑伦理问题。

二、定性和定量研究中的道德问题

对定性和定量研究进行道德思考，目的是告诉研究者伦理问题可能出现在特定的研究方法中。

(一)道德和定量研究

定量研究指的是在研究中以数字的形式分析研究。这种研究方法中，均可以对行为、正确或错误的回答及其他形式的记录措施进行计算。定量研究包括实验和非实验研究。在实验研究中的道德问题集中表现在保护个人不受研究者的行为干预。比如，自我表露是在团体交流中进行自我表露的一种常用技术，即鼓励人们讨论自己的感受、态度和经验(一些内容可能是相当个人的)。研究者是否有权利使用这样的技术呢？正如前面讨论的，研究人员在充分告知被试研究的有关信息，并获得被试同意的条件下可以使用。当然，被试也可以在任何时间退出活动。即使研究者恰当处理了被试是否同意的问题，那么在实验设计和执行过程中就应当尽量减少类似的问题。

(二)道德和定性研究

定性研究的一个基本道德原则是：在不改变自然环境的条件下进行研究。定性研究包括在叙事描述中记录数据，这些数据不是以数字形式呈现的。研究者使用定性的方法观察和描述情境而不是控制情境。

参与者和未参与者的观察是定性分析的重要组成部分。这些观察后记录的数据被广泛应用于教育、社会学和人类学领域。并且这些研究都涉及同意、隐私、欺骗等伦理问题。

知情同意是任何研究都必须遵守的一项伦理道德，但是在依靠观察的定性研究中就不一定了。定性研究的实验处理部分存在对伦理道德的潜在威胁，其中，最主要的就是对被试隐私的威胁。观察被试的谈话或行为可能会对被试的家庭、社区或工作地点带来危害。此外，研究者不仅要研究同意参与实验的被试，有时也要观察自然情景中的交流。例如，一个研究人员在一所中学研究辅导员与学生之间正式和非正式的交流。研究者已经从辅导员那儿获得同意书，而学生和学生家长并不知情。然而，按照辅导员的计划，他们在白天的工作中非正式地记录了辅导员和学生之间的交流。这个观察获得所有学生的同意了吗？有必要获得学生和他们父母的同意吗？

在以下几种情况下，研究者不需要经过被试同意。

①得到学校或相关机构的批准。

②被试积极参与，并签署了知情同意书。

③出现在环境中的所有人都认为所观察的行为是公开的和可被观察的。例如，学生或教师在学校听到的对话，研究者在公共场所观察的行为等，不需要经过当事人额外的同意。

本章小结

本章共三节内容。第一节介绍了科学的含义，科学研究的特征和一般过程，希望读者对科学研究有一个整体的了解；第二节详细介绍了科学研究的一个分支——教育研究，从教育研究的性质、范式以及在研究中常见的错误3个方面对教育研究进行概述；第三节从以人为被试的研究的伦理问题和定性、定量研究中的道德问题两个方面介绍了教育研究中的伦理问题。

关键术语

科学，教育研究，证伪，知情同意，构造主义，实证主义，后实证主义，描述型研究，评价型研究，说明型研究，探索型研究

思考题

1. 科学的含义是什么？科学研究的特征是什么？
2. 科学研究的主要方法有什么？
3. 科学研究的基本过程是什么？
4. 教育研究的性质是什么？
5. 教育研究常见的范式有哪些？
6. 在教育研究中常见的错误有哪些？你能发现并避免这些错误吗？
7. 教育研究中的伦理问题有哪些？

实训练习

制定一份研究方案

选择一个你感兴趣的课题，制定一份教育学研究的方案。在开始之前，你需要思考以下问题。

1. 思考3～4个你可能要研究的领域。你从每一个主题的研究中得到了什么启示？

2. 从你调查的两个主题中提出 4 个问题。详细解释这些问题，每一个问题都应该反映出不同的研究动机：描述、探索、解释或评价。

3. 你最感兴趣的是什么问题？你想要通过定量研究还是定性研究的方法来回答你的问题？为什么？

拓展阅读

1. [美]威廉·维尔斯马，斯蒂芬·G. 于尔斯. 教育研究方法导论(第 9 版)[M]. 袁振国，译. 北京：教育科学出版社，2010.

该书阐释了研究过程中从选题到研究工具的所有核心问题，重点讲解了研究问题的基本范式、文献的引述、恰当研究设计的选择，以及研究报告的撰写和评价。

2. 裴娣娜. 教育研究方法导论[M]. 安徽：安徽教育出版社，2016.

该书对教育研究方法的一般原理、教育研究的构思和设计、教育研究结果的分析与评价进行了全面系统的论述。

第二章　教育研究的过程

【本章要点】

如果要进行教育研究，就需要了解教育研究的过程。研究问题是一个研究的焦点，本章首先介绍了教育研究问题的来源，并介绍了确定研究问题的3个步骤，之后，介绍了3种常见的研究设计范式：定量研究、定性研究和混合研究。

学习目标

1. 掌握教育研究问题的来源。

2. 学习确定研究问题的步骤。

3. 理解定量研究、定性研究和混合研究的特征，并在教育研究中能够灵活运用。

4. 了解定量研究中不同类型的变量。

5. 了解实验与非实验的两种定量研究的不同。

6. 了解不同类型的定性研究。

导入案例

在一些情况下，教师不能很好地了解学生在教育中遇到的问题。例如，当学生遇到数学应用题解题困难时，教师初步会认为学生没有掌握解题的基本技巧，接下来会对他们进行必要的计算训练。然而，实际上学生的问题在于阅读能力不够，没有读懂题意。

上述教学案例反映出，研究者准确认识到了教育过程中的问题的重要性。在教育研究中，如何发现研究问题，研究问题的类型有哪些，设计教育研究过程要注意哪些问题：这些问题可以从本章中找到答案。

第一节　研究问题的确立

在不同形式的研究中，会存在一个或多个研究问题。不管是描述性研究还是实验性研究，研究问题是一个研究的焦点，是研究者想解决、调查或学习的话题。如果研究问题选得正确、得当，研究工作会进行得很顺利。如果选题不当，研究可能会失去意义，也可能事倍功半。研究问题作为研究的起点，是研究工作顺利进行的关键。

一、教育研究问题的来源

教育研究问题的来源有很多，不同类型的研究问题采用的研究方法也不尽相同。研究者面临的重要挑战是发现并聚焦问题，再将其提炼为具体的研究问题。教育研究问题往往有以下几个来源。

(一)个人经验

个人经验往往是确立研究问题很好的起点。事实上，选择自己感兴趣的研究问题可以更好地全身心投入研究。如果你对研究问题不感兴趣，将难以完成高质量或有效的研究。

研究问题可能来自与朋友或同事对孩子教育问题的讨论，或来自一场讲座上讲师的观点，或者一份报纸上的文章。同时，你可能发现讲座上讲师报告的观点与你在生活中观察到的现象不一致，然后就针对这种差异展开探讨研究。也就是说，当你对生活现象产生好奇，想获取答案时，研究问题也就产生了。

做研究是一个不断探索真相的过程，它并不单单是对现象进行陈述，而是要找出现象的本质。从个人经验中发现问题并进行研究是非常自豪的，当你对研究问题进行原因分析时，你会产生强烈的满足感和成就感。但是从个人经验中获得研究问题是较为困难的，需要研究者拥有敏锐的观察力、强烈的好奇心及良好的文化素质。

(二)查阅文献

理想化的教育研究问题来源于个人经验，但比较和分析以往的研究结果也会有一些新的发现。比如说，这篇文献认为很多儿童不喜欢健康的食物；另一篇文献显示许多儿童喜欢麦当劳的食物。于是，问题就产生了：把健康的食物放到麦当劳的袋子里会不会增加孩子对那些食物的喜爱呢?

研究问题还可以来自以往文献的讨论部分或未来研究部分。教育研究中存在以下情况：研究者在阅读文献前期对一个特定的主题产生兴趣，查阅以往研究却发现关于该主题已经有大量的研究成果。比如，研究者想研究学习策略与高考成绩的关系，但是在查阅学习策略的研究成果之后，发现相关的研究相当多。接下来，研究者可能会进一步发现，虽然有很多关于学习策略的研究，但是很少有专门研究应试教育的，这样他就找到了自己的研究问题。而事实上，研究应试教育可能是学习策略研究的下一个目标，研究者们可能会在文章讨论部分的未来研究方向中提到应试教育这一方向。在许多情况下，未来研究方向在文章中是很容易识别的，因为研究者通常会在文章中使用诸如“未来的研究应该……”或“进一步研究可能是……”的语句。所以，研究问题还可以来自文献的未来研究部分。

(三)教育实践

教育研究归根结底是为了解决教育实践中的问题，为了改进教育模式和方法，使教育实践更符合教育规律。处于教学一线的教师经常会反思在课堂互动中和课堂结束后学生的表现和行为。其实，这些反思的问题往往可以作为研究问题来假设验证。

研究者也会把教育实践中感兴趣的一个问题或现象作为新的研究问题。它可能是学校中普遍存在的问题，也可能是为了解决班级或学校中的问题。教育实践中的很多问题都可以研究。研究者也可以在一项研究中研究多个问题，这取决于研究问题的复杂性和广度，但每个研究问题都应该清晰具体。

案　例

怎样算一个好的研究问题

一个好的研究问题需要包含以下特点：具体；清楚；点明研究的问题或现象；反映实验研究的变量；明确研究的目标群体。确定一个研究问题应该提供一个较好的研究焦点，澄清研究问题是描述性的还是实验性的，揭示适当的研究方法。

表 2-1 列举了一些好的研究问题和一般研究问题，并根据以上特点解释了将这些例子归为好的研究问题和一般研究问题的原因。

表 2-1　好的研究问题和一般研究问题示例

好的研究问题	一般研究问题
参加了X课程和没参加该课程的学生在代数科目的国考成绩上有显著差异吗？ 这个研究问题具体、清晰。可以从研究问题中获得研究对象的信息，同时了解到检测的目标是学生的国考成绩	为什么学生看起来如此沉默？ 这个问题不够具体、清晰，实验变量不确定，目标群体也不清楚。可以改为：采用应对策略会不会使学生更多地参与课堂讨论(差异型研究)？学生上课沉默的原因是什么(描述型研究)？
基于5种标准探讨普通教师和特殊教育的教师在评价学生课后作业上有什么差异？ 假设这是一个描述型研究，其中的研究问题和研究对象都显而易见，研究问题也很清楚	计算机实践会不会提高国考成绩？ 虽然提到了实验变量，并隐含了测量目标，但没有明确问题和研究对象
元认知策略是否可以预测中国学生在标准化考试中的阅读行为？ 这个研究问题很清晰、具体，明确了研究对象和研究变量	什么样的学习策略可以提高学生理解历史文献中心思想的能力？ 这个研究问题很清晰，但是研究对象模糊。此外，如果这是一项差异型研究，也没有提到干预手段；如果这是一项描述型研究，也没有实际意义

二、确定教育研究问题的步骤

(一)确定研究领域

教育研究问题的领域十分广泛，选题的第一步要结合自身的兴趣、经验，在反复衡量之后确定一个具有研究意义的研究领域。这个研究领域往往是个粗略的、没有实际操作意义的大致范围，需要进一步聚焦和细化以得出最终的研究问题。

(二)查阅相关文献，进行文献综述

确定了研究领域之后，研究者有了一个研究的主题范围，甚至有一两个探索性的问题。无论教育工作者的研究问题是哪一种类型的，文献综述是寻找问题答案的一个很好的方式。在阅读相关文献时，研究者会发现很多意想不到的观点。不管是哪个研究领域，文献综述可以帮你更多地了解你感兴趣的领域。

文献回顾可以为研究者的研究问题提供理论基础或研究背景。如果研究者要写一份论文或研究报告，文献综述将是研究者论文或报告的一部分。因此，文献综述不仅为研究者提供了一个了解研究问题的机会，同时也为研究者做的研究提供了支持。举例来说，如果想研究数学教具的使用情况，进行文献综述可以展示出研究问题的重要性，也可以完善研究问题或假设。

文献综述可以帮研究者理清思路，从中发现目前研究的缺陷，进而产生新的研究问题。同时，在文献综述中可以发现调查或分析问题的研究方法。研究者通过阅

读文献综述，可以发现前人在这个领域是如何研究的。例如，有关学习机制的研究有很多，大部分的实验设计类型都是小样本，研究者通过阅读文献发现可以用大样本来研究该问题。总之，从聚焦研究领域到确定研究问题的过度是一个过程，这个过程是一个研究者从知之甚少到掌握翔实的内容并理解研究意义的过程。这个过程需要进行文献检索，获得参考文献，通过分析文献中的研究方法明确自己的研究方法。

(三)确定研究问题的焦点

确立研究问题是一个不断进化的过程。多数情况下，经过长期的讨论，研究问题会变得越来越具体和集中。一项研究开始的关键在于把一个开阔的想法转变为一个具体的研究问题。在阅读大量的文献和与同事讨论的过程中这个变化会一直继续下去，直到研究问题足够具体、清晰，并且明确研究问题的每一步实际操作。

这个变化的过程一般由以下 3 个步骤构成。

步骤一：确定一个研究主题。例如，你对学生进入大学和研究生院的标准化测试感兴趣。虽然没有做出明确的定义，但这是一个很好的话题。你可以通过收集你感兴趣的信息来缩小研究话题。比如，你想找出都有什么类型的测试；你可能对分数如何能更好地预测大学平均成绩或大学毕业后的就业状况感兴趣；你想知道公司招聘时面试官对学生的考试成绩的重视程度……你在阅读了大量的文献之后，不管是什么研究问题都需要足够具体，这样才可以得出有效的研究结果。

步骤二：缩小研究领域，聚焦研究问题。研究话题的范围不宜太窄也不宜太宽，研究者可以罗列出与研究主题相关的很多因素，然后去细化研究问题，决定要研究的具体研究问题。比如，初定的研究主题是对学生的学习效果进行研究，影响这个研究主题的因素有很多，包括学生的年龄，教师的教学经验，学生的学习环境(农村、城市、郊区)，以及更多其他的因素。研究者可以将影响学生学习效果的因素尽可能地罗列出来，再从中选择一个或几个作为研究问题的焦点。

步骤三：一旦确立了研究问题的范围，下一步就是确定研究问题的类型。确定研究问题的类型是研究问题具体化过程中重要的一步。即使一个经验丰富的研究者也需要确定研究问题的类型。教育研究通常包含 3 类研究问题：描述型、差异型和关系型。研究问题的类型决定了研究者的研究设计。确定研究问题类型看似简单，却往往是阻碍初学者的一个挡板。如果研究者不清楚自己的研究问题是什么类型，那么他的研究策划就无法进行。需要注意的是，在一项研究中可能包含不止一个研究问题，因此在实施研究计划之前，明确研究问题的数量和类型是至关重要的。

经历以上 3 个步骤之后，研究问题基本成型，最后一个步骤就是准确、全面地陈述研究问题。研究问题的陈述通常要结合研究内容、主题和方法，由论文的关键词和研究方法构成。

第二节　研究设计的选择

第一节主要介绍了研究问题确立的方法，在确定研究问题后，需要根据问题的类型、研究对象和数据采集方法等，确立研究设计。研究设计是基于研究假设、研究目的，描述研究的实施过程。简单来讲，它是一种思考和研究的方法。本节将介绍常见的三大教育研究设计范式：定量研究、定性研究和混合研究。3 种研究设计的区别不仅表现在研究方法上。20 世纪 80 年代初期，人们普遍接受的教育研究范式是定量研究，而当时定量研究和定性研究倡导者之间的“范式战争”一直此起彼伏。他们认为，定性研究或定量研究有一道“不可逾越的鸿沟”，因此两种研究无法同时使用。随着研究的深入，“混合”这一思想开始进入人们的视野，“混合研究”为研究设计提供了一种新的思路和方法。

本节将对 3 种研究设计范式的特点进行详细的介绍，并分别介绍定量研究、定性研究中常见的研究类型。希望对读者在教育研究设计的选择中有所帮助。

相关链接

20 世纪 70～90 年代初期，以埃贡·古巴(Egon Guba)为代表开展了定量研究和定性研究适用性的讨论。古巴认为，研究范式的特点在于其独特的本体论——“问题的本质是什么?”认识论——“研究目的与人类的关系如何?”方法论——“研究中应该使用什么方法?”后来又增加了另外两个范式：价值论——“研究的意义是什么?”和修辞学——“在研究中使用的语言和交流方式”。古巴在推进定性研究的发展中发挥了重要的作用。

一、三种常见的研究设计范式及其特点

定量研究收集定量数据，而定性研究收集定性数据，混合研究是定量研究和定性研究或其他范式特征研究的混合体。在教育研究中，根据研究问题和研究的具体情况选择合适的研究设计范式。本节介绍的 3 种研究范式极为重要，在教育领域有很多错综复杂的问题可以通过这 3 种研究范式解决。以下将从几个方面对 3 种研究设计范式进行对比。

定量研究一般是验证性研究，因为它的重点是假设检验和理论检验。人们希望通过定量研究说明一个假设是正确的，然后用经验数据测试这些假设看看他们是否会得到支持。而定性研究主要遵循的是探索性研究方法。定性研究用于描述所看到的局部性内容，或者有时用于提出或产生新的假设和理论。当对一个主题或现象知之甚少时，如果想要发现或了解更多的信息，就可以使用定性研究。定性研究也通

常用来了解人们的经历和表达观点。提倡混合研究的人认为，在研究中使用探索性研究和验证性研究都是非常重要的。

定量研究和定性研究也可以通过不同的人类行为观点来进行区分。在定量研究中，研究者假设认知和行为是高度可预测和可解释的。传统上讲，验证性研究，所有事件都是由一个或多个原因决定的，是在定量研究中进行的。例如，孩子学习阅读的过程是由一个或多个原因决定的。由于定量研究没有发现人类行为的任何普遍或无理的规律，大多数定量研究者会通过概率来解释。比如，一个概率性陈述：使用毒品和酒精的青少年比没有使用毒品和酒精的青少年更有可能辍学。大多数定量研究的关键是试图找出其中的因果关系，使他们能够进行概率预测和概括。定性研究者认为，人的行为是具有流动性的、动态的，并且会随着时间和地点而变化。在定性研究中，根据不同的群体会构建不同的理论或观点，进而在某一个群体中得出“正常”与“异常”的行为，并为他们的行为提供解释。混合研究者认为，仅使用定量研究或者仅将定性研究用于许多研究问题是不完整的，因此通常结合使用定量和定性的概念和方法来更全面地分析研究。

定量研究经常使用所谓“窄角度透镜”，因为焦点同一时间只会在一个或几个因果因素上。定量研究中通常会控制无关变量，在实验室条件下完成，其中实验者将被试随机分组，仅操纵一个因素，然后观察结果。例如，研究者首先将被试随机分为两组，采用不同的教学方法进行教学。其中，采用新的教学方法组称为“实验组”，另一组称为“对照组”，依然采用之前的教学方法。除了教学方法不同外，两组没有任何差异。最后，观察两种教学方法下学生的成绩是否有差异。由此可以得出新的教学方法是否有效果。定性研究使用“广角和深角镜头”，研究人的选择和行为，因此所有的细节都会自然地发生。在定性研究中不会干预自然的行为，而是自然而全面地研究行为。定性研究试图理解现实的多个维度和层次。例如，群体中人的类型、他们的想法、他们的交互方式、他们之间有什么样的协议或规范，以及这些维度如何整体地描述这个群体。根据研究问题，使用混合方法的研究者分析各种不同的焦点模式，在广角、窄角和深角之间自由转换，以此来进行研究。

定量研究者试图在客观的假设下进行研究。他们假设要观察一个现象，而观察同一现象的观察者基本上会同意其存在及其特征。他们尽可能保持中立，无价值取向，尽可能地避免人为的偏见。例如，通常使用标准化问卷调查和其他定量测量工具仔细测量观察到的内容。在实验中，研究人员经常将被试随机分组，以此来消除分组时产生人为偏见的可能性。在判断结果中，许多结论是通过统计得出的。定性研究者通常认为“现实是社会建构的”。例如，人们的社会行为通常遵循社会规范，人们对世界的看法也受到语言的影响。定性研究者认为，接近他们的研究对象是十分重要的，这样有利于他们体验自己研究的现象的主观层面。在定性研究中，研究人员是“数据收集工具”，他们并不使用标准化仪器或测量仪器，而是通过提出问题来收集数据，记录观察并进行解释。定性研究者不断尝试从参与者角度了解正在观察的人物。即“同感理解”。在美国，这个概念被表达为“将自己置于别人的鞋子”。重要的是，定性研究侧重于理解人们及其文化的“内部观点”，这需要与参与者有直接的了解以及联系。

混合研究者认为，更重要的是要了解我们的主观世界(个体)，主观(语言、话语、文化)和客观(物质和因果)现实。虽然要尽可能保证所观察到的内容的真实性，但了解研究群体的观点也很重要。例如，研究教堂文化，一方面通过让教堂的人员填写问卷来收集定量数据，另一方面也要通过深入的个人访谈和对成员的密切观察来收集定性数据。简而言之，混合研究方法将会增加有用的信息。

定量研究通常将测量值量化为数字。例如，态度通常通过使用评级量表来衡量。以下述5点评定为例：

十分不同意	不同意	中立	同意	十分同意
1	2	3	4	5

调查者在调查问卷中要求，被试需要从5种程度中选其中一种来表明自己的态度。在所有受访者提供答案后，研究人员通常会计算并报告一组受访者的平均数。例如，问题是：教师需要在儿童精神病理学领域进行更多的培训。研究人员会计算整个组的平均分数，5分量表的话，得分是4.15分。研究人员还可以确定评分是否随教学经验的年数而变化。新教师的平均分可能是4.5分，5年以上教学经验的教师的平均分是3.9分。定量数据通常使用统计分析软件进行分析。定性研究者通常不会用数字形式来收集数据。他们通常对被试进行观察和深入的访谈，数据一般是文字的形式。例如，定性研究者可能会与六七名新入职教师进行焦点小组讨论，讨论现有的教育计划是否足以应对他们在学校面临的现实问题。研究者将讨论内容录制成音频，随后，录音将被转录成文本资料，然后使用定性数据分析技术进行分析。此外，在访谈的过程中，研究人员将记下他所看到的内容以及相关的见解和想法。混合研究方法将使用各种数据收集和分析方法。

最后，定性研究、混合研究和定量研究的研究报告往往有所不同。定量研究的长度通常是5～15页的期刊文章。这些报告包括许多数据和统计显著性检测结果。相比之下，定性研究报告通常更长，他们通过叙述的方式描述发现的内容，特别是从正在研究的群体中的人的内在角度来进行描述。研究人员试图理解和描述研究被试的生活和经验。定性研究的期刊文章通常为20～25页，其结果通常以书籍或专著的形式出版。混合研究可以选择定量风格也可以选择定性风格，或者使用混合的风格。

以上对定量研究、定性研究和混合研究的特点进行了详细的介绍，接下来将分别介绍3种研究设计具体的研究方法。

二、定量研究

下面介绍一些不同的定量研究方法。首先，需要了解变量的含义，因为在定量研究中通常通过使用变量来描述研究内容，并通过展示变量之间的关系来尝试解释和预测研究结果。

(一)变量

变量可以表示不同值或类别的条件或特征。例如，智力是一个经过深入研究的教育变量，不同人群有高低之别；年龄是另一个从低到高(如从出生到70岁)变化的变量；此外还有男性或女性的性别变量。通常，用常数来表示变量的类别。比如，变量性别是两个常数的标记：男性标记为1，女性标记为2。类别(常数)男性只是一个标记，它是性别变量的两个常数之一。性别各不相同，但男性是不变的。因此，性别是一个变量，男性是一个常数。在可变年龄的情况下，所有年龄构成变量的值(常数)，并且每个值(如13岁)是常数。

变量的另一种分类方法为：自变量和因变量。自变量是在一个变量中发生变化的变量。自变量可以由研究者(研究者确定自变量的值)来操纵；研究者也可以研究自变量，但并不直接操纵它(研究者研究当自变量自然变化时会发生什么)。因变量是受一个或多个自变量影响的变量。因变量是“依赖于”自变量的变量。自变量和因变量之间存在因果关系，因为自变量的变化可能会导致因变量的变化。有时研究人员将因变量称为结果变量或响应变量，因为它可以用于测量一个或多个自变量的影响。简单的因果关系示例如下。美国的香烟包装上印有警告：吸烟导致肺癌、心脏病、肺气肿，并可能导致妊娠并发症。在这个例子中，吸烟是自变量(对应于一天吸食香烟量)，肺癌的存在是因变量(值为肺癌存在，肺癌不存在)。为了方便，使用 *IV* 表示自变量，*DV* 表示因变量。我们也有时用箭头：$IV \rightarrow DV$。箭头意味着“倾向于引起变化”或“影响”。换言之，这表示研究者认为“自变量的变化倾向于引起因变量的变化”。在吸烟的例子中，我们认为吸烟→肺癌。

另一种类型的变量是中介变量(通常也称为中间变量)，它对因果关系中的其他变量产生干扰。在 $IV \rightarrow DV$ 中，只有一个自变量和一个因变量。而在 $IV \rightarrow I \rightarrow DV$，两个其他变量之间存在中介变量 *I*。在吸烟的情况下，或许是干扰变量使得肺细胞受损。换句话说，吸烟往往导致肺细胞受损从而导致肺癌。研究中介变量有助于解释自变量引起因变量变化的过程。

此外，还有调节变量。调节变量是调节其他变量之间的关系的变量。它是描述关系在不同条件之间如何变化的变量。例如，通过分析一组研究数据，我们发现使用演讲方法和使用合作学习方法上课的学生的表现分数之间几乎没有差异。然而，进一步分析可能会发现，合作学习对于新加入的学生来说可以更好地融入，而演讲对内向学生而言更有效。在这个例子中，个性类型是调节变量：教学方法和绩效分数之间的关系取决于学生的个性类型。

(二)实验研究

实验研究的目的是确定因果关系。通过实验研究方法能够确定因果关系，因为它可以在一定的条件下系统地观察改变一个或多个变量的影响。具体来说，在实验研究中，研究者通过操纵自变量，可以根据研究的问题，观察因变量的变化。因此，操纵，即实验者对研究的干预是实验研究的关键。主动操纵是实验研究独有的特点，也正因为如此，实验研究为因果关系的研究方法提供了最强有力的证据。

在一个简单的实验中，研究者系统地改变一个自变量并观察其对因变量的影响。例如，教育研究者想要研究新的教学方法对阅读成绩的影响。研究者可以对一组被试采用新的教学方法，另一组被试采用传统的教学方法。教学结束后，实验者通过确定哪个组学习量更多(阅读成绩)得出结果。如果接受新教学方法的群体获得了更大的收益，那么研究人员暂时断定新方法比传统方法更好。虽然这个实验已经得到验证，但存在潜在的问题。如果两组学生在词汇量、阅读能力和年龄等方面有差异，更具体地说，如果新教学方法小组的学生年龄较大，词汇量较高，比传统教学方法组的学生更喜欢读书呢？此外，词汇量大、年龄较大、更喜欢阅读的学生也倾向于比其他学生更快地学习。如果是这样，那么新的教学方法小组的学生很可能会更快地学习，而不管教学方法如何。在这个例子中，年龄、词汇和阅读能力被称为无关变量。

无关变量是与研究结果、实验目的相关的自变量(如教学方法)以外的变量。当不能严格地控制这些变量时，其他人可能会对研究结果产生怀疑。他们可能会认为，结果是由于一个特定的无关变量而不是自变量引起的。这些关于自变量和因变量之间关系的有争议的解释被称为替代解释或对立假设。在前面提到的案例中，研究者不知道新教学方法中的学生是因教学方法而更好，还是因为具有更好的词汇量、年龄更大或阅读能力更强而更好。所有这些因素都是混乱的，也就是说，这些因素与自变量纠缠在一起，研究者不能说明哪个是最重要的因素。

由于无关变量的存在使研究结果的解释变得更为困难，研究者尽可能地尝试控制它们。在上述实验中控制无关变量的最佳方法是随机地将被试分配到不同的组。随机分配有助于确保在干预或操纵之前各组内成员的平衡。如此分组的结果是，组与组之间的唯一差异就是操纵的自变量。换句话说，在实验开始时，群体中的人将是相似的。在平衡各组的条件之后，研究人员将控制自变量的水平，使得不同组采用不同变量。如果教学方法是自变量，有合作学习和演讲学习方法两个水平。操纵自变量使得一个组采用合作学习，而另一个组则进行演讲学习。那么，如果两组在操纵之后变得不一样，研究者就可以得出结论：差异是由于自变量，即教学方法引起的。

总之，实验研究中需要通过随机分组将被试分配到不同的组中，主试操纵自变量对不同的组施加不同的实验条件，如果这些组变得不同，就可以得出结论，差异是由于自变量引起的。

(三)非实验研究

非实验研究的特点是不会对一个单一的变量进行操纵，也不会随机分组。也正是因为这两个缺陷，非实验研究中得出的因果关系就会受到质疑。如果要研究两变量间的因果关系，需要进行实验研究，但有时受到条件的限制，无法进行实验研究。例如，在20世纪60年代，研究者对吸烟与肺癌的关系进行了深入的研究。但是进行实验研究是不可行的，因为有违道德伦理的要求。

因果比较研究是非实验研究的一种。在因果比较研究中，研究者研究了一个或多个分类自变量与一个或多个因变量之间的关系。常见的因果比较研究是单一分类自变量和单个因变量。因为自变量是分类的，将不同组的因变量的平均分数进行比较，以确定是否存在自变量与因变量之间的关系。尽管因果比较研究术语中存在因果关系，因果比较研究是一种非实验性的研究方法，这意味着主试无法对独立变量进行操纵。此外，控制额外变量的技术比实验研究更复杂。由于缺乏控制额外变量的技术，因此比较研究中的因果关系比实验研究更加困难。

相关研究也是一种非实验性研究方法。在相关研究中，研究者研究了一个或多个定量自变量与一个或多个定量因变量之间的关系。也就是说，在相关研究中，独立变量和因变量是量化的。相关系数为两个变量之间的关系提供了相关的强度和方向信息的数值指数。相关系数可以为－1～1，零为根本不相关。如果数字大于零，则存在正相关。如果数字小于零，则存在负相关。如果数字等于零，则两个变量之间没有相关性。如果数字等于＋1.00或等于－1.00，则相关性称为完美；也就是说，它尽可能的强。现在来解释这些问题。当两个变量的分数趋向于相同的方向时，存在正相关。然而，由于相关性不够完善，所以预测还不完善。当两个变量的分数趋向于相反的方向时，存在负相关，即随着一个变量上升，另一个变量往往下降，反之亦然。

数字的绝对值越高，关系越强。例如，如果关联为－0.5，那么其强度为0.5。因此，－0.5的相关性和＋0.5的相关性具有相同的强度。两者之间的唯一区别是关系的方向(－0.5是负相关，＋0.5是正相关)。当只研究其强度时，就可以不关心其方向。

在一般的相关研究中，研究者研究两个定量变量之间的相关性。例如，教育心理学家有一个理论认为，自尊(这是一个相对稳定的个性特征)应该能预测课堂表现。更具体地说，进入特定的历史课堂时高自尊的学生往往会比低自尊的学生表现得好，反之亦然。为了验证这一假设，研究者可以收集相关数据，并计算自尊与表现在课堂考试之中的相关性。期望得到一个正相关，即自尊越高，学生在历史考试中的表现越好。

以上描述的相关研究和因果比较研究有 3 个关键问题：

①研究人员无法对自变量进行操纵。

②可能很难确定变量的时间顺序(首先出现哪些变量)。

③通常有太多其他原因影响实验的结果(相关性或组之间的差异)。

以上对非实验研究的叙述可以看出，非实验研究只研究了两个变量之间的关系。比如，检验相关研究中的相关系数或比较两组因果关系时，无法在非实验研究中得出关于因果关系的结论。如果只发现自尊与班级表现(相关研究)之间或性别与班级表现(因果比较研究)之间的关系，并不足以证明这种关系是因果关系。因此，无法得出因果关系的结论。

三、定性研究

前面已经提到，定性研究建立在定性数据的基础上，并且遵循科学的研究方法。以下将简单介绍 5 种定性研究方法：现象学研究、人种学研究、案例研究、扎根理论研究和历史研究。

(一)现象学研究

定性研究的第一个主要类型是现象学研究。现象学的研究者试图发现个体或者群体是如何看待同一种现象的。例如，对大学生对是否报考研究生的看法进行现象学研究，以发现他们对研究生教育的看法或期待。现象学研究的核心要素在于研究者试图从个体视角去理解人们在某种想象中的体验。研究目标是进入被试的内心世界去理解他们的观点和经验。现象学的研究者们已经就很多现象进行了研究。比如，为什么有的宗教团体把蛇作为一种图腾；悲伤的经历、酒精中毒的经历、年龄对年轻人和老年人而言的意义；小学阶段的儿童对压力的体验；等等。

(二)人种学研究

人种学研究是教育领域常见的定性研究的方法之一。人种学研究者开展研究时，关注的焦点在于描述群体文化，并且从群体成员的角度了解如何成为群体中的一员。也就是说，人类学家对群体的各个方面进行记录，如共同的态度、价值观、规范、实践活动、互动模式、观点和语言。他们也会对群体成员制作或使用的材料感兴趣，如衣服的风格、民族食品和建筑风格。人种学研究者使用群体描述的方法，尝试去描述群体内成员的互动方式以及他们如何将群体组建为一个整体。换句话说，群体并不等于部分之和。在短短几年的时间里，人种学研究者已经研究了很多群体，包括生活在华盛顿街头的乞丐群体、男性智力低下群体、黑人和白人女学生联谊会的成员等。可以发现，在这些研究中，人种学研究者对描述群体的文化背景感兴趣。

(三)案例研究

在案例研究中，研究人员提供了一个或多个案例的详细说明。尽管案例研究通常依赖于定性数据，但仍然需要使用多种方法。案例研究可以用来解决探索性的、描述性的或解释性的研究问题。个案研究比现象学研究更为多样化，它侧重于个体对某些现象的体验。然而，所有的案例研究有一个共同之处，就是案例作为一个整体的单位(个案研究是整体的)存在于现实生活中。

(四)扎根理论研究

它是一种从收集的数据中产生和生成理论的定性研究的方法，而理论是解释事物如何发生、发展的。扎根理论研究是一种生成理论或解释的定性研究方法。扎根理论研究的一个实例是莱克(Lake)和比林斯利(Billingsley)的“对特殊教育中家长和学校的冲突的因素分析”研究，他们试图解释现象背后的原因。研究人员对家长、校长、特殊教育项目主任和调解员进行了深入的访谈(持续时间平均1小时)。他们确定了一些容易引起冲突的因素，发现主要的冲突点在于孩子的需要。另一因素是缺乏知识(如缺乏解决问题的知识)，还有学费的分歧、现存的困难(如拖欠学费)、儿童价值观的差异、单方面使用权力、沟通不畅、缺乏信任等。除了讨论引发冲突的因素外，他们还解释冲突是如何减少的，以及如何防止冲突的发生。以上种种，都是研究人员根据所得数据对冲突产生的初步解释。为了强化这种解释，研究需要增添新的经验数据以进一步发展理论(混合研究的方法)。

(五)历史研究

即对过去的人或事情进行研究。历史研究有时也被称为叙事研究，因为它是研究“历史事件”。它经常通过故事或叙述来呈现其结果。很多时候历史研究会采用混合研究方法，但是因其数据的呈现形式是定性数据，因此将其归类于定性研究。历史研究者已经可以通过数据分析来解释历史事件的发生过程。例如，教育研究人员记录了过去发生的教育史上的重大事件，研究随着时间的推移，教育的发展趋势，研究过去的某个教育形式或教学改革对当时的影响，并研究其实施的情况(例如，不同的教学实践以及这些实践产生的不同结果)。历史研究与其他研究方法一样，在教育中占有重要地位。

四、混合研究

在混合研究中，研究者在单一研究或一组相关研究中使用定量和定性方法。定性研究和定量研究可以同时进行(在大致相同时间内进行这两种研究)或有序地(先进行一种研究，再进行另一种研究)来解决研究问题或这一组相关问题。例如，研究高中生的阅读障碍对他们学习的影响。研究人员首先通过开放式或非结构化的访谈来确定研究的定性(探索性)部分，对10～20位具有阅读障碍的高中生进行开放式或非结构化访谈，由此可以直接听到这些学生对于伴有阅读障碍对他们的影响。研究人员根据高中生整体的研究数据，以及对当前研究文献的阅读，构建一个封闭式的和更结构化的调查问卷。接下来，在定量研究阶段，对伴有阅读障碍的高中生进行问卷调查。在定量研究阶段，可以选择一些来自不同高中的阅读障碍的学生样本，让这些学生填写问卷。然后，分析问卷的数据，得出结果。最后，从研究的定性和定量两个部分写出“综合”的研究报告。在这个例子中，定性阶段用来探索结构化问卷的内容、类别和维度。接着在定量阶段通过调查问卷的形式进行研究。最终，使用定性和定量的方法得到了一份更全面的研究报告。

在一个教育研究中采用多种研究方法，可以从不同的角度、不同的方面进行更全面的研究。一般情况下，定量研究和定性研究是互补的。混合研究有助于提高研究的质量，因为不同的研究方法具有不同的优势和不同的弱点。在使用混合研究时，要了解混合研究的基本原理，即采用不同的研究方法收集多组数据是可行的，这样可以使所得到的结果弥补两种研究的弱点，发挥他们的优势，简单来讲，就是整体大于部分的总和。

在研究中结合两种(或多种)研究方法的优点和缺点，可以使研究避免一些错误或减少研究的漏洞。古巴对混合研究设计进行了形象的比喻：渔民可能有多个渔网，但每个上面都或多或少地有缺口。为了更好地捕鱼，需要制作一个完整的渔网。于是，渔民决定重叠不同的渔网，形成一个整体网。所有的网都有洞，然而当放在一起时，整个网中可能不再有洞。在研究设计中亦是如此，如实验研究可以表现出良好的因果关系，但由于实验室研究的局限性，可能无法达到想要的效果；人种学研究可能无法显示因果关系，但可以在现场进行研究，这使得研究者能够自然地观察行为。当同时使用这两种方法时，因果关系可以得到结果，又保证了其现实意义。尽管很多时候，在一项研究中使用多种研究方法或策略的想法可能不太容易实现，但了解使用多种方法和策略的潜在好处，可以为研究者提供更广泛的思路。基于此，即使在某一个研究中使用单一的方法，但相关的他人的研究可能会采用不同的研究方法，这样将相关的文献资料进行综述，便是一种“混合”的方法。

图 2-1 总结了 3 种研究设计的类型。

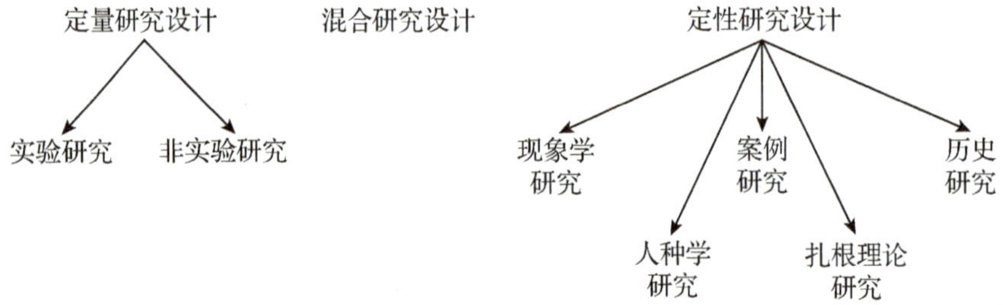

图 2-1　3 种常见研究设计的类型

在教育研究中，不同情况下可以选用不同的研究方法。根据研究问题、研究对象、时间及经费等因素，选择合适的方法以达到研究的目的。通常情况下，同一项研究可能采用不同类型的研究设计，可以从多角度证实一个研究问题。相反，如果不同研究方法中得到的结果相冲突，那就需要进一步的研究来证实研究问题，找到结果不同的原因，揭示研究问题的本质。

当然，以上 3 种研究设计在当前的教育研究中是比较常见的，还有其他类型的实验设计在这里没有提到。因此，在研究中还需要有一个开放的思维，可以接纳其他的设计方法，为自己的研究找到最适合的研究设计思路。

本章小结

本章共两节内容。第一节介绍了教育研究问题的来源，可以通过个人经验、查阅文献或是教育实践选取合适的研究问题；并介绍了确定研究问题的 3 个步骤。在确定研究问题后，需要选择恰当的研究设计方法。本章主要介绍了教育研究中 3 种常见的研究设计范式，分别是定性研究、定量研究和混合研究。这 3 种研究设计范式在教育研究中是非常重要的。定性研究是用探索性的方法提出假设，并对特定的人、地点或组织进行研究。通常情况下，定性研究侧重的不是归纳总结，而是在自然条件下发现客观现象。定量研究通常在更为严格的控制条件下进行实证研究。进行假设检验或理论推理，目的是得到可以推广的理论。混合研究是在同一个研究中将定性研究和定量研究结合，是基于实用主义的哲学。

关键术语

定性研究，定量研究，混合研究，实验研究，非实验研究，

现象学研究，人种学研究，案例研究，扎根理论研究，历史研究

思考题

1. 教育研究过程主要包括哪些过程？
2. 研究问题的来源有哪些？如何确立研究问题？
3. 定性研究、定量研究和混合研究的特点分别是什么？
4. 实验研究与非实验研究的区别是什么？
5. 混合研究的优势是什么？

拓展阅读

1. [美]詹姆斯·H. 麦克米伦，萨利·舒马赫. 教育研究：基于实证的探究(第 7 版)[M]. 曾天山，译. 北京：教育科学出版社，2013.

该书除了对传统的教育研究方法有所介绍外，更加突出强调定性和定量相结合的研究、行动研究、网络数据调查等新的研究方法，以帮助读者准确把握科学、先进的教育研究方法和技能。

2. 胡中锋. 教育科学研究方法[M]. 北京：清华大学出版社，2011.

该书介绍了中小学教育科研的基本知识和基本理论，包括教育科研的特点、类型与程序，教育科研的问题与假设，文献的查找与分析，各种常用的具体研究方法。

第三章　实验研究

【本章要点】

实验研究是教育研究的重要方法之一，为了使教育理论科学化或教育教学更加规范规律，积极开展各种教育实验研究是必要的。通过实验研究，探讨教育规律，验证和检验教育基本理论和研究假设。因此，作为一个教育工作者，应该或必须学习和掌握实验研究这一基本研究方法。

学习目标

1. 理解实验研究的基本概念和基本特点。弄清什么是实验研究，它与其他研究方法的本质区别是什么，以及实验研究方法的局限性。

2. 了解和理解实验研究的效度、实验研究的基本问题及实验研究的类型。

3. 重点理解和掌握实验研究的基本实验研究范式，并能提出研究课题，根据课题学会运用相关实验研究范式，写出实验研究方案。

导入案例

某研究者想探讨看暴力性动画片和儿童的攻击性行为发生之间是否存在因果关系，于是研究者随机在当地选了一所幼儿园，在这所幼儿园随机选了小、中和大3个班作为实验班，对其进行为期一个月的实验。对实验班的小朋友进行第一周每天上下午播放各1小时的暴力性动画片，第二周每天上下午播放各1.5小时的暴力性动画片，第三周每天上下午播放各2小时的暴力性动画片，第四周每天上下午播放各2.5小时的暴力性动画片等一些设计，实验前后分别对这3个实验班进行了攻击性行为的测试。这3个班前后出现攻击性行为数量的差异被视为实验产生的效果。

上述实验研究属于何种实验研究范式？研究者想证明什么样的研究假设？此实验研究的研究推论是什么？这一实验研究范式存在哪些问题？应如何改进？这些问题可以从本章中找到答案。

第一节　实验研究概述

一、实验研究的含义及特点

我们都知道实验研究方法的应用是在自然科学研究领域中开展的，在经历了近几个世纪后获得了长足的发展，主要标志之一是实验研究方法朝着社会科学研究领域渗透和迁移。把实验研究引入教育研究领域中即为教育实验研究。

（一）含义

实验研究是在观察和调查的基础上，在系统、严格的控制条件下，有组织有次序地变化一个或多个条件或环境，来评估它对某些行为或变量产生的效应，并对之进行观察、记录和解释的科学研究方法。实验研究的主要目的是建立变量间的因果关系，一般的做法是研究者预先提出一种因果关系的尝试性假设，然后通过实验操作来进行检验。实验研究方法在教育领域中的应用，即教育研究者运用科学实验的原理和方法，以一定的教育理论及假设为指导，有目的地控制某些教育因素或教育条件，观察教育措施与教育效果之间的因果关系，从中探索教育规律的一种研究方法。

（二）特点

我们应该指出的是，在后面章节中介绍的观察法、问卷调查法、访谈调查法及相关研究等研究方法都只是收集数据的方法，而实验研究不仅可以作为收集研究数据的方法，而且重要的是一种研究的思路和形式，即人为地控制和操作某些变量。

从这个意义上讲，实验研究与上述方法并不是并列或平行的，而是一种科学化的研究方法。因此具有以下几个显著的特点。

第一，实验研究要操纵或控制变量，人为地创设一定的实验情境。通过对有关变量的操纵与控制，可以科学地显示或揭示某种教育规律和教育现象，或是重复和检验某些教育研究结果或教育理论，以利于进一步的分析和研究。

第二，实验研究的目的是揭示变量之间的因果关系，即要回答“为什么”的问题。

第三，实验研究有严格的研究设计，包括被试选取、研究材料和工具、实验程序、实验设计分析等，以保证实验结果的科学性。严格的研究设计包括被试的随机取样，实验处理的随机安排，对实验情境和实验条件的严格控制，实验结果记录客观、准确并且结果可以量化，要严格精确地选择实验仪器等。

二、实验研究的局限性

如前所述，实验研究在于揭示变量之间的因果关系，是最科学的一种研究方法，但是实验研究也有其不足之处。

(一)实验研究结果的“失真”

实验研究通过严格的控制各种实验条件，简化实验环境而进行，这有利于准确地揭示变量之间的因果关系，但是这一点也是实验研究的致命弱点。也就是说，实验条件控制得越严格，离现实的教育情境就越远，那么得出的实验结论在自然条件下的教育情境或活动中重复性或被利用的可能性就越低。

(二)实验过程中的副效应

那些来自实验主客体且最终影响到实验结果的主动“调整”被称为副效应，他们并非实验设计者或研究者所期望并加以关注的“主效应”，是出乎研究者期望之外的效应。教育实验中通常会发生的副效应有以下几种。

第一，霍桑效应或安慰剂效应是指参加实验的被试知道在参与实验、受到关注或被观测，而提高了活动或行为反应的积极性，有比平时更佳的表现或发挥，做出不自然的反应。这种效应不仅干扰了实验结果对教育行为、教育规律及教育效果的准确归因，也因普遍化后该效应消失而使实验结论失真。

第二，期望效应或实验者效应是指主试因被告知某些被试或全部被试具有潜在能力或发展可能性时，而不自觉表现出特别关注，可能会以某种方式(如表情、手势、语气等)有意无意地影响被试的反应，从而对实验结果造成影响。

第三，实验措施的扩散与模仿，是指控制组的被试暗中模仿实验组被试的行为反应或实验组的实验措施等，从而对实验结果造成影响。

第四，履历效应和成熟效应，来自实验时间的推移，即被试的身心发展会随着时间的推移而逐渐自然成熟。

此外，还有由于重复安排实验而产生的疲劳效应和练习效应等影响实验结果的因素。

(三)选取样本的局限性

教育实验基本上属于社会科学领域的实验，所进行的实验一般都是群体研究，选择的样本越大，对其控制就越困难。但是样本太小，不足以将实验研究的结论推广到总体；再有，由于种种社会因素，实验研究往往局限于指定或既定的某些团体(如某个学校或班级)进行，这样样本的代表性就会很低。

三、实验研究的效度

实验研究的效度是指实验的有效性，它是衡量实验研究设计成败优劣的关键性质量指标。实验研究的效度分为内在效度和外在效度两种类型。

(一)内在效度

实验研究的内在效度是指实验研究者所操纵的自变量对应变量所产生的影响的真正程度。也就是说实验研究结果能被明确解释的程度，即实验结果的可靠性、真实性和可信性。在实验研究中对无关变量控制得越严格，实验研究的内在效度就越高。影响实验研究的内在效度的因素有以下几种。

第一，历史因素(或同时事件发生)，由于实验周期较长，一些未经控制的因素会涉入实验过程而引起实验结果的变化。比如，在教育实验研究中，如果正在测验某种教学方法或教学材料的效果，在实验过程中，部分同学在参加实验的同时又参加了相关辅导班等，而这些活动又不是我们所控制的变量，都属于历史因素的作用，会影响实验研究的内在效度。一般来说，实验的时间越长，实验处理以外的其他事件影响的可能性就越大。

第二，成熟因素，指随着时间的推移，被试的身心发生变化，而影响实验结果的真实性。比如，在实验过程中，被试由不疲劳到疲劳、由有兴趣到无聊、由注意力集中到分心等内部状态发生变化而影响实验结果，从而降低实验研究的内在效度。

第三，被试的选择，是指没有利用随机取样的方法选择实验被试或进行分组，而在实验处理之前被试就存在差异或不同质；在处理实验数据时，又没有采用相应的方法加以鉴别分析，故实验结果很难辨别是否是自变量的影响，从而降低了实验研究的内在效度。在教育实验研究中，尤其要注意被试的选择这一因素，一定要按照随机取样或匹配分组的原则选取被试。

第四，前测经验，是指前测的暗示对实验因变量的影响。在教育实验研究中，有些实验研究为了比较实验前后的差异，往往在实验处理之前会对被试进行前测，而前测的经验常常有助于实验处理之后的后测分数的提高，从而影响了实验结果的可靠性。

第五，测量工具的稳定性，是指实验数据的测量手段对实验应变量的影响。比如，实验的测量工具，测量的主持者、评判者不同或不一致，都可能使测量的标准不统一，从而影响测量结果的准确性。

第六，统计回归现象，指在被试取样时，选取某些特质位于两极端的被试，而这些被试在前后施测时，出现最高分和最低分的被试其得分向中间回归，即高分组降低了分数、低分组提高了分数这一自然回归现象。这很难说是实验处理本身造成的。

第七，实验被试的流失，是指在实验期间，最能反映实验处理效应的被试，由于某些原因中途退出实验，造成实验结果的偏差，从而降低了实验研究的内在效度。

第八，选择与成熟的交互作用，选择与历史的交互作用，等等。上述 7 种因素的彼此交互作用，是影响实验研究内在效度的另一个因素。

(二)外在效度

实验研究的外在效度是指实验结果或结论的概括性和代表性。换句话说实验研究的外在效度是指实验结果的可推广度，即实验结论可以推广到实验情境以外范围的总体、变量及情境的程度。一个实验越能实现这一目的，就表示实验越具备良好的外在效度。要想达到较高的外在效度，应注意控制以下几方面因素。

第一，克服实验情境过于人工情境化，一般的实验设计都是在严格的控制条件下进行的，必然会带来人工情境化问题，这样的实验结果可能不切实际。因此，在实验设计时，应尽量减少人工情境化。

第二，增加样本的代表性，要求在选取被试时，一定要注意随机化和代表性问题，增加取样的层次，会使样本的代表性增大。

第三，保证测量工具的效度，研究中所使用的各种测量工具和手段，必须能够正确表达或显示所要测定的内容或特性，必须有效，才能保证较高的外在效度。

综上所述，就一般而言，实验研究的内在效度越充分，实验结果的推广度越大，此实验研究越有用。然而，我们在进行实验研究时，尽管实验研究设计的目的是希望实验研究的两种效度都高，但是有些情况下，为了确保一种实验效度，就会削弱另一种实验效度。比如，随着实验控制越来越严格，实验研究情境中发生的情况和在自然教育情境中发生的情况两者一致性越小。这并不是说实验条件控制的越严格就一定是不好的，实验研究目的决定了对实验效度要求的程度，所以说一个实验研究的内在效度和外在效度如何，是根据研究者的实验研究目的决定的。但是需要我们注意的是，一个结果无法解释的实验即其内在效度很低，即使实验结果的推广度可能很大，这个实验也是毫无用处的，因为它的实验结果本身就不可靠和不可信。倘若实验结果不能如实验目的中预期的那样有较高的推广性，这是我们不愿意看到的。

四、实验研究的基本问题

(一)实验假设和推论

实验研究不同于描述性的研究方法(观察法、问卷调查法、访谈调查法和相关研究法等），实验研究最大的特点是能够从真正意义上对研究中各种可能存在的因果关系进行确定。和相关研究相比，实验研究能够对各种可能出现的因果关系推论进行一一检验，做出选择。所以，实验研究首先需要提出或确定一个或几个有待检验的假设，其次是基于假设做出客观合理的推论。

实验假设是指用来说明某种现象的未经证实的论题，如“看暴力性动画片会导致儿童的攻击性行为发生”就是一个假设。实验推论是研究人员基于实验假设做出某些适合于实验检验的可操作的、合理的推论，来判断最初的假设是否正确。例如，从“看暴力性动画片会导致儿童的攻击性行为发生”这个假设可以进行推论，得出“儿童平均每周观看暴力性动画片的时间越长，则似乎对同伴的攻击行为的频率将越高”这一推论。

(二)实验变量的选择与确定

在实验研究中，各种需要操纵、控制和测量的因素或条件都是变量，在实验研究中主要涉及 3 种变量：自变量、因变量和控制变量，其中自变量和因变量又统称实验变量。实验变量由实验研究中的实验推论确定，我们都知道实验推论必须是客观的，可具体操作和测量，它包含着各种可能的实验变量。比如，“儿童平均每周观看暴力性动画片的时间越长，则似乎对同伴的攻击行为的频率将越高”的这个实验推论，就决定了实验的自变量为观看暴力性动画片的时间，而因变量是儿童发生攻击性行为的频率。由此可见，合适合理的实验推论能将原本较为抽象的实验假设转化为实验可以直接操作的量化指标。

自变量，又称独立变量，就是在实验中由实验研究人员选定，并进行操作、变化和控制的因素或因素组合。一般情况下，在教育与心理研究中的自变量又称为因素，同一个因素的不同标准称为水平，又叫实验处理。因变量，又称依变量，是指在实验中被试对自变量的操作反应的实验反应值，即实验研究人员观察、记录的随着自变量变化而变化的被试行为或反应指标。

1. 自变量的选择与确定

在教育实验研究中，自变量的选择与确定需要考虑以下几个因素。

首先，是理论因素，这是最根本的。在选择与确定自变量时应首先结合研究目的及理论，提出研究假设，得出推论，根据研究推论初步确定变量之间的因果关系，从而初步选择出自变量和因变量。

其次，是实验设计因素，即实验设计中是否恰当地控制了各种无关变量造成的误差。在实验研究中有时会出现某个无关变量对实验结果起到主要影响作用，我们需要把这些无关变量纳入自变量，形成多因素实验设计。

最后，是可行性问题，从理论上讲，实验设计中将所有影响因变量的因素都作为自变量加以控制、操作才是最佳的，但是由于各因素的作用程度不同，对其全部研究是不可行也不经济的。所以通常结合有关理论和假设，从中精选出主要影响因素加以研究。另外，在心理与教育研究中的某些因素难以操纵，往往将其作为无关变量加以控制，稍后就有关无关变量的控制方法详细叙述。

根据上述3个方面总的考虑确定了实验研究的自变量之后，接下来要确定自变量水平，即自变量在量上的差异。自变量最少有两种水平，选择自变量的水平要注意它们的代表性、典型性和概括性，这样才能揭示真实、全面的因果关系。

2. 因变量的选择与确定

在教育实验研究中所选的因变量要灵敏地、准确地反映出自变量变化所造成的影响，一个好的因变量要满足以下几点要求。

第一，因变量要具有有效性、敏感性和可信性。因变量的有效性是指实验中观测到的因变量正是实验研究者欲研究的符合研究目的的行为反应或现象。因变量的敏感性与有效性直接相关，敏感的观测可以提供精确的反应指标。因变量的可信性是指因变量观测的信度，即对同一被试重复观测的结果应是相同或近似的。造成因变量不可信的原因很多，研究者要谨慎选择因变量指标，确定适当的因变量。

第二，观测因变量的方式要适当，如生理测试(各种生理反应指标等)，行为测试(错误率、反应时、选择性反应，完成任务的时间，反应的频率等)及言语测试(逻辑思维、表达能力、写作能力等)。

相关链接

天花板效应或地板效应

在教育实验中，常常会遇到实验中所有被试的因变量水平趋于完美或者趋于零效应的现象。我们把前者称为天花板效应，后者称为地板效应。

天花板效应和地板效应都阻碍了因变量对自变量效果的准确反映，在选择因变量指标时应努力避免。

(三)无关变量的控制

无关变量，又称控制变量或额外变量，指实验中除了实验变量以外的影响实验变化和结果的潜在因素和条件。因此，在实验设计中，无关变量是必须要控制的。对实验研究中的无关变量的控制主要是通过消除或平衡的方法加以控制，以消除无关变量对实验结果准确性的影响。

1. 排除法

排除法是把无关变量从实验中排除出去，即在实验设计时，预先将可能影响结果的变量排除于实验条件之外。例如，在研究演讲式教学法和案例教学法优劣时，如果认为智力因素会影响结果，则只选高智力的学生为研究被试(或只选中等生作为被试)，这样智力因素对实验结果的影响就消除了。再如，启发教学和案例教学在幼儿教育中的作用差异研究，如果认为幼儿年龄因素会影响结果，则只选大班幼儿为研究被试(或选中班幼儿或选小班幼儿)。

从控制变量的观点来看，排除法能很有效地控制无关变量，但是实验结果有时缺乏普遍性，因此在实验设计中排除法不常用。

相关链接

双盲实验

在实验研究设计，双盲实验就是一个很好的排除法，即实验实施时不让实验操作者和实验被试知道实验的内容和目的，从而避免了主试、被试双方因为主观期望所引发的额外变量(先入现象、期待效应及霍桑效应等)。

2. 纳入法

纳入法就是把影响实验结果的某些因素也当作自变量来处理，并将其纳入实验设计，成为多因素实验设计。例如，在研究演讲式教学法和案例教学法的优劣时，可将智力分为高、中、低 3 个水平纳入实验设计，这时原来的实验设计就变成 2(2 种教法) * 3(3 个智力水平)的二因素实验设计。同样，启发教学和案例教学在幼儿教育中的作用差异研究中，可以把幼儿的年龄分成大、中、小 3 个年龄阶段，这样原来的实验设计就变成 2(2 种教法) * 3(3 个年龄阶段)的二因素实验设计。

3. 恒定法

恒定法是指使无关变量在实验过程中保持恒定不变，实验实施时，不同的实验场所、不同的主试以及不同的实验时间等都是无关变量。这里主要包括对实验指导语，主试者是否同一人，主试者对被试的态度，实验场所的温度、湿度和照明，实验时间等实验条件的控制。要想使以上无关变量恒定，最有效的控制方法是在同一实验场所，由同一主试在同一时间使用同样的程序进行实验。

恒定法不能消除无关变量所带来的影响，但可以使这些影响处于一个恒定的水平，使所有被试的实验结果的误差都处于同一水平，这样对实验结果的分析和实验结论就不会产生过多的不利影响。因此，可以说，恒定法是控制无关变量的最基本方法，每个实验研究必须运用恒定法来控制以上无关变量。

4. 配对法

配对法是根据被试某些方面的特征或行为表现，使实验组和控制组中的被试具有相等或接近的特质，从而控制无关变量对实验结果影响的一种方法。控制组(有时称对照组)在实验中不给予实验处理，实验组在实验中给予实验处理，由于实验组和控制组的无关变量相同，故被平衡了，所以两组的反应之差，就可以认为是实验本身的自变量引起的，已达到实验研究的目的。

使用配对法时，先对所有被试进行同质性预测，然后根据预测结果将被试分成相等或接近属性的实验组和控制组，把不符合的同质性的被试剔除。在理论上这种方法是可取的，但是实际操作上很难行得通，因为如果对一个以上特性(或因素)进行匹配时，实验者常感到顾此失彼，甚至无法进行。因此，实验中配对法常常和前测后测结合使用，一般先通过前测将被试随机分成实验组和控制组，然后再对实验组给予实验处理，实验结束后对实验组和控制组进行后测，用两组的反应之差，检验实验处理的效果。

5. 随机取样法

随机取样法就是依据数学上的概率原理，将被试按等机会原则随机分配到各个实验处理或实验处理水平的结合中的方法。从理论上讲可以使不同的被试除了实验处理之外，其他无关变量保持相等。随机取样法是控制无关变量的最佳方法，也是实验研究控制无关变量的常用方法，因为每一被试都以同等机会参与实验，即每个被试在无关变量上做到了均等的匹配。

6. 抵消平衡法

在教育实验中，有些无关变量既不能用消除法消除，也不能通过恒定法使之恒定或排除其不利影响，如在实验过程中的顺序误差、空间误差、习惯误差、疲劳效应和练习效应等，这种情况下，我们通常通过实验设计与实施的方法来抵消或平衡这些无关变量对实验结果的影响。

抵消平衡法就是在对实验设计和实施时，实验刺激的呈现和实验处理顺序的安排都采用的是随机化，从而使无关变量相互抵消，达到控制无关变量的目的。常见的抵消平衡法有 ABBA 法或 BAAB 法(又叫循环法)和拉丁方设计法。ABBA 法或 BAAB 法在实验研究中经常用来抵消、平衡实验顺序误差、练习效应、疲劳效应和空间误差等，当实验处理较多或实验较为复杂时，可以采用多重 ABBA 法，如“ABBA BAAB BAAB ABBA”。拉丁方设计法也是用来抵消、平衡被试实验顺序或实验处理呈现顺序可能带来的误差的一种实验设计方法。

7. 统计控制法

以上无关变量的控制方法，都是在实验尚未正式开始前先行着手控制无关变量的方法，这类方法称为实验前控制。另一种方法是实验后控制，就是在实验完成后通过一定的统计技术来事后避免实验中的无关变量的干扰，因此也被称为统计控制法。常用的统计控制法有协方差分析，剔除极端数据及加权法等。

第二节　实验研究的模式

一、实验研究的类型

为了在教育研究中正确运用实验研究法并促进实验法的发展，必须对教育实验做出科学合理的分类。掌握不同的分类标准，确定教育实验类型、特点、操作程序、适用范围和条件是搞好教育实验的一个重要前提。

教育实验研究类型繁多而复杂，根据不同的分类标准，可以分为许多的类型。

(一)实验室实验与自然实验

根据实验实施的场所，可分为实验室实验和自然实验。

1. 实验室实验

实验室实验指研究者根据研究的需要在经过专门设计的、人工高度控制的环境中进行的实验，是在专门的实验室进行的实验。这类实验的优点是能把实验中的各种变量严格分离出来，并给予确切的操作与控制，提高研究结论的准确性和可靠性。缺点是实验室实验情境过于人工化，实验结果难以普遍。

2. 自然实验

自然实验也叫现场实验，是在实际的教育情境中进行的实验。这类实验的优点是实验情境接近于实际的教育情境，实验结果容易普遍化，但是无关变量难以控制。

(二)探索性实验与验证性实验

根据实验研究的目的不同，可以分为探索性实验与验证性实验。前者以探索教育规律或现象的本质，揭示变量间因果关系为目的，后者以检验已有的理论或研究为目的。

1. 探索性实验

探索性实验是以认识某种教育现象或受教育者个性发展规律为目标，通过揭示与研究对象有关的因果关系及问题的解决，来尝试创建某种理论体系，所以具有较强的创新性。探索性实验主要研究教育理论体系中的根本性问题，有重要的理论意义和实践指导意义。

2. 验证性实验

验证性实验是以验证已取得的实验成果为目标，对已经取得的认识成果用再实践的经验来检验、修正和完善。这类实验具有明显的重复性，是在不同环境条件下反复进行的，不仅对实验条件有明确分析，而且实验方案具有可操作性，关注实验结果应用的普遍性，追求实验较高的外在效度。

(三)前实验、准实验与真实验

根据对实验中各种变量的控制情况或控制水平的高低划分为前实验、准实验与真实验。

1. 前实验

前实验指最原始的一种实验类型，它是对任何无关变量都不进行控制的实验，其实验结果的效度很低。比如，单组事后测定实验设计，单组事前事后测定实验设计，固定组比较实验设计及相关设计都属于前实验设计。前实验设计几乎没有实用价值，极少被采用，但是由于它具备了实验处理和测量两个实验研究的要素，而且它也是其他实验类型的基础，因而进行简单介绍，以帮助我们更好地理解真实验和准实验的本质。

单组事后测定实验设计和单组事前事后测定实验设计这里不详细描述，下节内容会详细介绍。

所谓固定组比较设计是有两组被试，这两组被试是依原来固定的组织形式分配，其中一组给予实验处理，另一组不给予实验处理，比较两组事后测定的结果，如果有差异就认为是实验处理的作用。

相关设计又叫事后回溯设计，这种设计既不能操纵、控制自变量，也不能随机分配被试，它只能将被试的现存差异，分类归到一定的情境中去。基本思想是影响某一问题(因变量)的自变量已经发生，只能根据一定的反应变量去追随其可能的自变量。

2. 准实验

准实验类似或近似于真实验，是指在实验中未按随机原则来选择和分配被试，只把已有的研究对象作为被试，且只对无关变量作尽可能控制的实验。比如，时间系列设计、不相等实验组—控制组前测后测实验、相等时间样本设计、不相等实验组—控制组前测后测时间系列设计、分解样本前后测设计、循环法实验设计(又称轮组设计，平衡对抗法实验设计)及修补设计等，这部分内容本章节不详细介绍，下章内容会详细论述准实验的相关内容。

3. 真实验

真实验是指严格按照实验法的科学性要求，随机地选择和分配被试，系统地操纵自变量，全面地控制无关变量的实验。真实验设计是以数理统计为基础的实验设计，这种实验不但能对各种无关变量进行周密的控制，而且还可以利用一定的统计方法帮助分析实验结果。

(四)单因素实验与多因素实验

根据同一实验中控制、操纵的自变量(因素)的个数多少，可分为单因素实验和多因素实验。

1. 单因素实验

它是指同一实验中研究者只操纵一个自变量的实验，也叫单一变量实验。例如，研究不同的教学方法(案例法、演讲法和启发法)的教学效果，这个实验的自变量只有一个，即教学方法，不同的教学方法称为水平不同或实验处理不同。由于单因素实验的自变量单一、明确，操纵相对比较容易，实验难度相对较小，但是实验情境有些人工化，而且对无关变量的控制不如多因素实验好。

2. 多因素实验

它是指在同一实验中需要操纵两个或两个以上的自变量的实验，也叫组合变量实验。如上例中，除了教学方法之外，还可以增加学历水平或教师态度等自变量。这类实验要操纵的实验因素较多，实验的过程比较复杂，因变量的观测内容也随之增多，因而在研究整体上难度较大，但是实验情境接近日常情形，实验结果可以普遍化。

(五)组间实验与组内实验

组间实验，又称被试间实验，是依据实验设计的分组方式，是否给予实验处理或实验处理水平的结合等，将实验设计分为实验组和控制组的比较设计，即将被试分为两组，一组给予实验处理称作实验组，另一组不给予实验处理称作控制组。然后测定对某一刺激的反应，比较两组反应的差异，所以把这种实验设计称为组间实验设计，又称被试间实验设计。组间实验设计的基本思想是通过两组被试或两组以上被试的比较，估计实验处理的效应。

组内实验设计是由一个被试接受实验中所有的实验处理或实验处理水平的结合。基本方法是：随机选取被试，实验中的每一被试接受全部实验处理或实验处理水平的结合。

(六)事前测定—事后测定比较实验

事前测定—事后测定比较实验是依据何时测定被试的方式来分类的设计类型。所谓事前测定是指在实验处理实施之前对被试进行相关研究内容方面的测定，事后测定是指在实验处理实施后对被试进行相关研究内容方面的测定，前后两次测定的差异，就认为是实验处理带来的效应。

这种实验的优点是有两次测定可以进行比较，缺点是由于先后两次是在不同的时间测定的，因而对于历史因素、身心变化、测量工具和测量标准的变化，以及对于练习效果和多种因素的交互作用等都难以得到很好的控制，因而对实验结果解释的效度很低。

(七)完全随机化实验和随机化区组实验

完全随机化实验和随机化区组实验是根据无关变量的控制方式不同区分的实验类型，这种实验设计是使各组被试在实验处理前各方面完全或近似相等，但是分组方式不同。

完全随机实验设计是依据概率的原理，用随机分配的方法，使各组无关变量保持相等或近似。具体方法可以用随机数字表或抽签的方法选取被试或对被试随机分组，使各组被试在接受实验处理之前保持各方面相等或近似相等，并随机安排实验处理的设计。

随机化区组实验设计首先把被试按某些特质分到不同的区组内，使每一区组的被试尽量保持同质，然后将区组内的被试随机分配到各个实验处理中。这里有两种处理方式：一种是以每一个被试为区组，即每一个被试分别接受 K 种实验处理；另一种方式是配对，即根据研究要求，将影响研究结果的某些因素水平相同的被试配对，这样可以得到不同的水平的被试对，然后随机让其中一个接受实验处理。

二、实验研究的基本范式

依据不同的分类标志，可以将教育研究的实验分为不同的类型，各种不同的实验设计类型，都有其长处和短处，一个好的实验研究范式就应该能够综合各类实验设计的长处，而避免其短处。因此，综合上述各种实验类型的优缺点，取其长处避其短处，归纳出下列几种常用的基本的实验研究范式，如下所述。

(一)单组实验设计范式

单组实验设计范式属于前实验的一种，单组实验设计对任何无关变量均不进行控制，其实验结果的效度很低。单组实验设计范式极少有实用价值，在实验研究中极少被采用，但是它可以为其他实验类型提供研究基础。因而本节进行简单介绍，以便于我们更好地理解其他实验设计范式的基本思想或方法。

1. 单组—后侧实验设计范式

最简单的实验设计是单组—后测实验范式(见表 3-1)，这种实验设计的基本方法是选取一组被试，给他们进行实验处理(自变量)，然后测试他们的行为反应(因变量)。单组—后测实验范式的基本思想是实验处理会带来后测结果的变化，然而没有比较的基线，无法估计实验处理带来的效应。

表 3-1 单组—后测实验设计范式

实验处理	后测
X	Y

注：X 表示自变量，即实验处理；Y 表示因变量。下同。

2. 单组—前后测实验设计范式

复杂点的单组实验设计为单组—前后测实验范式(见表 3-2)是与前后测实验结合的实验设计，其基本方法是：选取一组被试，事先测试他们的行为(因变量)，然后给他们进行实验处理(自变量)，最后再测试他们的行为(因变量)。

单组—前后测实验范式的基本思想是，将被试的前测和后测的数据进行比较，通过前测与后测的差异数据估计实验处理带来的效应或影响。然而，这种实验设计也存在问题，如自变量以外的因素(时间、成熟、学习、练习等无关变量)也可能导致后测(因变量)的变化，所以说前测与后测之间的差异也可能不是来自实验处理本身。由于是单组实验设计，我们无法辨别自变量和无关变量对因变量的影响。

表 3-2 单组—前后测实验设计范式

前测	实验处理	后测
Y 前	X	Y 后

(二)组间实验设计范式

1. 实验组控制组—前后测实验设计范式

实验组控制组—前后测实验设计范式(见表 3-3)的基本方法是选取两组被试，随机分为实验组和控制组，对两组被试进行前测，然后对实验组实施实验处理，对控制组不进行实验处理，最后再对两组进行后测。

实验组控制组—前后测实验设计范式的基本思想是分别计算实验组和控制组被试的前测与后测数据的差异，如果实验组的前后测的差异大于控制组的前后测差异，则表明实验处理对应变量带来了效应或影响。

表 3-3　实验组控制组—前后测实验设计范式

实验分组	前测	实验处理	后测	差异比较
实验组	Y 实前	X	Y 实后	Y 实前—Y 实后
控制组	Y 控前	—	Y 控后	Y 控前—Y 控后

但是，有研究表明这种实验范式的信度不高，如何有效地使用这种实验设计方法，需要研究者有丰富的经验并进行精心的设计。

2. 实验组控制组—后测实验设计范式

实验组控制组—后测实验设计范式(见表 3-4)的基本方法是选取两组被试，随机分为实验组和控制组，然后对实验组实施实验处理，对控制组不进行实验处理，最后再对两组进行后测。

实验组控制组—后测实验设计范式其基本思想是将实验组和控制组被试的后测数据进行比较，通过两组被试在后测中的差异估计实验处理带来的效应。

表 3-4　实验组控制组—后测实验设计范式

实验分组	实验处理	后测
实验组	X	Y 实后
控制组	—	Y 控后

但是这种实验设计范式的前提假设是实验组和控制组在实验之前是不存在差异的，两组在后测中发现的差异来自实验处理的效应。在这种实验设计中，保证实验组和控制组在实施实验处理前无差异的方法是将被试随机分配给实验组和控制组，具体方法有以下两种。

(1)实验组控制组—后测实验设计随机匹配被试的方法

实验组控制组—后测实验设计随机匹配被试的方法(见表 3-5)是从总体中随机取样被试，然后将被试随机分配给实验组和控制组，实验组接受实验处理，控制组不接受实验处理，最后对两组被试进行后测，比较两组间后测的差异。这种方法是通过完全随机分配被试，保证实验组和控制组在实验处理前无差异。

表 3-5　实验组控制组—后测实验设计随机匹配被试的方法

选取被试的方法	分组方法	实验分组	实验处理	后测
随机取样	随机分配	实验组	X	Y 实后
		控制组	—	Y 控后

(2)实验组控制组—后测实验设计等组匹配被试的方法

实验组控制组—后测实验设计等组匹配被试的方法(见表 3-6)是从总体中随机取样被试，然后将被试进行匹配，分成若干同质的配对组，每一个配对组中的两个被试是最接近的，接着将每一个配对组中的两个被试随机分配给实验组和控制组，实验组接受实验处理，控制组不接受实验处理，最后对两组被试进行后测，比较两组间后测的差异。这种方法先匹配被试，再将匹配的被试完全随机分配给实验组和控制组，以保证两组在实验处理前无差异。由于先对被试进行了匹配，然后再完全随机分配，这可以更有效地保证实验组和控制组是无差异的。

表 3-6 实验组控制组—后测实验设计等组匹配被试的方法

选取被试的方法	分组方法	实验分组	实验处理	后测
随机取样	等组匹配被试	实验组	X	Y 实后
		控制组	—	Y 控后

3. 所罗门四组实验设计范式

所罗门四组实验设计范式(见表 3-7)是指将被试随机取样，并随机分为 4 组，两组为实验组，两组为控制组，其中实验组 1 和控制组 1 有前测，其基本思想是后测设计和前后测设计加以结合的实验设计。该实验范式除了具有后测设计和前后测设计两种设计的优点外，还对实验处理的效果进行了两次检验，可以确认实验处理的效果等。所罗门四组实验设计对无关变量的控制比较全面，可以准确地揭示出变量之间的因果关系。

表 3-7 所罗门四组实验设计范式

选取被试的方法	分组方法	实验分组	前测	实验处理	后测
随机取样	随机分组	实验组 1	Y1 实前	X	Y1 实后
		控制组 1	Y1 控前	—	Y1 控后
		实验组 2	—	X	Y2 实后
		控制组 2	—		Y2 控后

但是，值得我们注意的是，组间实验设计范式的最大缺点是只能提供两种实验处理(单因素两水平)的显著效应，而且对自变量对因变量影响的量变过程不能进行详细描述；当实验研究中涉及单因素多水平或多个自变量时，组间实验设计范式就无能为力了。

(三)单因素多水平实验设计范式

组间实验设计范式仅限于单因素两个水平的实验处理情况，单因素多水平实验设计可以将组间实验设计的思想扩展到 3 个或 3 个以上的实验处理水平。

1. 单因素完全随机组间实验设计范式

单因素完全随机组间实验设计范式是指实验中只有一个自变量，而自变量的水平为 3 个及 3 个水平以上时，将实验按自变量水平的个数分成相应实验处理，从总体中随机取样被试，将被试随机分配给各个实验处理组接受实验处理，即每组被试分别接受一种实验处理。我们假设一个单因素 3 个水平的完全随机组间实验设计，见表 3-8。

表 3-8 单因素完全随机组间实验设计范式

选取被试的方法	分组方法	实验分组	实验处理	后测
随机取样	随机分配	实验组 1	A1	Y1
		实验组 2	A2	Y2
		实验组 3	A3	Y3

注：A，B 为实验处理水平，Y 依然表示因变量。下同。

2. 单因素完全随机组内实验设计范式

单因素完全随机组内实验设计范式是指实验中只有一个自变量，而自变量的水平为 3 个及 3 个水平以上时，将实验按自变量水平数分成相应实验处理，从总体中随机取样被试，每一个被试接受所有的实验处理，即随机选取被试，实验中的被试接受全部的实验处理。单因素完全随机组内实验设计范式的设计思想是将组间设计思想和组内设计思想相结合，既实现了多组比较的设计思想，又试图减少了被试差异。我们仍然假设一个单因素 3 个水平的完全随机组内实验设计，见表 3-9。

表 3-9 单因素完全随机组内实验设计范式

选取被试的方法	被试	实验处理		
		A1	A2	A3
随机取样	被试 1	Y11	Y12	Y13
	被试 2	Y21	Y22	Y23
	被试 3	Y31	Y32	Y33
	……	……	……	……
	被试 n	Yn1	Yn2	Yn3

3. 单因素随机区组实验设计范式

单因素随机区组实验设计范式指实验中只有一个自变量，而自变量的水平为 3 个及 3 个水平以上时，将实验按自变量水平数分成相应实验处理，从总体中随机取样被试，将参加实验的被试进行匹配，分成若干同质组，每个组的 n 个被试是最接近的，然后将每个同质组中的 n 个被试随机分配给若干个实验组，每组被试分别接受一种实验处理。单因素随机区组实验设计范式的设计思想是将实验前匹配被试的思想扩展到多组比较的设计，即是组间设计思想和区组设计思想结合的产物。我们还假设一个单因素 3 个水平的完全随机区组实验设计范式，见表 3-10。

表 3-10 单因素随机区组实验设计范式

选取被试的方法	区组	分组方法	实验分组	实验处理	后测
随机取样	匹配被试	随机分配	实验组 1	A1	Y1
			实验组 2	A2	Y2
			实验组 3	A3	Y3

(四)多因素(多变量)实验设计范式

当实验设计是考查两个或两个以上的自变量(因素)对因变量的影响时，这类实验设计被称为多变量实验设计范式。

1. 多因素完全随机组间实验设计范式

多因素完全随机组间实验设计是单因素完全随机组间设计的扩展，其基本方法是：随机从总体中取样被试，并随机将取样被试分成若干个实验处理组，每组被试分别接受一个实验处理水平的结合。

以两因素完全随机组间实验设计(见表 3-11)为例，表中自变量 A 有两水平，自变量 B 有两水平，两个因素共有 2×2=4 种实验处理水平的结合，即 A1B1，A1B2，A2B1，A2B2。将参加实验的被试随机分成 4 组，每组被试随机接受一个实验处理水平的结合。

表 3-11　多因素完全随机组间实验设计范式

选取被试的方法	分组方法	实验分组	实验处理	后测
随机取样	随机分配	实验组 1	A1B1	Y1
		实验组 2	A1B2	Y2
		实验组 3	A2B1	Y3
		实验组 4	A2B2	Y4

2. 多因素完全随机组内实验设计范式

多因素完全随机组内实验设计是单因素完全随机组内实验设计的扩展，基本方法是：随机从总体中取样被试，参加实验的被试接受全部实验处理水平的结合。

以两因素完全随机组内实验设计(见表 3-12)为例，表中自变量 A 有两水平，自变量 B 有两水平，两个因素共有 2×2=4 种实验处理水平的结合，即 A1B1，A1B2，A2B1，A2B2。参加实验的每一个被试接受所有实验处理水平的结合。

表 3-12　多因素完全随机组内实验设计范式

选取被试的方法	被试	实验处理水平的结合			
		A1B1	A1B2	A2B1	A2B2
随机取样	被试 1	Y	Y	Y	Y
	被试 2	Y	Y	Y	Y
	被试 3	Y	Y	Y	Y
	……	……	……	……	……
	被试 n	Y	Y	Y	Y

3. 混合实验设计范式

在多因素实验设计中，当两个或多个因素均为被试间因素时，我们称之为组间或被试间实验设计，当两个或多个因素均为被试内因素时，我们称之为组内或被试内实验设计。然而，有时多因素实验设计中的自变量既包含被试间因素，又包含被试内因素，这种情况的实验设计我们称之为混合实验设计。

混合实验设计的基本方法是首先确定实验中的自变量哪些是被试间因素，哪些是被试内因素，将被试按被试间因素的水平数随机分组，然后每组被试接受被试间因素的某一种处理水平与被试内因素所有的处理水平的结合。

我们仍然以两因素的混合实验设计范式(见表 3-13)为例，表中自变量 A 是被试间因素，有两个水平，自变量 B 是被试内因素，有 4 个水平。两个因素共有 2×4=8 种实验处理水平的结合，即 A1B1，A1B2，A1B3，A1B4，A2B1，A2B2，A2B3，A2B4。按照被试间因素(A)的水平数，被试应随机分为两组，实验组 1 接受 A1 水平与 B 因素所有水平的结合，即 A1B1，A1B2，A1B3，A1B4。实验组 2 接受 A2 水平与 B 因素所有水平的结合，即 A2B1，A2B2，A2B3，A2B4。

表 3-13　混合实验设计范式

选取被试的方法	B(被试内因素)		B1	B2	B3	B4	
	随机分组	A(被试间因素)					
随机取样	实验组 1	A1	A1B1	A1B2	A1B3	A1B4	处理水平的结合
			Y	Y	Y	Y	后测
	实验组 2	A2	A2B1	A2B2	A2B3	A2B4	处理水平的结合
			Y	Y	Y	Y	后测

混合实验设计的基本思想是：一方面，由于有的自变量是被试内因素，每个被试接受多次实验处理。因此，这在一定程度上减少了被试之间个体差异可能带来的实验误差，节省被试。另一方面，因为有的自变量是被试间因素，因此，又不会使得每个被试产生由于接受实验处理次数过多而带来的疲劳、练习效应。

三、实验设计的一般步骤

设计一个教育实验，要遵循一个基本的程序或步骤。

(一)陈述研究课题并提出研究假设

研究者从不同的来源得到启发，从而提出自己的研究课题，一般而言，课题的选择通常有以下几个来源：①实际需要，教育工作者从事教育教学的实际工作中存在的许多问题有待实验研究来解决；②理论需要，由某些教育教学理论或学说可以推演出某个假设，研究者可以对假设是否符合实际进行检验；③前人的研究与文献资料，研究者可以从阅读文献资料中发现什么问题已经解决、什么问题还未解决，从而得出可研究的课题。然后，研究者根据所选课题形成一个或几个相关的研究假设。

(二)根据实验假设得出实验推论

实验推论是研究人员基于实验假设做出某些适合于实验检验的可操作的、合理的推论，来判断最初的假设是否正确。比如，“看暴力性动画片会导致儿童的攻击性行为发生”就是一个假设。例如，从“看暴力性动画片会导致儿童的攻击性行为发生”这个假设可以进行推论，得出“儿童平均每周观看暴力性动画片的时间越长，则似乎对同伴的攻击行为的频率将越高”这一推论。

(三)确定实验自变量、因变量及无关变量

根据具体的，可操作的实验推论——确定自变量、因变量、无关变量和实验处理等。首先，确定实验的自变量，选择被试和形成被试组，决定每组进行什么样的实验处理，并确定操作定义；其次，选择适合的测量工具并确定采用什么样的统计方法，从而明确评价因变量的指标；最后，判定该实验需要控制的无关因素，选择控制方法，设计控制过程及预测控制程度等。

还是以“看暴力性动画片和儿童的攻击性行为发生之间的因果关系”课题为例，研究者从一个抽象的课题中得出了“儿童平均每周观看暴力性动画片的时间越长，则似乎对同伴的攻击行为的频率将越高”这样一个具体化的、可操作的实验推论。然后，我们就可以依据这一推论确定本实验研究的自变量为观看暴力性动画片的时间，因变量为儿童发生攻击性行为，用攻击性行为的频率作为评价因变量的指标；还可以选择 3～6 岁的幼儿作为实验被试，可以分为实验组和控制组进行实验设计等，并综合各因素判定需要控制的无关变量(如性别差异、年龄差异、环境差异)及控制方法。

(四)确定适合的实验设计类型

根据实验研究的目的，综合考虑上述因素后，选择适合的实验设计类型，控制好无关变量，以最大限度地提高实验的内部效度和外部效度。

我们可以把“看暴力性动画片和儿童的攻击性行为发生之间的因果关系”的研究课题的实验设计成实验组控制组—前后测实验设计，也可以把性别纳入自变量，设计成多因素实验设计等。

本章小结

本章分为两节内容，第一节主要是从概述的角度详细地阐述了实验研究和教育实验研究的含义，实验研究方法的基本特点、基本问题和实验研究存在的一些局限性，并且重点介绍了实验研究中无关变量的控制方法及影响实验效度的因素。第二节主要介绍了实验研究类型和基本的实验研究设计范式的优缺点及适用范围，并简单介绍了如何设计一个合适的实验。

关键术语

实验研究，变量及控制，实验的效度，实验研究类型，实验研究范式，实验研究程序

思考题

1. 实验研究与其他研究方法有何本质上的区别？

2. 实验研究有哪些基本特点？有哪些局限性？

3. 实验研究的基本问题是什么？控制无关变量的方法有哪些？

4. 实验内在效度和外在效度的含义是什么，影响实验研究的效度的因素有哪些？

5. 实验研究有哪些类型？常见的基本实验研究设计范式有哪些？以及这些基本实验研究设计范式的长处、缺点及适用范围是什么？

6. 怎样设计一个有效的教育实验？

案例研究

实验设计的案例

(一)研究课题

一项关于教学材料类型和性别对解决问题的影响的实验研究

(二)研究假设

在相关文献资料及理论的基础上，结合本研究课题的内容，提出如下实验假设。

①使用图表教材的被试解决问题的平均成绩比使用文字教材的要好。

②男生解决推理问题的平均成绩比女生要好，女生解决概念问题的平均成绩比男生要好。

③男生倾向于利用图表教材解决问题，女生倾向于利用文字教材解决问题。

(三)实验推论

①使用图表教材的被试解决问题的时间比使用文字教材的要短。

②男生解决推理问题的时间比女生要短，女生解决概念问题的时间比男生要短。

③男生利用图表教材解决问题的时间比女生要短，女生倾向于利用文字教材解决问题，其所用时间比男生短。

(四)自变量及因变量的确定

根据实验推论我们不难看出，本实验研究的自变量为教学材料、性别及问题类型，因变量为被试解决问题所用的时间。

自变量—教学材料有两个水平：图表材料和文字材料。

自变量—性别：男生和女生。

自变量—问题类型有两水平：推理问题和概念问题。

(五)实验设计范式的确定

根据自变量的个数可知本实验研究为多因素实验研究，根据实验假设和实验目的可以把此实验设计为三因素被试内设计。

拓展阅读

1. 刘良华. 教育研究方法专题与案例[M]. 上海：华东师范大学出版社，2007。

该书有应用性较强的教育案例分析，详细地用案例分析的形式探讨教育研究的各种方法，简单易学。

2. 董奇. 心理与教育研究方法(修订版)[M]. 北京：北京师范大学出版社，2004。

该书详细明了地介绍了心理与教育的实验研究方法，一目了然。

第四章　准实验研究

【本章要点】

准实验研究原本是心理学研究中采用的一种研究方法，是一种在较为自然的情况下进行实验处理的研究方法，因为比较符合教育实际环境，近年来被广泛应用到教育研究领域，成为一种实用性很强的教育研究方法。本章详细介绍了准实验研究的含义、条件、特点、适用范围，重点介绍了准实验研究的几种模式，学生通过学习可以理解和掌握不同模式的应用情境和具体方式，为运用准实验研究方法创造条件。

学习目标

1. 理解准实验研究的含义和特点。

2. 了解准实验研究的条件和适用范围。

3. 重点理解和掌握准实验研究的几种不同模式，并能根据不同模式提出研究课题，设计出研究方案。

导入案例

一家儿童电视节目制作公司制作了一个以开发儿童智力为目标的系列儿童电视节目，公司想研究这个节目是否能起到开发儿童智力的作用。一开始，研究为随机实验研究，来自不同地区的近千名儿童被随机分成实验组(观看节目)和对照组(不观看节目)，实验组的儿童每周至少有3天看这个节目，6个月后，收集有关受试儿童智力发展状况的数据。然而，由于该节目广泛流行，对照组的许多孩子也能接触到这个节目。于是，随机实验研究被调整为准实验研究，具体做法是将受试儿童按实际观看节目的次数分为4组，6个月后检验看节目多的孩子是否比看节目少的孩子智力成长速度更快。

第一节 准实验研究概述

一、准实验研究的含义

准实验的概念最早是由心理学家坎贝尔和斯坦利(Campbell & Stanley) 于 1966 年提出的。库克和坎贝尔(Cook & Campbell) 于 1979 年发表的《准实验研究：现场背景的设计和分析》(*Quasi-Experimentation: Design and Analysis Issues for Field Settings*)这一专著，为准实验研究提供了充实的理论基础，并系统、全面地提出了准实验研究原则和统计分析方法，使准实验设计的理论与方法日趋完善。2002 年，谢德西、库克和坎贝尔(Shadish, Cook & Campbell)对 1979 年的经典著作再版，使准实验研究设计更加成熟。

所谓准实验研究，是相对于真实验研究而言的，是指那种既不能直接操纵自变量又不能对研究中的额外变量进行较严格控制的研究。它像实验一样一般要比较不同的组或条件，但这种设计用不可操纵的变量来确定要比较的组或条件。不可操纵的变量通常是被试变量(如性别的男和女)或时间变量(如处理前和处理后)。它和真实验的主要区别在于，准实验中没有运用随机化程序进行被试选择和实验处理，也不能完全主动地操纵自变量。

二、准实验研究的条件

从教育研究是否采用实验研究与实验研究控制程度的角度来说，研究分为非实验研究、准实验研究和实验研究。

非实验研究，是在自然情境下观察个体的行为模式，不能随机分配和选择被试，而且几乎不能对额外变量加以控制的条件下进行的研究。这类方法的主要缺点是对干扰因素不加任何控制；几乎很难揭示变量间的因果关系；对变量控制不严格；受观察者主观偏好影响程度大；需要多个观察者参与，记录比较烦琐。主要优点是在自然情境下获取数据，结果的推论性高；能够发现变量之间的相关联系，为后续研究提供方向；人为的干涉程度低。例如，观察法、相关研究法都属于非实验研究方法。

准实验研究，是在自然情境下获取数据，研究者不能随机选取和分配被试，但可以对额外变量进行一定的控制。这类方法的主要缺点是对干扰因素控制不够，几乎很难揭示变量间的因果关系。主要优点是不需要随机化程序，没有采用非常人为的严格控制方法，因而适合于更为广泛的研究目的。

真实验研究，是指可以随机选取被试，并可以随机分配被试，对额外变量控制得比较严格的一类研究方法。真实验研究很精确，一般是在实验室进行，但研究环境过于理想化，要花费较多的人力、物力和时间去控制对象和环境。这类研究方法的主要缺点是实验控制的人为性高；实验干涉程度高；对于复杂的行为无法测量；不适合探索性的研究。主要优点是实验条件控制严格；实验结论比较严谨；测量较为精确；用于验证某一理论；一般能得出变量间的因果关系。

从现实意义上说，对于教育研究而言要进行有效控制是很难的，因为教育实验的对象常常是人而非物，不可能进行严格的控制，同时在实验中对研究者的要求也很高，让研究者和被研究者都感到有压力，而且还要受到受试单位、学校配合程度等因素的影响。基于上述的局限，真实验这种研究方法在教育研究中的应用不如其他研究方法广泛，不能发挥出它的优势和作用。为了解决真实验的这些不足之处，发挥实验研究应有的作用，我们可以采用原始的组，在较为自然的环境下以类似实验的方法设计方案来进行研究即准实验研究较为适合，因而其被广泛采用。

三、准实验研究的特点

(一)现实性较强

准实验设计是将真实验的方法用于解决实际问题的一种研究方法，它不能完全控制研究的条件，在某些方面降低了控制水平。虽然如此，它却是在接近现实的条件下，尽可能地遵照真实验设计的原则和要求，最大限度地控制因素，进行实验处理实施的，因此准实验研究的实验结果较易与现实情况联系起来，即现实性较强。相对而言，真实验设计的控制水平很高，操纵和测定变量很精确，但是它对于实验者和被试组的要求较高，在操作上带来很大的困难，现实性比较低。

(二)研究环境具有现实自然性

真实验研究的环境与实际生活中的情况相差很大，完全是一个“人工制作”的环境，较难与现实之间产生联系。而进行准实验研究的环境是在自然条件下的，与现实的联系也很密切，而这种自然现实的环境为准实验研究的进一步推广创造了条件。

(三)效度上内低外高

准实验设计利用原始组进行研究，缺少随机组合，无法证明实验组是否是较大群体的随机样本，同时任何因素都可能对原始群体起作用，所以因被试组挑选带来的偏差将损害研究结果的可推广性，从而影响准实验研究的内在效度，因此在内在效度上，真实验优于准实验设计。但是，由于准实验的环境自然而真实，它在外部效度上能够且应该优于真实验设计。因此，在考虑准实验研究的效度时，应该对它的特点有清楚的认识，并注意确定实验组之间的对等性，同时在逻辑上对可能有的代表性和可推广性加以论证，避开其不足之处。

(四)自变量多采用被试变量

由于研究条件的限制，准实验研究的研究者只能选择那些已具有了某种不同程度特征的被试，而不能像真实验那样从总体中随机选取被试或随机分组，因此其研究中的自变量往往用被试变量。这些被试变量可能是自然形成的被试变量，如年龄、性别、种族等；可能是社会所形成的被试变量，如社会阶层、宗教信仰、居住区等；可能是疾病及与之有关的被试变量，如残疾者、弱智者、脑外伤者等；可能是学习现状不同的群体或已形成的不同个性的群体等。

四、准实验研究的适用范围

(一)实验室研究成果的推广

实验室研究可以获得自变量和因变量之间的因果性关系，实验条件控制严格，但要想有效地给予推广，必须在自然现实条件下进行验证，而这正是准实验研究的领域所在，实验室研究通过准实验研究便于有效了解因素条件对实验结果的现实关联程度，从而有利于实验室研究成果的进一步推广。

(二)与社会生活密切相关问题的研究

人类各个领域的研究其价值在于服务于人类自身，研究源于人类生活但也必须服务于人类生活，教育实践的研究为时间提供规律和依据，准实验研究是一种结合现实自然环境进行的研究，虽然控制条件不严格，但却基于社会生活密切相关的很多问题，如人格研究、临床研究、社会问题以及教育研究等，为发现和解决人类自身问题提供可行性的研究证据。

(三)受伦理限制的研究

与自然科学研究不同，社会科学研究总是在一定的社会环境中进行的。因此，在设计和进行研究时，除了科学的考虑外，研究者必须考虑到很多的伦理和政治问题。例如，研究对象参与必须出于自愿，原则上并不会有很大的争议。采取不道德甚至非法的手段强迫他人参与实验或者调查是不被许可的。这在很多家庭问题、教育问题和社会问题上表现得尤为明显，因此我们在这些问题上不能人为干预和过多控制，只能基于社会现实的实际发生状况来进行，从而避免道德伦理问题的出现，准实验相对来讲，这方面比真实验具有先天的优势。

第二节　准实验研究的模式

准实验研究设计由于没有真实验的严格控制条件，不能随机对被试进行安排，不能通过操纵自变量产生，大多都是根据现成的被试变量(如性别)或时间(如实验前后的处理)即通过不同的组或不同的实验处理条件来确定的。常用的设计有：时间序列设计、相等时间取样设计、不等组前测后测设计、不等组的时间序列设计等。

一、单组准实验设计

当不方便对一组被试进行随机分组，又没有恰当的被试组作为对照组时，可以采用单组准实验设计进行课题研究。单组设计主要包括：单组时间序列设计、单组相等时间样本设计。

(一)单组时间序列设计

1. 定义

单组时间序列设计是指对某个被试组或被试个体进行周期性的一系列测量，并在这一时间序列中的某一点上呈现实验处理变量，然后观察施加实验处理之后的一系列测量是否发生了非连续性变化，从而推断实验处理是否产生效果。

从实验设计上说，先进行一系列的观测(前测)，接着引入一种处理或者加入其他事件，然后再进行第二个系列的观测(后测)。通过比较处理前和处理后的观测值来评估干预处理或事件的影响。

2. 研究范式

O1　O2　O3　O4　O5　　X　　O6　O7　O8　O9　O10

其中，O1　O2　O3 O4　O5 为一系列的前测处理，X 为引入的一种处理或事件，O6　O7 O8　O9　O10 为一系列的后测处理。从这个模式可以看出，单组时间序列设计是只有一个实验组的重复测量的一种前测后测设计。单组时间序列设计没有对照组，但不是仅有一次前测和一次后测，而是对一个实验组进行周期性的一系列前测和后测。根据研究的内容和目的不同来确定实验处理前、后的观测次数，并且前、后的观测次数也可以不同。但总的来说，观测的次数越多越好。

例如，想研究某法制报刊的发行对犯罪率的影响，可以在报刊发行前对犯罪行为进行一系列观察，在报纸发行后再进行一系列观察，比较前后的观察结果，就能反映出报刊的发行对犯罪率的影响。又例如，想研究对学生实施恶劣情绪管理计划的效果，可以在实施这一计划之前对学校打架次数进行一系列的记录，在实施这一计划之后再进行一系列的记录，比较前后的结果。

单组时间系列设计有两种可能的结果，在引入作为自变量的实验处理之后，处理效果如何，通常以处理后在时间系列中测验数据发生的不同形式的变化，与引入实验处理之前在时间系列中作为基准线测量的前测数据相比较而加以分析。

一般情况下，这种时间系列设计有两种可能的结果，即引入处理前后的数据可能有两种变化。一种是连续性的，另一种是非连续性的。连续性的变化表现为基线斜率的变化，非连续性的变化表现为靠近引入实验处理的前测与后测成绩水平截距高低的变化。如图 4-1，除了展示了单组时间系列设计研究的两种可能结果外，还表明了两种可能的结果可能发生的各种变化情况。

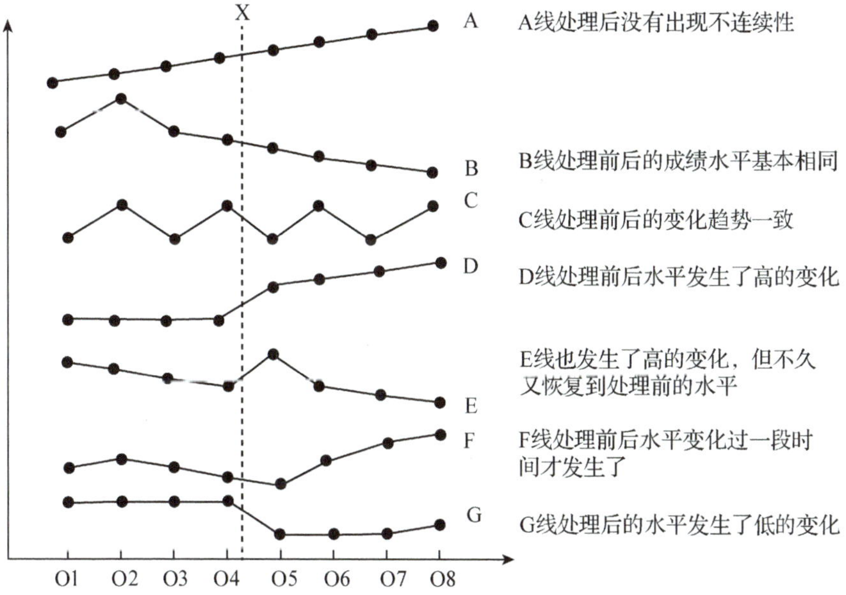

图 4-1　时间系列设计研究的可能结果

（资料来源：罗伯特·L. 索尔索，等. 实验心理学——通过实例入门. 张奇，等，译. 中国轻工业出版社，2004）

A、B、C 三线都没有在处理后出现非连续性，所以它们的连续性或水平变化，都不是由于引进处理变量而引起的，或者说处理对成绩没有影响。D、E、F 和 G 四线，都表明在引入实验处理之后，因变量开始的水平与处理前的成绩水平相对照，不是连续性的，即处理后的成绩水平不是处理前成绩水平的继续，而是比处理前的水平发生了或高(如 D、E、F 线)或低(如 G 线)的变化。基本上可以说这 4 条线的变化表明由于处理引起了成绩水平的变化。

但是，在对处理所发生的非连续性变化进行解释时，除了要看到在引入处理后所出现的成绩水平高或低的变化程度，以及非连续性斜率的变化程度之外，还应当注意到这种变化的延续性和潜伏性如何。

所谓延续性，是指如果引入实验处理后的成绩水平或斜率的变化不是持续的，则这种暂时性的变化不久又会恢复到处理前的水平，如 E 线所示。反之，处理后的水平变化将程度不同地持续下去，如 D、F、G 线表示出变化的延续性。所谓潜伏性，是指引入实验处理后的变化是即时发生的还是潜伏一段时间后才发生的。如果处理效果是即时的，则引入实验处理后，成绩水平或斜度就会很快发生变化。即在引入处理之后，首次后测的成绩水平就会发生非连续性的变化，如 D、E、G 线的 O5 所示；如果处理效果具有潜伏性，那么，在引入实验处理之后，测验成绩水平的变化要过一段时间才会发生，如 F 线的 O5 所示。

3. 单组时间序列设计研究结果的统计分析

例如，一位小学语文教师想研究某种新的识字教学法能否提高教学效果，于是他连续运用旧的教学法进行了 4 周的识字教学，并对每一周的教学效果进行检测。其操作程序为：第一周教给学生 50 个生字；第二周教给学生 50 个生字，同时检测上一周的学习效果；第三周教给学生 50 个生字，同时检测第二周的学习效果；第四周继续教给学生 50 个生字，同时检测第三周的学习效果；第五周则改用新的教学方法教给学生 50 个生字，同时检测第四周的学习效果……依此类推，第五周到第八周都采用新的识字教学法。如果以百分制记录检测的结果，则 8 周识字教学的效果记录如表 4-1。

表 4-1　识字教学法试验结果

周　次	1	2	3	4	5	6	7	8
检测分数(分)	30	28	35	45	67	70	85	86

将表 4-1 所示的数据表示成曲线的形式，这样就能非常直观地看出引入新教学方法后的教学效果。(见图 4-2)

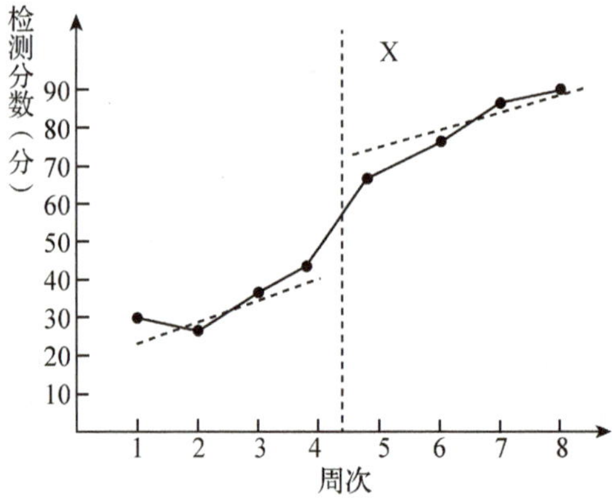

图 4-2　单组时间序列设计研究结果

图中垂直虚线是引入新教学法的时间，即此前的 4 周使用传统的教学方法，此后的 4 周使用新的教学方法；两条斜着的虚线分别代表引入处理前后两个观测序列的回归线。从曲线在引入新的教学法前后的变化可以直观地看到新教学方法的作用。

对时间序列设计研究结果进行统计分析时，首先，要注意处理的效果是暂时性的还是持续性的；其次，要注意到除了处理效果外，还有哪些其他因素可能对因变量的变化产生影响，从而做出合理的分析和推论。如果假定实验处理 X 的效果是暂时性的，就可以根据实施处理前时间序列中的各次观测分数，求出直线回归方程或曲线回归方程，并利用回归方程，推测出实施处理后时间序列中的预测值，然后用 *T* 检验法，检验处理后的实际观测值与预测值之间是否有显著差异，以推断处理 X 的暂时性效果如何。如果假定实验处理 X 的效果是持续性的或持久的，那么，对于处理之后所测量的结果是否由实施处理 X 引起，应考虑实施处理 X 之前的回归直线与实验处理之后的回归直线是否存在显著差异。关于对两条回归直线差异显著性的检验，可以对截距进行差异检验。这里截距是指处理前的几个 O 值的回归线与纵坐标轴交点的纵坐标点，及处理后的几个 O 值的回归线与纵坐标轴交点的纵坐标点，将二者加以比较，用 *T* 检验法以检验处理 X 前后截距的差异。

例如，美国康涅狄格州在 1955 年发生了 324 起交通死亡事故，创历史最高纪录，迫使州政府立即采取了限制车速的严厉措施。此后，1956 年的交通死亡事故比 1955 年下降了 40 起。于是，州政府便据此做出结论，说这种变化是由于采取了严格限制车速措施引起的。（见图 4-3）

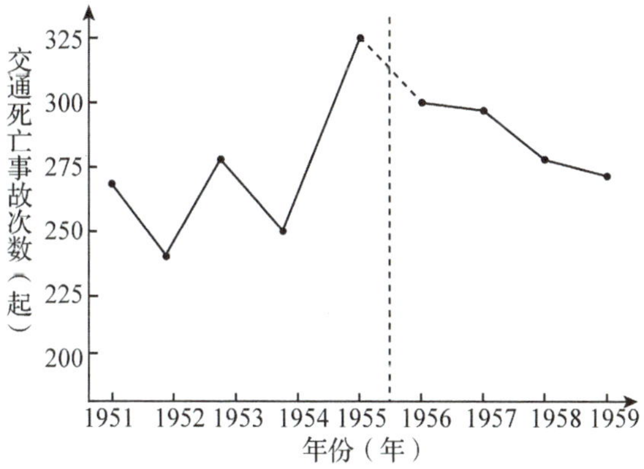

图 4-3　交通死亡事故次数时间序列

（资料来源：罗伯特·L. 索尔索，等. 实验心理学——通过实例入门. 张奇，等，译. 中国轻工业出版社，2004）

坎贝尔对这一报道，做了研究后认为，不应仅就最接近实施限制车速措施（处理）前后各一年的记录数据进行比较。而应当把这两年的交通死亡事故次数的变化，都置于实施严格限制车速措施前后的时间序列之中去考察分析，并在 1969 年发表论文，按时间序列收集了 1951—1959 年康涅狄格州每年所发生的交通死亡事故的记载数据，并用图解说明了他对实施限制车速措施所产生的效果的研究分析。如果把上述 1955—1956 年交通死亡事故的数字变化，置于这两年之前与之后的时间系列中去考察和分析，则会发现除了处理效果之外，还有其他因素可能会对处理后的变化产生影响。

原因在于：首先，在 1955 年采取限速措施之前的时间序列中，交通死亡事故曾出现过大幅度的起落现象，时间序列的基线是不稳定的，1952 年和 1954 年交通死亡事故的次数，甚而比实施限制车速措施后的 1956—1959 年时间序列中的任何一年都少。其次，1955 年所发生的交通死亡事故的次数是该时间序列中的顶峰，按随机涨落的原理，顶峰之后便有可能由于回归的原因而发生逆转现象，而限制车速的措施又正是在事故发生的高峰之后实施的，这就不能排除有回归效应的可能性。因此，对于这项单组时间序列设计的研究结果，应该将处理效果置于时间序列之中进行分析推断。一方面，从 1951 年、1953 年和 1955 年来看，发生交通死亡事故的次数呈上升的趋势，而处理后则出现了事故次数持续下降的倾斜度，这可以说明采取严厉限制车速的措施，确实产生了使交通事故降低的积极效果；另一方面，还应充分估计到在时间序列中引进处理后所发生的变化，还可能会受到诸如上述其他因素的影响。

4. 对时间序列研究设计的评价

从优点上说：第一，可以较好地控制“成熟”因素对实验处理效果的影响。在 O1～O8 的系列测量过程中，相邻两次测量的时间间隔基本相同，可以认为在每个时间间隔内“成熟”的发展基本相同，“成熟”仅发生在 O4～O5 而不发生在其他时间间隔内应是一个小概率事件。第二，可以有效地控制测验因素的干扰。由于每个被试的成绩都是经过反复测验而得到的一系列结果，这样就能够降低由于只做一次测验而出现的偏离样本成绩的概率，可以有效地减少测量偏差。

从缺点上说：第一，由于无对照组，因而不能有效地识别和控制伴随实验处理发生的偶发事件的影响，不能排除那些与实验处理同时出现的附加变量的影响；第二，多次实施前测往往会降低或增加被试对实验处理的敏感性，从而在被试身上产生作用而影响其实验处理后的测量成绩。

时间序列设计具有相对的有效性，研究者可以使用这种设计积累研究资料，为进一步严格的实验研究和科学概括提供证据，这里有 3 点需要注意。

首先，研究中要保持实验情境的相对稳定，减少不必要的条件变化对实验结果的干扰。其次，通过单组时间序列设计实验不能得到最后的、确定性的结论，如果想得到肯定的因果关系结论，应选用有控制组参加的实验设计。最后，由于研究中对实验条件控制不是很严格，因此研究者应充分考虑那些突发的或随意事件，详细记录研究中伴随的各种事件，这有利于对结果做出更符合实际的科学评估和解释。

(二)单组相等时间样本设计

1. 定义

单组相等时间样本设计是指对一组被试连续抽取多个相等的时间样本，即选择完全相等的多个时间段，在其中的一个时间样本中实施实验处理，而在后续的另一个时间样本中并不实施实验处理，并通过对两种时间样本的观测分数之间的差异分析来比较实验处理的准实验设计。简单说也就是对单一被试组进行无实验处理条件下的观测和有实验处理条件下的观测，而两种观测条件安排的时间取样具有一致性。

从实验设计上说，在单组相等时间样本设计中，要求研究者把一组被试作为两个相等的时间样本，以替代两个等组被试，即只用一组被试，既作为实验组又作为对照组，分别先后循环接受相等时间情境中的不同处理，以便对照比较不同处理的效果差异。

2. 研究范式

XO1　　O2　　XO3　　O4　　XO5　　O6

或者

O1　　XO2　　O3　　XO4　　O5　　XO6

在上图的模式中，一个被试组接受时间间距相等的 6 次测量，其中第一、三、五次是在接受实验处理后进行的测量；第二、四、六次是在未接受实验处理的常规条件下进行的测量，两种条件下进行测量的时间取样一致。或者，安排的顺序相反即第一、三、五次是在未接受实验处理的常规条件下进行的测量；第二、四、六次是在接受实验处理后进行的测量。

例如，关于改正或减少学龄前儿童在课堂里出现攻击性行为的研究，可以采用这种设计模式。即把幼儿园中一个有 20 名 4 岁幼儿(男 12 名，女 8 名)的原班，作为一个被试组。研究目的是在不改变原任教师按课堂开放原则组织和管理该班的前提下，验证儿童集体积极行为的影响，对于改变伙伴攻击性行为(如对同伴脚踢、拳打、口咬和推搡等)的效果。研究者根据奖惩对改变儿童不良行为的作用的原理，并借鉴他人关于集体控制有助于儿童改正不良行为的研究结果，利用相等时间样本设计，研究集体控制是否有助于提高奖励和惩罚的效果。该研究连续进行 43 天，每天上午观察 3 小时。在正式实验之前，先观察并记录了全班儿童在课堂中攻击性行为的比率，取得了观测值 O1，作为基线资料。

实验分为 4 个阶段来进行。其中第一、三阶段，施行控制条件(X0)，即单独使用奖励和惩罚的方法，对 1 小时内无攻击性行为的儿童奖给糖果，令有攻击性行为者离开课堂 3 分钟。随后得出了第一、三阶段的观察结果 O2 和 O4。第二、四阶段，给予实验处理条件(X1)，即使用集体影响和奖惩相结合的方法，将全班 20 人分为 5 组，根据小组伙伴的行为进行奖惩，在 1 小时内小组中 1 人受罚，4 人均不能得奖；小组内无 1 人受罚，则每人受到奖励。随后获得了第二、四阶段的观察结果 O3 和 O5。

研究结果表明，在实施实验处理(X1)的第二、四阶段，课堂中出现攻击性行为的次数最少；说明集体控制与外部奖励、惩罚结合使用，比仅用奖励和惩罚的方法，对于控制学龄前儿童在课堂中的攻击性行为，可以取得更显著的效果。

又例如，一位教师想研究学习反馈在学生写作学习中有无明显的作用。研究模式是这样设计的：每周要求学生完成一篇作文，实验周期共 4 个月，其中第一个月有学习反馈，第二个月没有学习反馈，第三个月有学习反馈，第四个月没有学习反馈。有学习反馈用 XO 表示，就是每周学生完成作文后，老师都要对其作文进行详细的批阅和给出恰当的评语；没有学习反馈用 O 表示，就是学生每周完成的作文交来后，老师只是批上“阅”字和日期，不进行任何修改和评价。在实验中老师悄悄地对学生的作文成绩进行成绩评定但不公布，这样就形成了如表 4-2 的实验模式。

表 4-2　写作学习中反馈效应的准实验研究模式

第一次循环	第二次循环
(有反馈的学习成绩)XO1 (无反馈的学习成绩)O2	(有反馈的学习成绩)XO3 (无反馈的学习成绩)O4

3. 单组相等时间样本设计的数据分析

采用单组相等时间样本设计可对结果做 3 个方面的检验：第一，处理条件与无处理条件间的比较，以考察存在处理效应的可能性；第二，分别在有处理条件下和无处理条件下考察时间因素的简单效应，这主要是分析研究中的时间效应或顺序效应；第三，分析实验处理与处理顺序的交互效应，以考察在时间序列中不同处理的不同效应。

4. 单组相等时间样本设计的评价

从优点上说：单组相等时间样本设计在控制“历史”等影响内部效度的因素方面是完全有效的，因此该设计被广泛应用于不同条件下学生学习的效应。从缺点上说：第一，采用单组设计，实验处理后再重复进行做过的测验可能会增加或降低实验处理的敏感性；第二，实验安排中，实验处理的间断出现会使被试产生新异感，并暴露实验目的，由此产生实验的霍桑效应；第三，实验的重复进行也会产生一系列的顺序效应。

二、多组准实验设计

当我们不便于对被试进行随机分组，但有条件选取自然组别作为被试组和对照组时，可以采用多组准实验设计进行课题研究。多组准实验设计主要包括：非等组实验组控制组前测后测设计、非等组实验组控制组前测后测时间序列设计。

(一)非等组实验组控制组前测后测设计

1. 定义

非等组实验组控制组前测后测设计是指包括一个处理组和一个对照组，并且既有前测也有后测，但两组不是按随机化原则和等组法选择的对等组的一种实验设计。由于不能采用随机化的原则来形成处理组和控制组，因此在处理前两组就存在某些差异，因此称为非等组实验组控制组前测后测设计。

从实验设计上说，两组被试在处理前都接受测量(前测)，然后只对一组施加处理，施加处理后再同时测量两个组(后测)。施加实验处理的组称为处理组，未施加实验处理的组称为对照组。

2. 研究范式

实验组：O1　　X　　O2

……………………

控制组：O3　　　　O4

图中两组之间使用虚线是因为实验组和控制组不是随机分组，因此两组被试在实验前是不对等的，所以用虚线表示。在这种模式中，使用前测的目的是借助前测结果取得两个相等或存在某种差异的指标，以提供两个组在控制机体变量和因变量方面最初的相等或不相等的资料，作为两个组间进行比较的基础。

例如，某医疗研究机构研制了一种治疗儿童多动症的药物，为了试验此种药物是否真的有效，研究人员筛选了 20 名多动症儿童参加试验。为了试验的实施，他们编制了甲、乙两套学习材料，这两套材料经检验在难度等方面相当，以分别用于前测和后测。同时为了更可靠地进行比较，他们选取了年龄相近的某个年级一个班的学生(30 人)作为对照组。实验分 3 个阶段进行：第一阶段是实验组和对照组均使用甲套材料进行前测，即均在同样的时间里学习材料甲，然后检测学习成绩；第二阶段，多动症儿童接受药物治疗，而对照组不接受药物治疗；第三阶段是两个组均使用乙套材料进行学习效果的测试，即实施后测。

又例如，为了证明“先行组织者”训练法的效果，研究者选择了来自学龄前的两个完整班级的儿童，其中一个班为实验组，用提供“先行组织者”的方法教学；另一班作为对照组，用传统方法教学。为了对两组是否为等组有所估计，采用了一种图片汇编的标准化测验，对两班同时进行了关于认知水平的前测。结果发现，两班得分的平均数之间的差值不大，差异没有达到显著性水平。然后，进行为期 7 周的实验教学。教材由两班的教师共同商定统一内容，只是教学方法不同，7 周的实验教学结束后，就所学知识对两组同时进行后测。对两组成绩的统计检验表明，实验组的成绩显著地优于对照组。

3. 数据统计分析

由于实验组和对照组在前测成绩上就有可能存在差异，因此不能用简单的比较两组后测的成绩来评估实验处理的效果。这种情况之下，一般有两种数据分析方法可供选择。

T 检验法：要计算的不仅有两组各自后测的成绩平均数 O2 与 O4，还要分别计算出两组前测成绩的平均数 O1 与 O3，对 O2 与 O4 的比较，要以 O1 与 O3 的比较作为基线，对两组前测成绩的平均数进行比较，以评价它们的等值性。如果 O1 与 O3 是等值的，则可以用两个独立样本平均数差异的 T 检验法，以检验两组后测成绩平均数 O2 与 O4 差数的显著性。如果对 O1 与 O3 比较的结果出现了明显的差异，不能直接对 O2 与 O4 进行比较，而必须用 O2—O1 与 O4—O3 这样的两组后测与前测平均数的差数进行比较。

协方差分析法：将前测结果作为协变量，后测分数作为因变量，通过控制前测成绩对后测成绩的影响，来估计实验处理的效果。协方差分析法使得两组在后测成绩之间的差异，不受在前测中两组间原始差异的影响。

4. 评价

从优点上说：第一，减少了分组偏差(assignment bias)问题，增加前测能使研究者解决存在于所有非等组研究中的分组偏差问题。如果研究者发现处理前两组很相似，可明确地证明一组被试与另一组被试在本质上无差异，这样分组偏差的影响就大大减少了。但注意的是，前测分数只能使研究者保证两组在一个特定变量上相似，并不能测量或控制其他重要的潜在变量，因此，只能减少分组偏差的影响，但不能根除它们。第二，控制了历史、成熟、测验(练习或疲劳)、设备、向平均数回归等因素的干扰，由于在对实验组或处理组进行前测和后测的同时，设置了一个对照组，这样可以通过比较来控制以上一些因素的干扰。这里，历史因素是指研究过程中发生的外部事件。如果这些外部事件影响被试分数，那么历史因素就会降低研究的内部效度(历史效应)。例如，前测和后测分数间的差异可能由处理引起，也可能由外部事件(历史因素)引起。但是，非等组实验组控制组前测后测设计减少了来自历史因素的影响，因为两个组在相同的时间段内同时被测量，他们可能经历了相同的历史因素。向平均数回归是一种统计现象，其中在第一次观测中有极端分数(或高或低)的被试在随后的测验中倾向于得不极端的分数。在一项研究中，被试因在第一次观测中有极高(或极低)的分数而被选出，然而他们在随后进行的测验中所得分数的不同很可能是由于回归而不是处理造成的。但是如果在非等组实验组控制组前测后测设计中存在回归效应，我们就有理由认为这种效应会平均地分布在两组间，因此它并不是造成组间差异的原因。

从缺点上说：第一，在由于没有使用随机化的方法来选择或分配被试，因此实验组和对照组是不对等的，因而这种选择以及选择和实验处理的交互作用可能会降低实验的内部效度。所以在做结论时，不能把统计检验结果的显著性绝对化，应当全面分析，谨慎解释。第二，实验组和对照组都使用前测，因而该实验的结果不能直接推论到无前测的情境中。

(二)非等组实验组控制组前测后测时间序列设计

1. 定义

在单组时间序列设计中，是对一个实验组进行一系列前测，然后施加实验处理，接着再进行一系列后测，通过比较施加处理前后测量的变化曲线确定实验处理的效应。但如果一系列的前测会使测量产生某种系列效应的积累而在量变基础上发生质变，则导致错误结论，因此可以同时设置一个控制组，也进行一系列的前测和后测，但不对其施加实验处理。

从实验设计上说，安排两个组，一组为实验组，一组为控制组，两组都进行一系列的前测和后测，实验组前测和后测之间安排实验处理，控制组前测和后测之间不安排实验处理。

2. 研究范式

实验组：一系列前测→实验处理→一系列后测

……………………………………………

控制组：一系列前测——→一系列后测

或：

O1　O2　O2　X　O4　O5　O6

O7　O8　O9　　　O10　O11　O12

虚线以上是一单组时间序列设计，所以该设计具有时间序列设计的特点。同样，该设计还可以看作不等组前测后测设计的扩展，所以也具有非等组前测后测设计的特点。

例如，想利用这种设计去研究和评价松弛训练的效果。研究者用一个整组作为实验组，试图帮助被试去发现松弛的方法，再从其他与处理有关的方面去找到一个对照组。为了建立一个与对实验组进行松弛训练(处理)之后所获的测量值相比较的基线，以及对实验组和对照组进行对照比较，首先在实施处理之前，在若干不同的时刻，分别对两组的每名被试进行同样的一系列的各种测量，如对焦虑的测量、对休息时心率的测量等，从两组中获得了一系列不同的前测结果。然后，对实验组进行松弛训练，在完成训练后，参照处理前进行各种测量的时间系列和项目，对两组再进行同样的一系列测量，并获得了各种不同的因变量。

又例如，在教学中发现，七年级学生对“零”的概念，以及零不能做除数的理解相当模糊，这时可以采用该设计来了解学生对有关问题的理解程度以及理解过程的变化趋势。具体来说，可以在一所学校选择两个数学成绩较接近的班级，分别作为实验组和对照组。研究者编制 4 份试卷，以零的概念、有关运算等问题为主，每隔 1 周时间对两班学生同时进行测试，将测试结果用分数记录下来。接着，对实验组进行 2 节课的辅导、练习训练。研究者再编制 4 份与前测等价的试卷，每隔 1 周时间对两班学生同时进行测验，将测验的结果用分数记录下来，分别计算两班学生各次测验的平均分数，这样实验组与控制组各有 8 个平均分数。

3. 数据分析

本设计可以有两种统计方法进行检验。

(1)类似于非等组前测后测设计

研究者需要知道的是：①实验组的前测与后测成绩是否有显著差异；②对照组的前测与后测成绩是否有显著差异；③实验组与对照组之间在前测成绩中有无显著差异；④实验组与对照组之间在后测成绩中有无显著差异。求出实验组和对照组的前测成绩的平均数，以及实验组和对照组的后测成绩的平均数；然后求出实验组前测成绩和后测成绩平均数的差异，以及对照组前测成绩和后测成绩平均数的差异。

采用独立样本的 T 检验对实验组差值和对照组的差值进行比较。

(2)类似于单组时间序列设计

对实验组的 4 个前测成绩、4 个后测成绩以及对照组的 8 个成绩按单组时间序列设计的方法，求出各自的回归直线方程，这样就出现了三条回归直线方程。

实验组前测成绩的回归直线方程记为 L1；实验组后测成绩的回归直线方程记为 L2；对照组的回归直线方程记为 L3。检验直线 L1 与 L3 是否有显著差异，以确定两组在选择上是否存在偏差；检验直线 L1 与 L2 或者直线 L2 与 L3 是否存在显著差异，以确定接受实验处理所产生的效果。

4. 评价

本设计结合了时间序列设计和非等组实验组控制组前测后测设计的特点，是实际使用较多的研究设计，也被视为是一种比较完善的准实验设计形式。从优点上说：主要体现在既能对一组的一系列的观测成绩的变化趋势进行了解，也能对两组的前测和后测的系列观测成绩的趋势进行比较，以估计实验处理的效果。从缺点上说：主要体现在系列的前测和后测所引起的反作用效果对实验处理效果的影响。

三、发展性研究方法

发展性研究方法是准实验研究的另一种类型，它可用于研究与年龄有关的行为变化，目的在于描述年龄和其他变量之间的关系。

发展性研究方法包括两种基本类型，一是横断研究设计(cross-sectional research design)，二是纵向研究设计(longitudinal research design)。这两种方法是专门用于发展心理学的研究策略，各有优缺点，因此还有在此基础上改进了的发展研究设计——序列设计。

(一)横断研究设计

1. 定义

横断研究设计是指在同一时间测量不同年龄的被试，具体来讲，就是测量和比较不同的被试组，其中每个被试组代表一个年龄或年龄段。然后将研究结果在时间的维度上综合整理，以描绘有关的心理活动随年龄而发生的变化。比如，想考察智商和年龄的关系，研究者可以选择 3 个不同年龄组的人——30 岁、50 岁和 70 岁，然后测量每一组被试的智商。

2. 研究范式

横断研究设计可看作非等组设计，不同的被试组不是通过操纵自变量产生的，而是通过现成的被试变量(年龄)确定的。(见图 4-4)

例如，研究者想了解学前儿童客体运动表象的发展，随机抽取幼儿园 4 岁、5 岁、6 岁 3 个年龄组的儿童为被试样本，在大约相同的时间内分别让他们完成相同的客体运动表象作业任务，比较不同年龄儿童作业成绩的差异，从而探查儿童表征

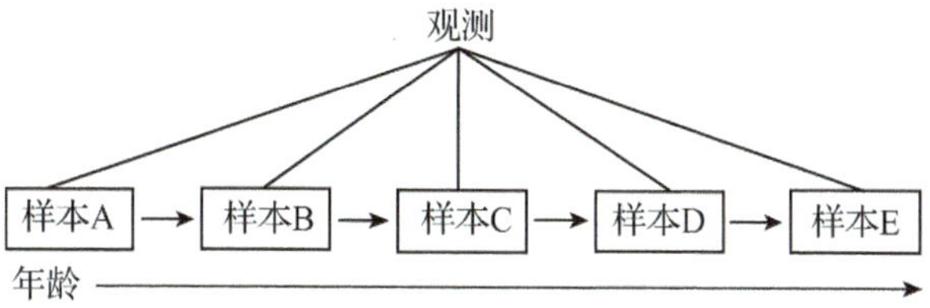

图 4-4　横断研究设计

客体运动发展的年龄趋势。

又例如，研究者发现在学习成人榜样的新动作方面，一、二年级学生要比学前儿童强，为什么会产生这一现象呢？研究者进行了这样的假设：年龄小的儿童不会本能地描述自己所观察到的东西，而年龄大一点的儿童会用语言描述示范动作。为了检验这个假设，研究者设计了一个横断实验，让两个年龄段的儿童——4～5 岁和 7～8 岁，观看一个短片，是一个成年男子表演 20 个新的动作，如用呼啦圈套一个充气玩具；然后，要求两个年龄段中的一半儿童在看影片时用语言描述示范者的动作(诱导语言情境)，另一半儿童不要求用语言描述所观看的动作(被动观察情境)；影片放完以后，把每个儿童带入一个房间，里面有片中看到的那些玩具，让他们演示片中的示范者用这些玩具做了哪些动作。

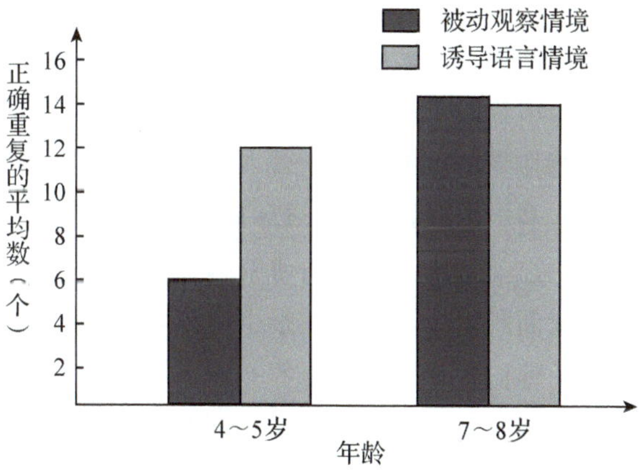

图 4-5　年龄和语言描述对儿童重复榜样动作的能力的影响

图 4-5 是对研究结果的统计，从中至少有 3 个重要的结果：第一，那些没有被要求用语言描述示范者动作的 4～5 岁儿童(被动观察者)比同年龄段的那些被要求用语言描述的儿童(诱导语言者)以及两种条件下的 7～8 岁儿童，对示范动作的模仿都要差。这表明，4～5 岁的儿童在没有被明确要求的情况下，不会产生帮助他们学习的语言描述。第二，在诱导语言情境下，年幼儿童的表现与年长儿童差不多。这表明，如果要求年幼儿童去描述他们所看到的东西，他们能学到和年长儿童同样多的东西。第三，在 7～8 岁的儿童，要求他们用语言描述示范者的动作并无突出效果，即便没有要求，他们也会自发地用语言描述所见事物。

3. 评价

从优点上说：可在短时间内收集大量数据，省时、省力，效率较高。缺点主要有：第一，没有对被试进行追踪研究，不能说明各种被试是如何成长的。实际上横断研究获得的不是同一个体或群体的心理发展的连续资料，而是以平均数来代表不同年龄群体的心理发展水平，这样的研究结果只能代表一个实际上不存在的理想的“认知主体”的发展。所以横断设计的研究结果只能说明一般的随年龄而变化的心理发展趋势，而不能说明发展的个别差异，更难以说明影响发展的各种有关事件间的因果联系。第二，其他年龄以外的因素可能造成组与组之间的差异。比如，40 岁的妇女不仅比 80 岁的妇女年轻，而且她们的成长背景也不同，因为对这两组妇女而言，受教育的机会、工作和社会期望都不同。这样获得的研究结果可能并不能真正代表年龄变化的趋势，而可能只是反映了不同年代出生的被试群体与其生活的不同历史时期相联系的独特的经验。

因此，这里要说明一个概念叫同辈效应，年龄相同且生活在相似的文化环境和历史背景下的被试叫作同辈(cohorts)。一个年龄组被试与另一个年龄组被试存在差异，是由这两个群体成长时的文化或历史差异造成的，而不是真的由发展带来的变化，这种现象叫作同辈效应(generation effects or cohort effects)。

这些环境的变化而非年龄的不同造成的组间差异，使同辈效应成为第三变量。在横断研究中，组与组之间的一代被试与另一代被试不同，所以年龄与其他变量间的显著关联可能实际上是由代间差异引起的。

比如，横断研究一致地显示出青年人在智力测验中比中年人得分略高一些，而中年人的得分又比老年人高出很多。但是，智力真如这些结果所示那样随年龄增长而下降吗？其实事实并不总是这样。最近的研究揭示，个体的智力测验得分保持跨时间的相对稳定性。在横断研究中，老年人很少受到学校教育，使得其智力测验得分比中年人和青年人低，他们的智力测验分数并没有下降，但总是比那些年纪轻的人低。因此，横断研究发现的是一种同辈效应，而非一个真实的发展上的变化。

尽管如此，横断研究依然是发展心理学用得最多的一种设计。因为其快捷便利，可以在一年内，以不同年龄段的个体为被试，对其进行测试。同时，当没有理由说被研究的群体具有非常不同的成长经历时，这个设计就可以得出有效的结论。

主要是在对时间跨度大的发展进行推断的研究中，同辈效应才是一个严重的问题。

(二)纵向研究设计

1. 定义

纵向研究设计是指在一段时间内重复测量同一被试变量，对同一组被试的一个特定变量进行两次或更多次测量以调查其随年龄变化的关系。纵向研究设计是一种真正意义的发展心理研究，对个体追踪的时间需要多长，视研究目的而定。

比如，研究个体早期经验(如早期识字)对个体以后发展的影响，一般要追踪到入学以后。追踪研究一般至少要有 3 个连续的时间的测查点，各次测查之间的时间间隔应该多长，部分取决于被试的年龄。被试的年龄越小，时间间隔应越短。这是因为儿童身上可观察到的变化，新生儿以日计，婴儿以星期、月计，而幼儿则以半年或一年计。如果时间间隔过短，儿童变化不明显，徒然浪费了人力、物力；如间隔过长，则可能会遗漏发展过程的重要变化，使研究者看不清发展的完整过程或全貌。

2. 研究范式

纵向研究设计与时间序列设计非常相似，不过在纵向研究设计中，不施加实验处理，研究的自变量或准变量就是时间或年龄。纵向研究可被描述为先后对一组被试进行的一系列观测，其中首次观测与最后一次观测的结果的差异应被看作发展效应。纵向研究设计包括的范围相当广泛，它不单是指追踪个体随着年龄增加而进行的追踪研究，还包括各种现象的发展性研究。(见图 4-6)

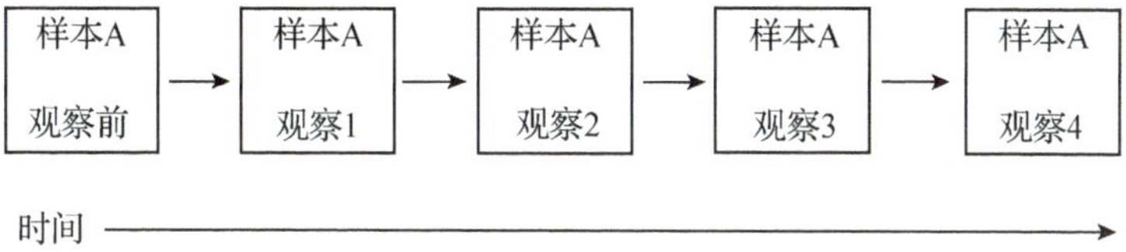

图 4-6　纵向研究设计

比如，有研究者为考察 30 年中人们吸毒和生活方式发生的变化，每隔 10 年就到同一所大学去测量大一新生的态度和行为。因为每隔 10 年测量的是不同的被试，许多研究者不认为这一研究属于纵向研究。也就是说，纵向研究设计是指在较长时间内观测单一被试组的发展变化。尽管这项研究不同于典型的纵向设计，但也是在较长时间内考察事物发展(或社会演进)的一个典型例子。因此，把这种类型的研究定义为纵向研究，但把它称为非典型性纵向设计。

3. 评价

从优点上说：第一，没有同辈效应，因为研究者在较长时间内考察的是同一个被试组，而不是对不同年龄的被试组进行比较。第二，由于纵向研究设计获取的是同一组被试心理连续发展的资料，研究者不仅可以查明这一群体共同的发展模式，还可以讨论单一被试的行为是如何随年龄而变化的，即考察发展的个别差异以及这些差异的稳定性。例如，对小学儿童认知发展的追踪研究。研究者首先测查了初入学的 7 岁儿童，发现其认知发展水平存在较大的差异，研究者把儿童区分为两类，分别定义为认知发展水平高组和低组。研究者想知道的是，在相同教育条件影响下，在小学阶段高组和低组的认知成绩的差距是否稳定存在呢？这存在 3 种可能性：一是两组的差距随年龄的增长仍稳定存在，不存在两者的交互作用，描绘出的两组曲线将呈等距上升形状；二是随年龄增长，高组和低组的发展曲线将呈越来越大的剪刀差，即高低组的差距越来越大；三是两组的发展曲线将呈合拢趋势，即随年龄增长，差距越来越小。对这两组儿童在 9 岁和 12 岁时继续进行了追踪测查研究。研究结果表明，在该项研究的实验条件下，儿童早期表现出的认知发展个别差异随年龄增长有逐步缩小的趋势。

从缺点上说：第一，纵向研究极其耗费时间。第二，需要花费较多的人力、物力。第三，纵向研究受被试高退出率的影响，被试缺损(participant attrition or participant mortality)会降低研究的内部效度。被试缺损会影响样本的代表性，使研究者很难对研究发现做出概括性的结论。第四，对同一被试重复测量，研究后期获得的分数可能部分的受被试先前接受测验的影响。

(三)序列设计

1. 定义

为了取长补短，把横断研究与纵向研究的优点结合起来，序列设计可以达到这一目的。序列设计是通过选择不同年龄的被试并对其进行追踪的一种设计。设计的程序通常是隔一段时间，对不同年龄段(不同群体)的人进行重复测量，从而把横断研究和追踪研究结合起来。比如，想研究 6～12 岁儿童逻辑推理能力的发展，可以从 2002 年开始测量一个 6 岁的样本(1996 年出生)和一个 8 岁的样本(1994 年出生)的逻辑推理能力。接着在 2004 年和 2006 年再次测量两个群体的推理能力。

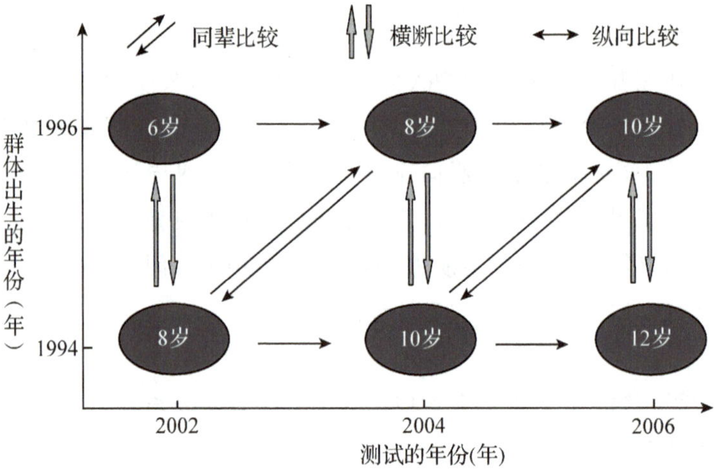

图 4-7　序列设计示例

图 4-7 中，两个儿童样本，一个样本生于 1994 年，一个样本生于 1996 年，对他们从 6 岁追踪观察到 12 岁。这种设计使研究者能通过比较生于不同年代的同年龄儿童，来评估是否存在同辈效应。如果不存在同辈效应，这个设计中的追踪比较和横断比较就能使研究者得出一个有关发展变化的强度和方向的强有力的论断。

2. 评价

从优点上说：第一，它能够通过比较出生于不同年份的同龄儿童的推理能力，来决定同辈效应是否对结果产生影响。如果这两个样本并无差异，那么我们认为不存在同辈效应。第二，它能在同一项研究中同时进行横断比较和追踪比较，如果在追踪比较和横断比较中，逻辑推理能力按年龄变化的趋势是相同的，那么我们可以确信这些趋势代表了真实的逻辑推理能力的发展变化。第三，序列设计比标准的追踪设计更为有效。在例子中，尽管只追踪了 4 年，但可以得到逻辑推理能力 6 年的发展状况。这种将横断和追踪设计结合起来的方法比这两种方法的单独使用更有效。

从缺点上说，主要表现在：第一，比横断研究花费多、耗时长；第二，尽管是最佳设计，在把所得发展变化推广到另一群体中去时仍然有一定的问题。

本章小结

证明变量间的因果关系是很困难的。实验研究的主要优越性是它通过随机分组最大限度地排除了其他可能解释，因而具有最高的内部有效性。准实验研究虽然不能做到随机分组，但如果设计周密，也可以排除大部分干扰因素，具有较高的内部有效性。

科学研究是一个旨在理解各种客观现象的永无止境的事业，为达到此目的，需要对现象之间的相关关系进行不断地度量和检验，在研究设计和分析中要采取有效措施尽可能排除其他可能因素的影响，还需要发挥科学共同体的作用，接受同行的评议和检验，提高研究的内部有效性。

关键术语

准实验研究，单组时间序列设计，单组相等时间样本设计，非等组实验组控制组前测后测设计，非等组实验组控制组前测后测时间序列设计，横断研究设计，纵向研究设计，序列设计

思考题

1. 什么是准实验研究，它有哪些特点？
2. 准实验研究的适用范围有哪些？
3. 准实验研究有哪些模式？

实训练习

1. 某食品企业拟推出一种供大学生消费的新型方便食品，为该商品起了两个品牌名称，准备通过实验研究了解大学生喜欢哪个名称，你如何设计这个实验？如何控制性别变量？如何控制年龄变量？

2. 设计一个准实验，研究影响高科技创新公司成败的因素。

拓展阅读

1. [美]梅瑞迪斯·高尔，乔伊斯·高尔，沃尔特·博格. 教育研究方法(第六版)[M]. 徐文彬，侯定凯，范皑皑，等，译. 北京：北京大学出版社，2016.

该书除了对教育研究方法进行了系统的介绍之外，更加突出内容上的与时俱进，通过丰富的实例，帮助读者增进对准实验研究等教育研究方法的了解和把握。

2. 朱德全，李姗泽. 教育研究方法[M]. 重庆：西南师范大学出版社，2011.

该书较系统地介绍了准实验研究方法，在如何实施方面进行了具体说明，有利于提高学习者的应用能力。

第五章 教育观察法

【本章要点】

“教师即研究者”，教师进行教育研究离不开研究方法，教育科学研究所用的方法比较多，如观察法，调查法、文献法、经验总结法、实验法、个案研究法、行动研究法、比较法、历史法、预测法、测量法、教育统计法等，其中，教育观察法是教师常用的一种基本研究方法之一。本章详细介绍教育观察法的含义、特点、作用、类型和运用要求，重点介绍教育观察法中几种重要的观察研究的记录方式，学习者应学会应用这些记录方式进行研究，培养科学研究的意识，初步形成教育观察研究能力。

学习目标

1. 领会教育观察法的含义、特点。
2. 了解教育观察法的作用和类型。
3. 掌握教育观察法的运用要求。
4. 学会几种常用的教育观察记录方法，会运用教育观察法进行教育研究。
5. 初步形成科研意识，体验“教师即研究者”的必要性和重要性，培养科研能力。

导入案例

一个到处游荡的孩子

小轩是某小学一年级的学生，与其他学生不同的是，他缺乏规则意识，老师讲课他坐不住，想上哪儿就上哪儿，想干什么就干什么，室外活动时，他也经常一个人不知跑哪玩儿去了；和同学相处，稍不如意就大喊大叫，甚至大哭大闹，经常出现攻击性行为。老师向家长了解情况，小轩在家里排行第二，他的哥哥比他大14岁，哥哥没有出现类似情况。家长反映，小轩是妈妈下岗后要的孩子，其父母做生意很忙，没有时间照顾他，由奶奶在老家带到6岁，才回到父母身边。

这是一位小学教师对他班上的学生小轩的描述，老师对小轩的描述来源于老师的观察。小轩是一个什么样的孩子？在他身上发生了什么事情？为什么会有这些行为的发生？发生这样行为的频率是多少？行为持续的时间有多久？怎样矫正已出现的问题？这些疑问要通过教育研究才能回答，而要进行研究，就必须有具体的研究方法。本章就具体介绍教育研究中常用的一种方法，也是解答上述问题的基本方法，就是教育观察法。

第一节　教育观察法概述

人生活在世界上需要不断地对周围的事物进行观察，观察是人类认识周围世界的一种最基本的手段，也是进行教育科学研究的一种重要的手段。观察是有目的、有计划的知觉过程，教育科学研究中的观察是一种有目的、有意识的研究活动。要保证教育观察活动的顺利进行和有良好的观察效果，就要对教育观察的概念、特点、分类等有比较清楚的认识。

一、教育观察法的含义及特点

教育观察法是研究者通过感官或借助于一定的科学仪器，对自然状态下的教育现象进行有目的、有计划的考察(教师、学生的某种心理活动、行为表现等)以收集资料，探索教育规律的一种研究方法。

在教育研究中，教育观察法是一种最基本和常用的研究方法，与其他方法相比，观察法具有独特的优势。

①教育观察法易于操作，适合一线教师使用。教师每天要上课，上课是最基本的观察。课堂上教师有目的、有意识地观察学生的表现，根据学生的表现及时调整教学，以获得最好的教学效果。同时，教师每天接触学生，对学生的行为表现和某

一教育现象的发展变化过程进行全面和深入细致的观察，充分获得第一手资料，总结教育经验，深入认识教育现象，探索教育规律。例如，教师在课上观察到学生对讲授的内容兴趣减弱，注意力有些不集中，及时通过一些问题调整教学，对小学生，可以问："你对……最感兴趣的是什么？""你对……感到困惑？""你对什么理解得最清楚？""你对……感到很厌烦？"对中学生，可以说："总结你所听到的内容。""根据刚才所学习的内容，设计一个考试题目。""选择刚才讨论中的一个观点进行论证。"

②易于发现自然状态下的教育现象和规律。观察法在自然条件下进行，被观察的对象在比较熟悉的环境中，有时根本不知道自己被观察，这样，他们的言行举止和心理活动就处于自然放松的状态，观察者比较容易获得较客观真实的资料。

③更适合对幼儿和小学生的研究。幼儿和小学生语言表达能力有限，对与语言文字有关的测验法和调查法配合有困难，而观察法不要求他们做出特定的言语反映，也不要求理解特定的指导语，通过感官或仪器就能对幼儿和小学生的动作、表情、口语表达、情绪反应、与人的交往、个性、性格等进行长期细致的观察，得到许多真实的行为表现和客观材料。

但教育观察法也有它的局限性，表现在 5 个方面。

①"描述"而不"解释"教育现象，观察法只能说明是什么、观察到什么，不能回答为什么，不能判断所观察现象的因果关系，不能证明现象发展的必然规律。

②需要研究者具备严谨科学的态度以保证观察的客观性。科学的观察就在于观察的客观性。观察结果易受观察者主观因素的影响，同时，观察者的介入会影响观察对象的心理和行为的变化，从而影响研究结果。

③只能观察研究对象的外显行为，不适合研究态度、信念、动机等内在心理特征，只能从外显行为谨慎推断，也就是说，观察法易于知道研究对象在干什么，而不易知道他在想什么，要想知道他在想什么、为什么这么想，还要用访谈调查法、测量法等其他方法研究。

④观察法只能被动等待被观察者出现某一行为表现。例如，对学生争吵现象的观察，不能为了研究而主动促成或安排研究对象争吵，对于争吵现象研究又不能只局限于一两次、一两人的争吵，需要对研究对象进行长时间的、多被试的观察，详细记录，从而发现被试争吵的行为表现、原因、解决措施等。因此，运用观察法研究要花费较多的时间，需要耐心和坚持。

⑤易受观察对象的活动空间和时间的限制，比较被动，无法观测到想要的全面的情况，不利于全面解释观察对象的行为。

二、教育观察法的作用

教育观察法是教育科学研究中最基本、最常用的一种方法，相对于其他的研究方法，教育观察法有如下作用。

(一)观察是获取事实和研究材料的基本途径

科学始于观察，研究也始于观察。研究首先要发现问题和提出问题，发现问题的途径就是观察。观察获取的大量事实和材料是科学研究的基础和起点。

(二)观察有利于发现和形成新的课题

人们通过自己的感官和仪器每天接触大量的教育信息，眼睛看，耳朵听，大脑再综合加工判断，哪些信息是新现象、新观点、新理论，可作为新的科研课题来研究，哪些信息可作为已研究课题的佐证。有经验的教育工作者，善于观察教育实践中所产生的现象、问题，从中获得启示，形成教育科研课题。例如，新生入学的适应问题，有的学生适应性较强，有的学生适应性较差，甚至出现哭闹现象，教师需用心观察哪些学生、在什么情况下、哪个时间段情绪不好，有何表现，连续观察几天后大致摸清规律，形成新生入学适应性的研究课题。

(三)观察有利于提升教师素质，促使其成长为研究型教师

善于观察是教师的基本素质，教师要通过观察发现调整教学中出现的问题，教师也要通过教学反思不断理解、总结、概括教学经验，探索教学规律，不断成长为研究型的教师和专家型的教师，而教学反思的基础和前提就是教学观察。教师应通过有目的、有意识、有计划地不断观察，积累大量事实材料，为教学反思和探索教育规律奠定基础。

三、教育观察法的基本类型

根据不同的标准，从不同的角度可将教育观察法分为不同的类型。

(一)按照观察的情境条件来分，分为自然情景中的观察与实验室观察

自然情景中的观察，其实质是在自然情境下，对研究对象不加任何控制和干预，观察被试的行为表现，收集研究资料的一种方法。例如，教师要研究学生的注意力发展情况，出于自己研究的目的和需要，对课堂上学生的行为表现、有意注意的时间、注意力集中情况进行观察，发现学生注意力高度集中的表现是多种多样的：有的跃跃欲试，有的屏气凝神，有的起身发言，有的低头深思，有的与老师思路一致，有的却与老师背道而驰。

实验室观察，是指通过人为控制和改变一定条件，有目的地引导研究对象产生一些心理和行为的变化，从而收集研究资料的一种方法。例如，教师要观察学生的文明礼貌行为表现，设计一个情境，告诉学生老师在哪个办公室，要问他们一些问题，学生依次到办公室，老师观察记录每个学生是否敲门或喊报告、是否向老师问好、回答问题时的表现、是否跟老师说再见、是否轻声关门等。由于这种观察是人为控制条件，按照一系列严密的观察计划进行的，所以与实验法相似，这种观察能捕捉到较为深层次的东西，有利于探讨事物内在的因果关系。

(二)按观察者是否直接参与被观察者所从事的活动，可分为参与式观察与非参与式观察

参与式观察，观察者直接参与被观察者的工作、学习以及生活，与被观察者建立比较密切的关系，不暴露研究者的真正身份，在参与活动时进行隐蔽性的研究观察。比如，研究者直接参加学校、班级的活动，与学生一起探讨有关问题，随时向学生询问自己想要了解的问题，并不告知学校、学生、老师正在进行什么样的观察研究，观察者既是研究者又是参与者。这样做的优势是，不破坏和影响研究对象的原有状态和内部关系，因而能够获得较深层次的真实的材料。但由于研究者主观因素的影响，对其处理不当易影响观察的客观性。

非参与式观察，研究者不直接进入被研究者的日常活动，而是以“旁观者”的身份来观察了解教育现象发展的动态。在条件允许的条件下，观察者可以采用录像的方式对现场进行录像。非参与式观察操作起来比较容易，观察结论可能比较客观，但易限于表面化，不容易获得较深层次的材料。

案 例

一位教师的非参与式观察

笔者一次去幼儿园参加家长开放日的公开课，教师把幼儿分成 4 组，每组约 6 人，分组做手工。一个小朋友自始至终都没有在自己的组坐下做手工，而是到处乱爬，东瞧瞧西看看，东摸摸西动动，自娱自乐，教师也不管他，小朋友权当没看见他，有时他不小心头磕在桌子上，看样子磕得不轻，自己摸着头，见没人理他，也不哭，继续自娱自乐。整堂课下来，他既没出老师监护的视线，教师也没理他，小朋友既看见他，又好像无视他的存在，大家彼此相安无事。还有一次，笔者到某幼儿园参观，到其中的一个小班，我们进去，老师弹琴让小朋友跟着唱欢迎教师的歌曲，说欢迎教师的礼貌话，有一个小朋友引起了我的注意。他自始至终都低头看他的鞋底，他把鞋底搬上来看，一会儿又放下，看两眼我们，发现我在看他，就又搬起鞋底来看。笔者问陪同的园长，园长说这孩子确实有点特殊，很少说话，很少活动，总看鞋底。这两个案例是记录两个幼儿的特殊行为表现，他们什么时候出现这些行为，为什么出现这些行为，家庭教养情况如何，怎样有针对性地进行教育干预，对于这些较深层次的材料有待于进一步观察研究获得。

(三)按观察实施的方法，可分为结构式观察与非结构式观察

结构式观察，是指有明确的观察目标、观察提纲、观察问题，有较详细的观察计划、步骤，是可控性较强的观察，能获得翔实的材料，并能对观察资料进行定量分析和对比研究。

案 例

教师好的鼓励行为(结构式观察)

有学者研究教师好的鼓励行为是高效课堂的重要支撑，记录的教师好的鼓励行为的表现如下。

非常专心地看着发言者。

身体前倾。

微笑、点头。

竖大拇指。

做简单的记录。

如果同伴自信不足，可以试着这样鼓励：

没有问题，试一试。

回答错了也没有关系。

其实比过去好多了，这一次也试一试。

面对有困难的同伴，可以尝试这样说：

没有关系，我们一起看一看。

其实你的这个观点有了进步。

这一点我也同意。

我感觉不完善，我来补充一下……

面对发言太长的发言者，不宜直接打断，应该尝试一些技巧性的说法，比如：

我们是不是请某某先讲一讲……

今天是不是让某某先发言……

发言结束后，可以这样小结：

与上一次相比，进步了很多。

这几点与我想得完全一样。

没有关系，我补充一些内容……

你们几个的观点合在一起就回答全面了。

(资料来源：https：//wenku. baidu. com/view/ff7efc80c8d376eeaeaa31cd. html?from=search)

非结构式观察，是一种开放式的观察活动，观察者可以事先设计一个观察提纲，设定大致观察范围，但观察提纲的形式比较开放，内容也比较灵活，允许观察者根据当时的情境调整自己的观察视角和内容，添加观察提纲没有的但对研究有价值的突发事件和偶发情境的记录。

(四)按观察是否借助仪器设备，将观察分为直接观察和间接观察

直接观察，是研究者不借助任何仪器设备，完全凭借自己的感官，眼睛看、耳朵听，大脑总结加工，对现场获得的信息进行梳理、总结，形成初步结论的观察方

法。教师和学生朝夕相处，对学生的一举一动、一言一行看在眼里，记在心上，获取信息，适时引导。例如，学生课间玩跳皮筋的游戏，大家都愿意跳皮筋，不愿意抻皮筋，乱哄哄地争执不下，一个叫陈卓的学生走过来，主动和另一个同学抻皮筋，哪个学生跳坏了主动替换他们抻皮筋，乱哄哄的场景立刻秩序井然，老师看在眼里，喜在心上，一个良好的班干部的人选悄然形成。

间接观察，是研究者借助仪器设备，如录音、录像或者是通过某种中间介质间接观察某种现象的观察方法。例如，通过学生作业的工整和对错程度来判断学生上课听讲的认真程度和对知识的掌握程度；通过学校图书馆图书的折旧损磨程度来判断学生喜欢读哪类图书和图书的借阅情况；有的学校将老师教案的点击率作为衡量教师工作量的指标之一等。

上述关于教育观察法的分类不是单一的、独立的，而是有交叉的。例如，老师听课，若是有明确的、详细的研究计划、记录表格，那么听课就是结构式观察，同时又是直接观察，非参与式观察等。各种类型的观察各有其基本特性、适用条件和各自的局限性，他们之间又相互联系、相互补充，需要研究者在科研过程中综合、灵活运用。

第二节　观察法的运用

要保证观察有效、科学，达到预期目的，必须遵循观察法的运用要求，具体要求如下。

一、做好观察前的准备工作

做好观察前的准备工作，是进行科学观察的基础，准备工作的好坏是观察成败的关键之一。准备工作包括以下 4 项内容。

(一)确定观察目的

根据课题研究的需要，明确观察目的，通过观察需要获得什么材料，弄清楚什么问题，确定观察的对象、时间、地点、内容、步骤，确定观察重点。

(二)制订观察计划

确定了观察目的，还要制订详细的观察计划，使观察有计划、有步骤、全面系统地进行。观察计划一般包括 9 个方面。

①观察目的。

②观察重点和范围，重点不能多，范围不能太广。

③观察提纲，需要观察什么，获得哪些材料。

④观察过程，包括观察的途径、时间、次数、位置、选择观察的方法和掌握观

察的密度等。

⑤观察的注意事项，根据观察的特点，列出为保持观察对象常态的有关规定。

⑥观察的记录表格，速记符号，规定有关的统一的参照标准。

⑦观察仪器、设备。

⑧观察人员的组织分工。

⑨观察的应变措施。

(三)做好物质准备

①如果观察要借助仪器，就必须事先对仪器进行检查、安装，熟悉其性能。

②印制观察记录表格，以便迅速、准确和有条理地记录所需要的材料，便于日后核对、比较、整理、统计和应用。

(四)培训观察人员

若有多个观察者同时观察一个情境，或者不同的观察者观察不同的对象群体的同一个方面的行为表现，就需要对观察者进行预先培训，统一标准和记号，以保证观察的可信度。例如，4 名观察者同时在一个班观察学生的注意力分散情况，或 4 名观察者在不同的班级观察学生的注意力分散情况，需要统一标准和记号，学生出现什么样的行为判断为注意力分散，哪种行为用哪个记号标记，以保证观察结果达到较高程度的可信度与一致性。

二、进行实际观察

(一)进行实际观察应尽量按计划进行

不要轻易更换观察的重点、超出原定的范围，防止观察偏离原定的观察目的。如果原定观察计划需要调整完善，或观察对象有所变更，则应按计划中的应变措施或实际的变化情况随机应变，但不可偏离观察目的。

(二)采用多种观察途径进行观察

一般的途径如下。

①参观。这是常用的观察形式。参观的目的、时间、地点、内容、重点记录内容等都一一列清楚。

②听课。这是最经常、最基本的一种教育观察形式。听课的目的、时间、地点、内容、重点、记录内容等都一一列清楚。

③参加活动。这包括各种内容、范围、形式、层次的集体活动，这是最丰富、最广阔的观察形式。参加活动的目的、记录的内容、重点等都一一列清楚，防止偏离研究内容。

④列席会议。列席什么会议，对研究有什么帮助，是捕捉新的研究点，还是获取学者同人在该领域的新见解和新成果，拓宽自己的研究思路。

⑤结合个别谈话、召开座谈会等形式的调查进行观察。

三、做好观察记录

对于教育观察法来说，记录是最关键的一环。采用多种方法，保证观察记录的具体、详细和系统。记录中应保证文字用语的客观性，不加主观解释倾向，或将客观描述与主观解释分别标出。记录常用的方法有日记描述法、轶事记录法、时间取样法、事件取样法等，将在第三节介绍。为了做好观察记录，这里着重介绍制定观察记录代码系统。

观察记录代码系统是研究者将行为或事件分为有意义的、可以观察和处理的类别，将大的行为单位分为小的行为单位，并为观察、记录和随后分析处理的方便而制定出的一整套符号系统。观察记录代码系统可以提高观察记录处理分析的针对性、有效性，从而节省大量时间和精力，被称为速记技术，收集的数据适用于用计算机处理。所以，观察记录代码系统的设计要简单明了，易于记忆、书写，易于计算机系统分析，应保证同样的行为类别项目适用于群体操作的所有成员，保证观察者能详细、如实、有序地记录。

常用的观察记录代码系统有两种类型。

①数字型代码系统。即用不同的数字代表各观察项目，所用数字多少取决于观察项目的数量多少。优点是整理结果的工作量小，适用于计算机处理；缺点是项目较多时，难以很快建立和熟悉数字与项目之间的对应关系，造成混乱延误记录。

案　例

弗兰德互动分析系统

弗兰德互动分析系统强调教室内师生的教学互动行为，它采用一套系统的、兼顾直接与间接教学风格的行为分类方式对教室中的师生互动行为进行分类。同时弗兰德对每一类行为都下了操作性定义，以便教师及教学督导人员进行操作。弗兰德将教室中所有师生的语言互动情况分为 10 个类别，每一个类别用一个数字来表示。其中“1”代表接纳学生的情感：以一种不具威胁性的方式，接纳及澄清学生的态度或情感语气。“2”代表称赞或鼓励：称赞或鼓励学生的动作或行为。“3”代表接受或利用学生的想法：澄清、扩大或发展学生所提出的意见或想法。“4”代表提问题：以教师的意见或想法为基础，询问学生有关内容或步骤的问题，并期待学生回答。“5”代表演讲：就内容或步骤提供事实或见解，表达教师自己的观念，提出教师自己的解释，或者引述某位权威者(而非学生)的看法。“6”代表指示：指示、指令或命令。“7”代表批评学生或维护权威：陈述的语句内容为了改变学生的行为，从不可接受的形态转变为可接受的形态。“8”代表学生话语——教师驱动：学生为了回应教师所讲的话。“9”代表学生话语—学生主动：学生主动开启对话。“10”代表安静或混乱：暂时停顿、短时间内的安静或混乱，以致观察者无法了解师生之间的沟通。

(资料来源：http：//club. topsage. com/thread－1043760－1－1. html)

②符号型代码系统。符号型代码系统是用不同的符号代表各种行为或事件。符号的种类很多，既可以是抽象的符号，也可以是形象的符号。优点是形象、逼真、易于记忆；缺点是需要花较多的时间整理记录结果，不能直接输入计算机进行统计分析。例如，研究者为了研究学生上课举手回答问题的情况，设计了几种符号，分别代表不同的意义。↑代表学生举手但未被老师提问；(↑) 表示学生举手被老师提问；| 表示学生未举手未被老师提问；(|) 表示学生未举手被老师提问；¤ 表示学生未被老师允许，自己和周围同学讲话等。

四、做好观察记录的整理

(一)及时整理材料

观察结束后，要对观察记录及时整理与分析。观察记录若放置时间太久，有些细节就模糊了，甚至淡忘了，造成观察资料的遗失和混乱。

(二)分类整理材料

资料整理的基础工作和资料分析的首要工作是对资料进行分类，对笔录资料要分门别类存放；对录音、录像、摄像资料要登记并做卡片，以免事后因记忆模糊而造成资料混乱。审查资料，看所收集到的观察资料是否全面、有效；如果是用多种方法收集的资料，可以把观察资料和通过其他方法获得的资料进行比较，如发现问题可再去核实；如果是以小组形式进行的观察，可以把多个观察者获得的资料进行比较，最后详细解释说明观察内容。研究者要对观察记录的资料及时整理，统计分析，形成结论。

案 例

《小学学习优差生课堂表现差异》研究方案

(一)观察法的设计

1. 观察内容和范围

重点观察8名学生在语文、数学两门课上的表现。观察指标(内容)为：注意力分散(分心)次数；干扰学习的姿势变化次数；主动举手次数；打哈欠次数。

2. 观察策略

选择不完全参与策略和时间取样策略(每天上午前两节课进行观察)。

3. 制定观察记录表

根据观察指标的需要，制定了4种观察记录表：表一，学习成绩比较表；表二，某一节课分心次数统计表；表三，某一节课主动举手、打哈欠次数统计表；表四，某一节课干扰学习姿势变化次数统计表。

(二)观察的实施

1. 获取观察资料

(略)

2. 呈现观察结果

对所观察的4项指标按照表上项目进行统计整理，求出每项指标两组平均次数变化的比，并分别就4项指标做出结论和提出解决问题的建议。

（资料来源：http：//blog. sina. com. cn/s/blog _ 4b82db9f01009byj. html）

五、观察注意事项

①选择最佳观察位置。一方面要力争处在观察的最佳视野，另一方面要保证不影响被观察者的常态。

②善于辨别重要的和无关的因素。根据科研任务，把注意力集中到能获得有价值材料的重要因素上去，不被无关的、次要的因素所纠缠和干扰，提高观察效率。

③善于抓住引起各种现象的原因。每一种现象的出现，都要能找到引起现象出现的原因，使获得的观察材料具有研究价值。

④善于抓住观察对象的偶然的或特殊的反应。观察对象的偶然的或特殊的反应对于研究问题的动向和创造性地解决问题更有启发意义。

⑤善于与观察对象建立良好的关系。在教育科研中，观察对象往往是人，因此在观察中陌生感容易改变观察对象的常态，良好的关系有利于保持观察的正常状态。

⑥保证观察的客观性。科学的观察就在于观察的客观性。首先，要确保观察在自然条件下进行，绝对不能影响被观察者的常态，这样才能得到自然条件下的真实情况，否则所得到的事实材料反映反常的情况，就会导致错误的结论。还有一种情况，观察对象意识到自己被观察，就有可能预先考虑给予观察者一定的反应。在这种情况下，观察者应与被观察者尽快建立良好的关系，消除其对观察者的陌生感，以尽量控制观察对象的异常状态。其次，观察要如实地反映现实情况，观察者不能带有任何感情色彩，不掺杂个人的偏见，否则就会掩盖对观察对象情况的真实反映。最后，观察要在重复出现的情况下进行，要对观察的现象或过程进行反复观察。一方面，是被观察的现象或过程只有在重复出现的情况下，观察才有客观性，对于那些稍纵即逝的现象和过程，则不适于单独用观察法去研究，因为在这种情况下，观察者无法复核和确定观察结果是否正确。另一方面，要长期、连续、反复地进行观察，否则就不易分辨现象或过程哪些是偶然的、哪些是一贯的，哪些是表面的、哪些是本质的，哪些是片面的、哪些是全面的等。反复观察的次数越多，越能准确反映客观事物。

第三节 几种常用的观察记录方法

在进行教育观察的过程中，研究者除了用感官、仪器记录研究的过程和内容，还可以用笔记录研究内容。一方面，观察者的记忆力是有限的，不可能把所有看到、听到的、想到的事情都回忆起来；另一方面，记录是思考、加工整理信息的过程，记录本身就是一个有价值的资料来源。所以，做好观察记录是教育观察法最关键的环节。下面介绍几种常用的记录方法。

一、日记描述法

这种观察记录方法是非结构式观察中的一种，也称儿童传记法，是以日记的形式描述性地记录同一个或同一组儿童的行为表现，以发现其发展变化规律的方法。记录随时随地可以进行，记录的材料真实可靠，有利于研究儿童发展的阶段性和连续性，但要求观察者长期进行观察，做好详细记录。例如，我国著名幼儿教育专家陈鹤琴用日记方式记录了儿子陈一鸣自出生起的发展，观察了808天，于1925年发表了《儿童心理之研究》一书，而且在他的《家庭教育》里所提出的101条家庭教育原则中，有73条原则就是从教育儿子陈一鸣的过程中总结提炼出来的。

目前，教学反思已作为中小学教师专业成长和改进教学、提高教学质量的有效途径备受重视。所以，有很多老师养成了写反思日记的好习惯，在课堂上用心观察每一名学生的表现，观察每个教学环节学生的反映，随堂记录自己的教学体会，在一天的教学工作结束后，写下自己的教学经验和感悟，并与其他老师分享。老师们写下当天的教学反思就是日记描述法。教师相互观摩彼此的教学，详细描述他们所看到的情境，对此进行讨论分析，也是日记描述法。

二、轶事记录法

轶事记录法是以记事为主，对被观察者出现的典型的或异常的行为或事件从发生到结束，完整地按顺序记录下来，也可以记录观察者认为有价值、有意义的任何个性或某方面行为情景的一种观察方法。这也是教师常用的一种记录方法，可帮助教师分析学生成长、发展的特点，了解学生的个性特征，以便有针对性地进行教育干预。

运用轶事记录法观察被观察者行为，首先，要求教师将感兴趣且认为典型的被观察者的行为记录下来，包括事件发生的顺序、活动场景和在场的其他人等，都要客观、准确、完整地记录下来。其次，要有一个基本的格式，有助于教师弄清观察行为记录与观察分析之间的联系，提高观察记录的效果。最后，采用这种记录方法应注意尽可能现场做记录，避免事后回忆做记录，回忆的内容可能不够准确，或者会漏掉一些细节。以幼儿园为例进行详细论述如下。

案 例

轶事记录法的应用

(一)观察目的

幼儿手工课上的表现

(二)观察对象

某幼儿园大班幼儿雨轩

(三)观察时间

2015 年 5 月 6 日上午 10：20—10：40

(四)观察实录

这是一次幼儿园家长开放日的公开课，老师把幼儿分成 4 组，每组约 6 个人，分组做手工，一个小朋友(化名雨轩)自始至终都没有在自己的组坐下做手工，而是到处乱爬，先是钻桌子，有时趴在到桌子底下玩会手指头，有时钻出来东瞧瞧西看看，东摸摸西动动，自娱自乐。期间，老师也不管他，小朋友权当没看见他，有时他不小心头磕在桌子上，看样子磕得不轻，自己摸着头，见没人理他，也不哭，继续自娱自乐。整堂课下来，他既没出老师监护的视线，老师也没理他，小朋友既看见他，又好像无视他的存在，大家彼此相安无事。后来，在接孩子的环节，笔者特意留意谁来接孩子，是雨轩的爸爸来接，雨轩的发型、穿着打扮、走路姿势跟他爸爸完全一样，简直就是大小翻版，雨轩爸爸在众多家长中一直看手机，没跟任何人打招呼，看到雨轩，摆手让他出教室，没和老师打招呼，没让孩子跟老师说再见，径直走出楼道。雨轩爸爸就好像没看见那么多人，没看见老师一样。

(五)观察分析

从观察看出，雨轩上课坐不住，注意力不集中，无法正常上课。课下与任课老师沟通，老师说他上其他课也是这样，天天如此，课课如此。从对雨轩爸爸的观察看，雨轩爸爸在人群中既不沟通，也不打招呼，如入无人之境，雨轩的行为极为像他的爸爸，是爸爸的性格影响到孩子，还是爸爸的言行举止影响到孩子，还是综合有之，有待于进一步研究。

(六)教育措施

老师这节课虽然没有制止雨轩的行为，但课后了解到老师以前没少费心，讲道理，行为训练，只要他能在凳子坐一会儿就表扬，或允许他坐在凳子上玩东西，后来渐渐这些方法也不管用，老师无奈，只要他不出老师的视线，没有安全问题，不影响其他小朋友上课，老师也就听之任之了。

运用轶事记录法要注意的问题如下。

(一)记录要全面、真实

要全面真实地记录和描述被观察者的行为，包括行为发生的背景、事件过程、被观察者的行为，以及他的语言、音调、面部表情等情绪变化，还有与之相联系的其他在场学生的活动。

轶事记录法要以单一事件的简短描述为主，教师要有目的地选取需要特殊帮助的儿童，以获取有价值的信息。教师要尽可能避免主观性判断，只对被观察者的行为进行客观描述，不做主观评价和解释。例如，下面两则记录就犯了上述错误。

记录一：幼儿童童影响其他小朋友做游戏，体育教师马上批评了她，可是，没到两分钟，她又犯了老毛病。教师把童童请到中间来，让她表演，她才安静下来做游戏。

记录二：今天的集体教学活动是学习儿歌，幼儿飞飞坐在椅子上，眼睛看着教师。在学习儿歌的30分钟内，飞飞先后出现与旁边的小朋友说话、摆弄自己的衣服、站起来推前面小朋友的椅子等行为。就这样，对于儿歌的内容，飞飞几乎没有听进去。

这两则记录中，对童童的记录，就属于教师喧宾夺主，没有客观地记录幼儿的行为表现；而对飞飞的记录则过于笼统，不够具体，30分钟内会发生很多行为，教师的记录却寥寥几笔。

(二)分析要具体，措施需可行

教师运用轶事记录法的过程中，常常会遇到如下问题：观察记录的目标如何确定？如何把握幼儿的典型性行为？观察分析幼儿行为后，如何思考并采取措施？

观察目标是观察的出发点。观察前，教师必须明确想要了解幼儿的哪些行为表现，对教学和幼儿教育有什么价值。教师可依据《3—6岁儿童学习与发展指南》中的幼儿发展水平，并围绕该年龄阶段幼儿的行为表现来确定观察目标，选取合适的观察角度，以获取有价值的信息，了解幼儿的真实表现。

观察分析要具体，教育措施要有可行性。教师对幼儿行为进行分析时，应注意针对当前的记录进行具体分析，不要预判幼儿的行为特征。同时，应针对具体行为具体分析，提出细致可行的教育措施，措施要有针对性，避免空泛。例如，教师的措施中经常出现“增强幼儿自信心，培养幼儿对美术活动的兴趣”“以后要加强观察和教育”等大而空的表述，这类措施其实可以应用到任何一个观察记录中，缺乏针对性和指向性。

另外，有一些教师提出的措施，过分依赖家长的配合。教师除了考虑家庭教育因素之外，应更多地思考如何在幼儿园教育中采取有效措施。

(三)长期记录更有代表性

单个事件有时很难帮助教师准确地了解幼儿，典型性事件可能是偶发的，缺乏说服力和代表性。只有在不同背景下，多次观察某个幼儿，多方收集资料，才能有效了解幼儿及其行为的意义。

结合幼儿发展的活动情境，进行长期详细的记录与分析，运用轶事记录法了解幼儿的真实表现，就为全面地分析和评价幼儿奠定了基础。但是，记录是手段，提出适宜的应对措施，帮助幼儿进步才是目的。为了达到这一目的，教师需经常进行集体式的研究与讨论。

例如，教师在观察中可能遇到的问题有：采取措施后，幼儿不良行为得到了改善，是继续保持记录，还是转而观察其他幼儿？是否需要限定观察的时间和频次？如何运用量化观察法分析幼儿行为？持续观察后，对于幼儿多个行为事件，如何进行分析？针对这些问题，教师要及时交流观察记录过程中的体会与困惑，互相借鉴。最重要的是，教师应在观察记录的同时，不断反思、积累、总结经验，以提高观察技巧。

在一日活动中，观察记录幼儿的行为应具有持续性，每周至少对一名幼儿进行两次详细记录；分析方法上，可以结合行为核查方式进行量化分析；针对幼儿的具体问题，可以随时采取一些措施加以教育。此外，教师还可以将观察记录与作品分析法、谈话法相结合，建立幼儿成长档案，对幼儿发展做出比较全面而科学的评价。

三、时间取样法

时间取样法是在一定时间内，按照一定的时段进行专门观察和记录观察对象所发生的行为，记录行为呈现与否、频次和持续的时间。例如，某教师选择每周一、三、五的上午第一节课，就学生注意力集中情况进行观察。

首先，要对注意力的分散进行操作性的定义。操作性定义就是把必须观察或测定的行为，给予详尽的说明和规定，确定这一行为或现象测量与观察记录的客观标准，即观测指标。操作性定义的确定要与定义明确区分。定义反映的是事物的本质，在任何情境中都是适用的，而操作性定义只适合在所观察的范围内。确定操作性定义的目的是为了便于观察、记录和重复验证，在由多个观察者同时从事同一观察计划时显得尤为重要。例如，注意力集中的操作性定义：让被试做三位数乘法、四位数乘法、五位数甚至更加多位数的乘法，当然也可以让他们做多位数的除法(最好不要用可以整除的，最好是让他们精确到第几位)，他们的正确率就能反映他们注意力的集中程度。

其次，选取具有代表性的时间。把注意力集中的时间选在周一、三、五，分别是一周的前、中、后 3 天。

最后，选择适当的记录方式。运用时间取样法很重要的一个方面是将观察到的行为进行记录，所以要选择合理的记录方式。在时间取样中大部分记录有以下几种方式。

检核，表示所观察的特定行为是否出现，因此在观察的时间段中，只要行为出现，就做出一个记录的标记，没有发生就不记录。观察行为并在相应的表格标注，经过记录后分析检核表，可以了解被观察者哪些行为是经常发生的，哪些行为是偶然发生的，哪些行为是从不发生的，从而发现规律。具体详见行为核查表。

计数，表示在所观察的时间内，被观察行为出现的次数。在研究中只要出现一次目标行为就在相应的表格中标注，每次目标行为出现都需要进行记录，最后可以通过记录了解单位时间内目标行为出现的次数。

计时，是在所观察的时间内，被观察者行为持续的时间。例如，观察学生在一节课内注意力集中持续的时间。

时间取样法是一线教师经常使用的比较便捷有效的科研方法，可收集到关于行为频率的资料，提供定量结果，对检验假设有一定的价值，使观察法在科学化的进程中大大前进了一步。

时间取样法也有一定的局限性：首先，它仅适用于研究观察对象经常出现的行为，如学生对教师的依赖、指令执行、师生交往等，而对同情心、成功、失败等行为就不适用；其次，它仅适用于观察外显行为，不宜观察内隐或隐蔽性行为，如头脑中的活动、个人隐私等行为不能使用；最后，所获资料只能说明行为的某种特性和出现频率，难以揭示因果关系。

案 例

一位幼儿园老师的观察实录(时间取样法)

(一)观察对象

中班幼儿天天

(二)观察时间

12 月 2 日 11：20—11：40

(三)观察目的

观察幼儿进餐环节中的说话行为

(四)观察实录

天天取完餐盘后，坐在小椅子上，并没有拿勺子吃饭，而是将头偏向一侧，开始和旁边的小朋友说话："你爱吃大虾吗？今天的大虾有点小，我家里做的大虾比这个大多了！"旁边的幼儿不理他，拿着筷子夹起自己的大虾。但天天仍然不停地和旁边的幼儿讨论这个问题。忽然，天天离开座位，对教师说要去厕所小便。如厕后，他一蹦一跳地回到座位上，开始吃饭，刚吃了两口，又开始和另一边的小朋友说话了……

(五)观察分析

从观察中可以看出，在天天进餐的 20 分钟内，同周围幼儿说话 4 次，每次说话的时间为 30 秒至 1 分钟。该幼儿这种行为表现的原因主要有：天天是这学期刚刚从其他幼儿园转来的，以前的幼儿园教师没有这方面要求，因此他觉得想说什么就可以说什么；天天对同伴的习惯、特点有强烈的好奇心，寻求主动交往，想以此获得同伴的认可。

(六)教育措施

通过个别教育，帮助天天尽快学会遵守班级规则；在晨间体育活动及游戏活动中，增强天天的规则意识；与天天家长取得联系，交流他在园中的情况，争取家长的配合，如建议家长在家庭生活中，帮助天天养成良好的进餐习惯。

(资料来源：http：//edu.qq.com/a/20150503/008447.htm)

四、事件取样法

事件取样法是根据一定的研究目的，以特定事件为观察对象，了解某些特定行为或事件的完整过程而采用的一种研究方法。

事件取样法不受时间间隔与时段规定的限制，其研究的是特定类别的完整行为事件，测量的不是限定时间单位的行为表现。只要所期待的事件一出现，便可记录。所以，这种方法能及时完整地记录事情发展的全过程，便于探究事件发展的状态，关注当下的发生，有利于日后的分析。如对低年级小学生告状行为进行研究，每当小学生告状行为一出现，就进行观察，哪些学生爱告状，告状的原因是什么，告状的内容是什么，老师是怎样处理的，为以后提出相应的解决方法奠定基础。

案 例

事件取样法个案观察

（一）观察目的

了解阳阳发生打扰其他幼儿活动发生的情况。

（二）观察目标

思考阳阳打扰他人行为发生的原因并设计适宜活动有效引导。

（三）观察方法

事件取样法。

（四）背景资料

阳阳在家也一样会做一些打扰他人活动的行为。

（五）观察者

孙亚楠

（六）观察日期

2012 年 5 月 22 日、24 日

（七）幼儿姓名及基本情况

阳阳，男孩，生日 2008 年 3 月 24 日，活泼，好动，总有打扰他人活动的行为。

表 5-1　阳阳打扰他人活动的行为情况

事件序号	日期和时间	场景	评论
1	2012 年 5 月 22 日 上午 8：45	排队去户外活动，阳阳站在海洋身后	阳阳用小手做拳头，像敲小鼓那样捶海洋的后背，嘴巴里嘟囔着什么，观察者走近他，想看清他想做什么，海洋看向观察者，像是求助，观察者轻轻拍了一下阳阳的手，告诉他海洋不喜欢这样

续表

事件序号	日期和时间	场景	评论
2	2012年5月22日 上午10：50	区域活动结束，观察者放音乐，幼儿开始收玩具	阳阳一边把小建玩的玩具装到筐子里，一边大声喊："收玩具了！收玩具了！"观察者做了个"嘘"安静的手势，告诉他，大家知道收玩具的，如果他再大声喊，大家就听不到音乐声了
3	2012年5月24日 上午7：35	早入园时间，家长带孩子入园	阳阳走进园门，没看到他的家长，于雪妈妈拉着哭着的于雪生气地走进来，问阳阳的家长在哪，阳阳用石子打到了于雪的耳朵，观察者请配班老师打电话请阳阳的家长来园沟通解决
4	2012年5月24日 上午10：10	过渡环节	阳阳用胳膊夹着一个小朋友的脖子，观察者拍阳阳的手，分开他们，问他为什么这么做，他说这个小朋友在洗完手以后没有甩手，说他，他不听，于是就动手了
5	2012年5月24日 中午12：30	午睡环节，睡眠室	孩子们都躺在自己的床上，准备午睡，阳阳用小手敲窗，小嘴巴发出嘟嘟的声音，观察者做安静的手势，希望他安静下来

(八)分析及结论

阳阳自这学期初开始表现出较多的打扰其他幼儿活动的行为，阳阳的行为大部分违反了班内的规则，有的用语言，有的用行为，观察者了解到阳阳语言表达时容易断断续续，他更喜欢用行为解决和沟通问题，从班杜拉的社会学习理论可以得出，幼儿的行为可以从榜样处习得，所以阳阳需要一个用语言而不是用行动解决沟通问题的环境，阳阳午睡时的表现只是暂时还没进入要午睡的状态，发泄一下自己的精力，同时可以引起教师的注意，对他来说这也是一种满足，与阳阳的父母接触，阳阳在家表现与在幼儿园相似，有对同龄幼儿的攻击性行为，偶尔会受伤，但阳阳的父母说自己并没有攻击性行为。

(九)教师策略

①给阳阳更多的关注，在他打扰别人的行为发生时，立即制止他的行为，但是不过多解释，给他时间单独思考。

②给阳阳一个用语言而不是用行动解决问题的环境，争取得到阳阳父母的支持，做到家园一致。

③给阳阳更多的表达机会，发展阳阳的语言表达能力。

④继续观察，及时调整策略。

（资料来源：http：//blog. sina. com. cn/s/blog _ 9f16358f0100z58v. html）

五、行为核查表

行为核查表是研究者用来核查某种行为是否发生或出现频率的一种简表。观察者对照表上列出的项目，在每一种要观察的行为发生时做个记号，如在该项上画“√”或“正”，统计这些记号，有助于观察目的和观察行为具体化，使观察活动更具有针对性。编制行为核查表的步骤如下。

①根据研究目的确定所要观察的内容。

②在表格中分别列出所要观察的目标行为。

③在核查表中按一定的逻辑关系组织、排列目标行为。

案 例

幼儿在区角活动中存在的问题

幼儿在区角活动中存在问题	小班(30人)	中班(40人)
幼儿只参加特定的区角活动	25人	30人
幼儿在区角活动中拒绝合作	28人	2人
幼儿活动时间短	29人	20人
幼儿争抢玩具	3人	5人
幼儿霸占玩具	8人	1人
幼儿在区角活动中不排队	6人	4人
幼儿不会玩	22人	3人
幼儿指挥别人	2人	8人
幼儿破坏玩教具	20人	2人
幼儿带着玩具离开区角	6人	2人
幼儿拿玩具伤害自己或他人	1人	1人
幼儿在区角活动中大声叫喊	7人	2人
幼儿使用材料后不收拾	26人	2人
幼儿把玩具带回家	2人	0人

这是一位学前专业的大学生去幼儿园对幼儿在区角活动中存在的问题的观察记录，采用的是行为核查表，对照表中列出的项目，幼儿出现一个问题就在相应的表格里画记号，此处为了节省篇幅，直接给出统计好的结果(人数)。

下面的案例是学生做游戏情况的观察记录表，哪位学生出现相应的行为，就在相应的位置做好记录。

案 例

学生做游戏情况观察记录表

观察内容：学生做游戏情况

观察编号： 观察日期：

观察地点： 观察人员：

情况 被观察者	与他人玩	受他人支配	带头玩	独自玩	打打闹闹	备 注

六、等级量表

等级量表是对目标行为在程度上评以相应的等级，主要用于测量心理特征，如态度、性格等。比如，教师教学情况评定量表，教师给学生的思想表现评定优、良、中、差等都可以用到等级量表。

案 例

某幼儿园教学活动评价表

活动名称： 单位： 班级： 教师： 时间：

评价项目	评价要素	特征描述（基本评价标准）	符合程度		
			完全符合	基本符合	不符合
活动目标及内容	课程标准	①符合《幼儿园教育指导纲要》的标准要求			
	幼儿实际	②活动目标明确具体，符合幼儿实际情况			
	内容处理	③活动内容难易适度，符合幼儿的年龄特点和认知规律			
	知识整合	④各领域内容有机联系、相互渗透，并与幼儿已有的知识经验紧密联系			

续表

评价项目	评价要素	特征描述(基本评价标准)	符合程度		
			完全符合	基本符合	不符合
活动过程	教师行为	⑤活动组织有序,层次清晰、重点突出、时间合理			
		⑥以游戏为基本活动,合理创设情境,注重学习兴趣、方法、能力、习惯的培养			
		⑦充分发挥支持者、合作者、引导者的作用			
		⑧玩教具实用性强,体现一物多用			
		⑨调控活动能力强,有灵活的教学机智和应变能力,关注幼儿,满足其合理需要			
		⑩语言准确、规范、有感染力,易于幼儿理解			
		⑪现代化教学手段的使用具有实效性			
	幼儿行为	⑫情绪愉快,注意力集中,积极参与活动			
		⑬思维活跃,能运用已有经验努力解决问题,并敢于大胆表现			
		⑭幼儿活动的坚持性强,掌握轮流、合作及分享等基本行为技能			
	活动气氛	⑮运用各种感官参与活动,主动地动手动脑探索问题			
		⑯师幼关系融洽,并进行积极有效的师幼互动			
活动效果	目标达成	⑰实现活动目标,使每个幼儿都有不同程度的收获,各种能力在原有水平上得到提高			
活动创新	生成活动	⑱关注活动中的生成,并进行有效的延伸,促进幼儿的发展			
	个性风格	⑲教学活动有个性、有创新、有特色			
评语			等级		

七、描述量表

描述量表是观察者依据自己的看法和感觉用文字来描述各类行为的表现和价值程度。

案例

教师课堂观察记录表

观察时间		观察对象		观察人	
课程名称					
观察重点					
主要内容摘要记录					
分析与评价					
对本次教学活动的建议					

本章小结

教育观察法既是选择和确定研究课题的一种方法，也是教师在教育研究中常用的一种基本的研究方法，简便、易行，非常适合一线教师使用。一方面，要掌握教育观察法的概念和特点；另一方面，要重点掌握它的运用要求，能熟练运用到自己的教育研究中，尤其是几种常用的观察记录方式，根据研究需要选定记录方法，设计记录表格，统计、分析记录数据，得出研究结论。

关键术语

教育观察法，结构式观察与非结构式观察，日记描述法，轶事记录法，事件取样法，时间取样法，行为核查表，等级量表，观察记录代码系统

思考题

1. 什么是教育观察法，为什么说它非常适合一线教师使用？
2. 运用教育观察法有哪些要求？

实训练习

结合本章内容，自拟题目，主要运用教育观察法进行微课题研究，形成1500字左右的教育观察报告。

拓展阅读

李海林. 美国中小学课堂观察——一位教育学教授的笔记[M]. 北京：教育科学出版社，2015.

该书记录了作者对美国中小学课堂的一些观察与思考。透过“课堂”这个节点，作者对美国教育进行了深入的分析，试图解决中美两国课堂共同面对的那些问题。

第六章　教育调查法

【本章要点】

在教育科学研究中，收集资料是非常重要的环节，因为所有的研究都是在收集资料的基础上进行的。收集资料的方法有多种，本章介绍一种常用的收集资料和研究的一种方法——教育调查法，概括介绍教育调查法的含义、特点、分类，教育调查设计和基本步骤，详细介绍问卷调查和访谈调查的运用要求，学会运用教育调查法做科学研究，初步形成教育科学研究能力。

学习目标

1. 领会教育调查法的含义、特点。

2. 了解教育调查法的作用和类型。

3. 掌握问卷调查、访谈调查、调查表调查的相关技术，会运用这些技术进行教育研究。

4. 初步形成科研意识，体验“教师即研究者”的必要性和重要性，培养科研能力。

导入案例

调查反馈：来自一线教师的困惑

在对农村幼儿园转岗教师的访谈和问卷调查中，92%的教师认为幼儿教师也要做科研，但真正做过研究的只有3%，许多教师都存在这样或那样的困惑：平时工作很忙，很累，没时间、没精力搞科研；即使有时间和精力做研究，平时工作中也遇到不少难题和困惑，但不知道从何下手，不知道研究什么，怎么研究；即使研究成果出来了，又苦于发表成果困难重重。这种情况，在各级各类学校的教师中普遍存在。提起科研，怎一个“愁”字了得！

这是笔者对农村转岗幼儿教师的专业发展需求的调查中获得的反馈信息，一份问卷，十几分钟，几百人的相关信息(当时被试308人)都收集完毕，真实、高效地收集资料，为后续研究打下了基础。访谈调查和问卷调查就是教育调查法。

第一节　教育调查法概述

教育调查法也是教育科研中被广泛运用的一种研究方法，研究者要获得研究对象的基本事实和资料，描述事实，探索规律，或者为更高层次的研究提供基本依据，都离不开教育调查法。

一、教育调查法的含义及特点

(一)概念

教育调查法是研究者通过问卷、访谈、座谈等方式，有目的、有计划地收集研究对象的有关资料，并对获得的第一手资料进行整理和分析，从而弄清事实，发现问题，寻求解决问题之良策，探索教育规律的一种研究方法。

教育研究的对象和教育现象是复杂的，要研究解决某些问题，就必须掌握研究对象和所要研究的教育现象的第一手材料和数据，通过数据分析，明确所要研究的教育现象中存在着什么问题，为什么会存在这些问题，从问题的梳理中发现、总结某些规律，为解决问题提供事实依据，这些正是教育调查法的本质所在。

(二)特点

教育调查法也是非常适合一线教师运用的一种研究方法。其特点如下。

①教育调查法基本上不受时间和空间条件的限制，间接地研究某一教育问题，尤其是在互联网广泛使用的今天，网络调查能在较短时间、较大范围内迅速而大量地获取资料。

②教育调查法以现实存在的教育现象为研究对象，不受过去历史和文献资料的限制。

③教育调查法是根据研究的需要，设计问卷、进行访谈、组织座谈，通过多种手段主动收集材料，弥补了教育观察法被动等待某种现象发生的不足。

④教育调查的结果有较强的可信度，因为教育调查是在自然状态下进行的，对调查对象不加干预，同时，调查对象也具有代表性和普遍性，所以，获得的资料比较真实，也突破了教育实验法控制实验条件的局限。

教育调查法也有其局限性，表现在以下方面。

①一般是对所研究问题的现状进行描述性分析，缺少对问题因果关系的论证。

②对取样的要求较高，必须保证样本的代表性、普遍性，一般采用随机抽取样本的方法，用普通的方法选取样本，有可能会出现以偏概全的问题。

二、教育调查法的类型

与教育观察法相似，从不同的角度，按不同的标准可以将教育调查法分为不同的类型。

(一)依据调查对象的选择范围，可以分为全面调查、抽样调查和个案调查

全面调查，也叫普遍调查，简称普查，是对某一范围内所有被研究对象进行调查。全面调查可以是单位性的或地区性的，也可以是全国性的，是对这一区域内的研究对象无一遗漏的进行调查，得到全部调查对象的情况，为制定重大的方针、政策和规划提供必要的依据。例如，要调查某乡普及义务教育的情况，就要对这个乡全部的学龄儿童入学率、在校生的年巩固率、毕业班学生的毕业率以及 12～15 岁少年中的非文盲率等 4 项初等教育的指标进行调查统计，从而摸清这个乡普及义务教育的现状。

抽样调查，是从所有的被调查对象中(总体)抽取一部分被调查对象(样本)进行调查，并以样本特征值推断总体特征值的一种调查方法。例如，要调查某乡普及义务教育的情况，可以选择人口多、学龄儿童人数比例高的几个村进行调查，从而大致掌握某乡普及义务教育的基本情况和特点。

个案调查，是在全体调查对象的基础上选取个别的有显著特征的调查对象进行调查，通过对个别对象的全面深入的了解和分析，把握个别对象的特征，从而推断、验证、深化这类被调查对象的特征。例如，把某个义务教育普及工作做得比较成功的乡作为个案，探讨成功的经验，乡领导干部对此项工作重视的程度及采取了哪些得力措施，这些措施能否推广到其他的乡镇，甚至是全国。

(二)依据调查功能，可以分为现状调查、相关调查、发展调查和预测调查

现状调查，是对某一教育现象或教育对象的现状进行调查。比如，当前义务教育阶段择校问题的调查。这种类型的调查，其时间特征是“现在”或“当前”，是进行

“现在状况”“当前情况”的调查。

相关调查，主要调查两种或两种以上教育现象的性质和程度，分析、判断它们是否存在相关关系，目的是寻找某一教育现象的相关因素，以探索解决问题的办法。这种类型的调查，其特征是“相关关系”。比如，对学生个性发展与其学校教育关系的调查；对青少年犯罪与其家庭教育关系的调查。

发展调查，是对教育现象在一个较长时间内的特征变化进行调查，以找出其前后的变化与差异。例如，2008 年义务教育免学费前后，义务教育阶段学生的辍学情况发生了哪些变化？实施素质教育以来，学生的基本素质发生了哪些变化？等等。

预测调查，主要揭示某一教育现象随时间变化而表现出的特征和规律，从而推断未来某一时期的教育发展趋势与动向。例如，随着我国人口老龄化的到来，适龄儿童的减少，预测到 2020 年，我国的教育结构将发生哪些变化。

(三)依据调查的方法和手段，可以分为问卷调查、访谈调查和调查表调查

问卷调查，是以书面提出问题的方式收集资料的一种研究方法。研究者将所要研究的问题编制成问题表格，以邮寄、当面作答或通过网络填答、提交等方式，了解被试对某一现象或问题的看法和意见。例如，对大学生出勤听课状况编拟问卷进行调查；对学前教师的专业发展需求编拟问卷进行调查等。

访谈调查，是研究者与研究对象就某个研究的问题面对面交谈，以口头问答的形式收集资料的一种方法。例如，研究者要研究义务教育阶段择校问题，就择校的相关问题访谈部分学校领导、教师、学生、家长等，了解他们对义务教育阶段择校现象的看法、观点和建议，作为研究的第一手材料。

调查表调查，是通过向相关的调查对象发放按研究要求设计好的各种调查表格来收集有关事实或数据资料的方法。调查表调查主要用于收集各种形式的事实资料，了解某事件发生的次数，尤其偏重于收集数据资料。例如，要了解小学生争吵行为发生的时间、原因、人员、事件情景、结果及解决方法等，可以制成调查表格让调查对象填写，便于数据的收集和整理。

三、教育调查法的运用步骤和要求

教育调查研究法的运用步骤如下。

第一，明确调查研究的课题。

第二，确定调查对象。研究者根据总体范畴和样本含义，根据课题要求选择调查对象，进行科学抽样，保证样本的代表性。

第三，选择调查手段，根据调查课题的具体内容和实施条件，选择主要的调查方式，并做好相应的准备工作。

第四，制订调查研究计划，明确调查的目的、意义、对象、内容、实施时间、地点、资料获取和整理方式等。

第五，设计调查问卷、访谈提纲、调查表等。

第六，准备性调查。将编制的问卷或提纲进行试验性调查，以发现并纠正设计中存在的问题，保证设计科学、有效。

第七，进行正式调查。研究者修改完善后的问卷、访谈提纲、调查表等正式运用于大规模的调查，以获得所需要的信息资料。

第八，分析、整理调查资料。数据的分析处理要真实、准确，尽可能采用统计手段处理数据，从中发现某些具有倾向性的问题，为得出结论提供数据支持。

第九，撰写教育调查报告。

教育调查报告是对某种教育现象调查后，经过整理分析写成的文字材料。调查报告的框架一般包括题目、引言、调查对象与设计、调查结果与分析、讨论和建议、附录(调查表格、原始数据、研究记录)等几部分。

①题目。题目要准确、鲜明地概括全篇内容，点明被调查范围和主题。一般表述方式有 3 种：一是类似文章标题的写法，如《城乡义务教育均衡的现状分析与对策建议》；二是类似公文标题的写法，如《城乡义务教育均衡状况的调查报告》；三是用正副标题的写法，如《中学生呼唤“七色阳光”——对中学生“厌学”问题的调查与思考》。

②引言。简明扼要地说明调查的目的、意义，或提出社会、师生所关注和迫切需要调查了解的问题，以引起关注。

③调查对象与设计。交代清楚调查的对象、时间、地点、范围、调查的方法、问卷、访谈提纲或调查表设计的思路。

④调查结果与分析。这是调查报告的主体部分。这部分要把调查获得的大量材料，经过分析整理，归纳出若干项目、条理清晰地阐述，做到数据确凿、事例典型、材料可靠、观点明确。为了增加形象性，使人一目了然，一些数据尽可能用图表表示出来。通过数据分析、逻辑推理、归纳得出结论。结论要简单交代调查研究了什么问题，得到了什么结果，说明了什么问题。

⑤讨论。依据正文的科学分析，可以对结果进行理论上的进一步阐述，深入地讨论影响调查结果的因素，阐明自己的观点，

⑥建议。对研究结果提出自己建设性的意见和建议。建议要求有一定的针对性和操作性，更要注重创新性。

以上几部分只是调查报告的基本内容和框架，撰写报告时可以灵活安排，适当合并，无须面面俱到。

第二节　问卷调查

问卷调查是调查法中常用的一种调查方式，要运用好问卷调查，需掌握以下几方面的技术。

一、问卷结构

一份完整的问卷通常是由问卷说明、指导语、被调查者个人资料和问卷本文组成。

问卷说明，也称引言，包括调查目的、意义、调查者身份、选样的原则、调查结果的使用、保密承诺等。问卷说明一般印在问卷的封面或封二上，详略程度根据研究的需要而定。

指导语，说明填写问卷的方法和注意事项，以利于被调查者合作。有些问卷的填答方法比较简单，指导语很少，常常只在问卷说明中用一两句话说明即可，如"请根据自己的实际情况在合适的答案号码上画圈或者在空白处直接填写"。邮寄填答的问卷还要加上这样的指导语："为了减少您的麻烦，我们为您准备了一个写好地址、贴好邮票的信封。您填答完毕后，请务必在____月____日之前填好寄出。"还有些指导语分散在某些比较复杂的调查问卷后，对填答要求、方式和方法进行说明。在实际设计应用调查问卷时，有不少研究者根据自己的研究需要，将问卷说明和指导语结合在一起写出，问卷结构更简单明了。

被调查者的个人资料，根据研究的需要填写。研究需要被试的哪些信息，就设计哪些信息让被试填写，但注意不要涉及被试的敏感话题或隐私。被调查者的个人资料，如姓名、性别、年龄、学校、年级、通信地址等有关对象的自然情况，还可视研究需要增减有关内容，如增加调查对象家庭成员的情况，生活、学习环境条件等。

问卷本文，是问卷的主体部分，包括问题与答案。问题是问卷的主要构成部分，问题设计是否科学、合理决定着一份问卷质量的高低。问题设计要求详见后面介绍。

二、问卷设计的思路

一份高质量的问卷不是随心所欲提几个问题，想问什么就问什么，而是根据研究的目的和内容，遵循问卷设计的思路一步一步进行设计。问卷设计的思路如下。

第一，根据研究目的，明确基本概念，确定调查内容。明确基本概念，是界定研究内容、制订研究计划、设计调查问卷的前提和基础。基本概念一般是课题题目中的核心概念，必须严格界定核心概念的内涵、外延，必要时需要查阅字典和词典，核心概念的外延一般就是调查问卷的总体框架。基本概念不明晰，一方面是因为研究者对课题认识的模糊；另一方面会导致课题研究混乱不清，甚至混淆、偷换概念。比如，中小学创新教育的研究，需要对创新与创造、创新精神、创新能力、创新意识、创新素质等概念有清晰的界定；自主学习与自主发展的实验研究，需要对自主性、自主学习、自主发展等概念有清楚的定义。

第二，根据核心概念和研究内容设计总体框架。例如，“溺爱孩子”，列出概念的外延，包括不注意培养生活自理能力、不注意培养劳动习惯、对孩子过分迁就、物质上尽量满足孩子等，这些就可以作为问卷调查的框架。

第三，对框架内容进一步分解，设计具体调查问题。比如，上例中的“不注意培养生活自理能力”的框架进一步分解，指标有是否自己洗头、洗澡、穿衣、收拾书包、整理床铺、上学等；“不注意培养劳动习惯”的指标有在家抹桌、扫地、洗碗、洗手绢，上街买东西等。这些指标就可以作为具体的问卷问题。这样，每一框架和问题都有不可替代的作用，不重复，也不缺项，且个个框架和问题之间都有一种内在的逻辑联系。

第四，反复检查和调整，确定题型。对个别重复的、表述不恰当的、遗漏的问题进行调整；题型有开放式问题和封闭式问题两种，详见下面的解释。

第五，问卷试用和修改。问卷初稿写好后，必须先进行一次小范围的试调查，不能直接用于正式调查，对试用的结果，从以下方面分析。

回收率：若为70%以下，说明问卷有较大问题，必须做大的修改，甚至重新设计。

有效回收率：扣除废卷后的回收率，达70%以上才能做研究结论；达50%～70%可以提出建议；达30%～50%只能做参考。

对未回答的问题的分析：比如，填答不完全，某几个问题普遍未回答，从某个问题开始都未回答，这就需要分析原因。

对填答错误的分析：比如，填答内容错误，是由于不理解或误解问题的含义；填答方式错误，是由于问题形式过于复杂，指导语不明确。

试测结果：根据测试结果对指导语、问题内容、提问方式、答案和问题的排列方式全面加以修订和补充。

试测后评价：采用主观评价法，将设计好的问卷初稿打印若干份，分别送给该研究领域的专家、研究人员以及典型的被调查者，请他们直接阅读和分析问卷初稿，并根据他们的经验和认识对问卷进行评论，指出不妥之处，研究者根据意见修改完善。

第六，编写问卷说明、指导语中的相关内容。

三、问题的形式及答案的设计

问题是问卷的主要构成部分，问题设计是否科学、合理决定着一份问卷质量的高低。问卷题目设计主要有两种类型：开放式问题和封闭式问题。开放式问题是只提问题，不给出备选答案，要求应答者根据自己对问题的理解自由作答，如请您就中小学择校问题谈谈自己的看法。开放式问题的优点是自由回答，资料丰富、生动、鲜活，每个被调查者的观点见解不同，对研究会很有启发；缺点是难以编码和统计处理，对回答者有一定文化水平要求，填答花费时间多，有可能产生无用的资料。封闭式问题则由研究人员提供对该问题的若干种备选答案，要求应答者在这些备选答案中进行选择。比如，你认为学校人事制度改革有无必要？A. 很有必要；B. 有必要；C. 可有可无；D. 没有必要。封闭式问题的优点是填答方便，省时省力，容易统计分析，缺点是答案是被限定的，缺少鲜活性和表现力，不容易发现偏误。所以，一份问卷一般采用开放式问题和封闭式问题相结合的方式：数据性的问题采用封闭式问题，放在前面；态度、观点和建议的问题采用开放式问题，放在后面。

(一)封闭式问题

封闭式问题又分为填空式、是否式、选择式、表格式、排序式等几种形式。

1. 填空式

在问题后画一短线，让回答者直接在空白处填写。适合只需要填写数字的问题。

如：您的教龄有几年？________年

2. 是否式

问题的答案只有是和不是两种，回答者必须选择其中之一。

如：您是否愿意进一步提高专业水平？

是（ ）　否（ ）

3. 选择式

问卷的答案相互之间不是矛盾关系，只是类别、程度、数量的不同，回答者可以从中选择一个或几个答案，这是当前问卷调查中最常用的形式。选择式一般有等级式、并列式两种形式。

(1)等级式

其备选答案是由具有等级意义的词汇或数字形式构成的问题。

比如，您对目前个人专业成长的满意程度是：

A. 很满意　B. 基本满意　C. 不太满意　D. 很不满意

等级式常见的问答量级有：

①极好；好；可以；一般；坏；不知道。

②很满意；满意；一般；不满意；很不满意。

③有规律性；偶然；极少；从不。

④很喜欢；较喜欢；一般；不太喜欢；很不喜欢。

⑤非常同意；同意；中立；不同意；很不同意。

⑥很重要；重要；较重要；不重要；不知道。

(2)并列式

其备选答案是由等价的、各自独立的词汇构成的问题。

比如，您认为促进教师专业发展最有效的途径是：(可多选)

A. 自学　　B. 观摩教学　　C. 名师带教、专家引领

D. 参加系统的基地培训　　E. 课题研究

4. 表格式

它是以列表的形式将同类问题集中在一起，回答方式相同，以节约篇幅，方便填写。(见表 6-1)

表 6-1　下列因素对于教师专业发展的影响程度(在适当格内打钩)

	很大	一般	很小	没有
幼儿园的管理水平				
园长的素质				
同事间的竞争				
上级管理部门的支持				
教师自身的积极性				
专业培训的实效性				

5. 排序式

它是让调查对象根据一定的要求给答案排队。

比如，在你的品德形成过程中，按影响程度的大小，把下列因素依次排序：

父母　同学　教师　邻居　校长　英雄人物　影视明星　其他

(二)开放式问题

开放式问题是允许调查对象充分自由作答的问题，这在一定程度上可以克服封闭式问题的缺点，答案遗漏较少，“强迫”性回答的可能性小，但也会出现答非所问的情况。同时，由于开放式问题答案复杂多样，使答案之间的可比性下降，给资料整理带来较大的困难。比如，请您就幼儿园教学的“小学化”倾向谈谈自己的看法。

(三)语言与提问方式

要保证调查的真实、有效，还要注意编拟问卷时的语言和提问方式，具体要求如下。

1. 通俗易懂，避免冷僻或专业性太强的术语

通常情况下，问卷设计者对要研究的课题思考得多，也比较清楚，但对被调查者来说，可能对该问题很少考虑或根本不知道，所以，尽量使用通俗易懂的语言表述。比如，关于生态化课堂的研究，你认为语文教学是生态化课堂吗？什么是生态化课堂，语文教学怎样才能成为生态化课堂呢？应答者有可能不理解，摸不着头脑，甚至会产生反感情绪，影响整个调查的进行。

2. 简短

语句过长易引起应答者反感。

3. 无双重或多重含义，问题的内容要单一

所谓双向问题，是指要求调查对象用一个答案来回答两个以上联系在一起的问题。

比如，你喜欢二班的王老师和李老师吗？

A. 是　　B. 否

这是一个双向问题。答案中的“否”含义不清。若有人选了“否”，那么研究者除了知道应答者不同意你的说法以外，一无所获。

4. 问题不带倾向性

比如，你愿意从事教师这一受人尊敬的职业吗？

5. 不以否定形式提问

否定语句容易使人的思维不顺畅，也容易使人漏掉否定词，把否定句看成肯定句，造成答案混乱。

比如，您是否认为教师并非不应该惩罚学生？

A. 是　　　B. 否　　　C. 不知道

6. 不直接询问敏感问题

敏感性问题是指涉及隐私的问题以及大多数人认为不便于在公开场合表态或陈述的问题，如“你考试时有作弊行为吗？”对于这类问题应答者有一种本能的自我防范心理，其结果要么不予回答，要么不真实回答，有的还会引起应答者的抵触和反感，从而导致调查失败。

(四)问题的数量与顺序

问题不宜过多，最好在 20 分钟以内答完，一般不超过 30 分钟。其规则如下。

①简单问题放前，复杂问题放后。

②有兴趣的问题放前，枯燥或易引起不快情绪的问题放后。

③熟悉的问题放前，生疏的问题放后。

④行为的问题放前，态度的问题放后。

⑤封闭式问题放前，开放式问题放后。

案 例

农村幼儿教师专业发展需求的调查问卷

尊敬的各位老师：

您好！欢迎您参加本次调查。本调查是为了了解新时期幼儿园教师专业发展现状和需求，答案无对错之分，所得资料严格保密，请如实填写。谢谢您的合作！

填写说明：请在所选答案的符号下面画“√”。

一、基本情况

专业：(自填)

年龄：A. 20岁以下　B. 20～30岁　C. 30～40岁　D. 40岁以上

小学教龄：A. 5年以下　B. 6～10年　C. 11～14年　D. 15年以上

幼儿园教龄：A. 2年以下　B. 2～4年　C. 4～6年　D. 6年以上

学历：A. 中专及以下　B. 大专　C. 本科　D. 研究生及以上

职称：A. 未评　B. 小教二级　C. 小教一级或中教二级

D. 小教高级或中教一级

收入水平：A. 1000元以下　B. 1000～1999元　C. 2000～2999元

D. 3000～3999元　E. 4000元以上

二、基本内容

1. 您觉得幼儿教育与小学教育最大的不同是：

A. 教育理念　B. 教育方法　C. 教学的组织形式

D. 评价学生的标准　E. 教学内容　F. 教学目标

2. 您转岗在幼儿园工作中，感到最难适应的是：

A. 幼儿园的教育理念　B. 幼儿园的教学组织形式

C. 幼儿园的教育内容　D. 幼儿的生活护理　E. 教学技能技巧

3. 您转岗做幼儿教师的原因是：

A. 喜欢孩子　B. 喜欢幼教工作　C. 受他人影响

D. 急于找到一份工作　E. 选读了相关专业　F. 工作安排

G. 其他(请注明)

4. 您对目前幼儿教师职业的满意程度：

A. 很满意　B. 基本满意　C. 不太满意　D. 很不满意

5. 从事幼教以来，您最满意的是：

A. 教师收入　B. 教师的地位和声望　C. 自身的业务能力

D. 工作的氛围和人际关系　E. 假期　F. 自我发展的机会和空间

6. 从事幼教以来，您最不满意的是：

A. 教师收入　B. 教师的地位和声望　C. 自身的业务能力

D. 工作的氛围和人际关系　E. 假期　F. 自我发展的机会和空间

7. 您对目前个人专业成长的满意程度是：

A. 很满意　　B. 基本满意　　C. 不太满意　　D. 很不满意

8. 您是否愿意进一步提高专业水平？

A. 非常愿意　　B. 愿意　　C. 一般　　D. 不愿意

9. 为了让自己适应不断提高的要求，您是否有自己的专业发展规划？

A. 有明确的目标与规划　　B. 有一定的思考与大致的安排

C. 目标不明确，很少考虑　　D. 从没有想过，也没什么规划

10. 您认为目前幼儿教师专业发展面临的困难是：(可多选)

A. 无相关政策支持　　B. 单位不支持　　C. 工作任务繁重，压力大

D. 自身基础薄弱　　E. 其他(家庭、社会氛围)

11. 您在工作中碰见困难时的解决方式是：

A. 找专家咨询　　B. 请领导帮忙　　C. 与其他教师讨论解决

D. 查阅有关参考资料　　E. 参加培训

12. 您经常进行教学反思吗？

A. 经常　　B. 有时　　C. 偶尔　　D. 从不

13. 您认为自己的专业发展比较欠缺的是：(可多选)

A. 系统理论知识　　B. 教育教学专业技能　　C. 组织教学的实践能力

D. 教育信息技术运用能力　　E. 教学研究能力课程资源开发能力

F. 对课程改革、纲要精神、新教材的理解　　G. 其他(可自填)

14. 您认为促进教师专业发展最有效的途径是：(可多选)

A. 自学　　B. 观摩教学　　C. 名师带教、专家引领

D. 参加系统的基地培训　　E. 课题研究

15. 下列因素对于教师专业发展的影响程度：

	很大	一般	很小	没有
幼儿园的管理水平				
园长的素质				
同事间的竞争				
上级管理部门的支持				
教师自身的积极性				
专业培训的实效性				

16. 工作中您常感到自身的不足吗？

A. 经常　　B. 有时　　C. 很少

17. 您常有进修的想法吗？

A. 经常　　B. 有时　　C. 很少

18. 您获得教师培训的机会：

A. 很多　　B. 一般　　C. 很少　　D. 没有

19. 对幼儿教师的各种培训活动，您会：

A. 积极参加　　B. 服从安排，可有可无　　C. 不愿参加

20. 您不愿参加培训的原因是：（可多选）

A. 参加了也没有什么实际利益回报　　B. 培训对工作帮助不大

C. 平时工作很累　　D. 与工作实际矛盾大　　E. 其他

21. 关于培训内容，您希望获得的帮助是：（可多选）

A. 当代国内外幼儿教育理论　　B. 教师基本功　　C. 教学研究和论文写作

D. 教学技能　　E. 纲要解读　　F. 教学智慧　　G. 教师和幼儿的心理调适

22. 关于培训方式，您希望获得：（可多选）

A. 系统的专题辅导　　B. 观摩优质教研活动　　C. 参与研讨，与专家互动

D. 学员参与实践展示　　E. 实践指导　　F. 其他（可自填）

（资料来源：https：//wenku. baidu. com/view/634dc762700abb68a982fbeb. html? from=search）

四、问卷调查的实施

（一）问卷的发放

问卷的发放一般有 3 种方式。

1. 当面发放

由调查者亲自分发给被调查者，被调查者当面作答后回收问卷。

2. 邮寄

这种方式简便易行、省时省力，但是受被调查者的合作情况和对题目理解情况的限制，会影响问卷的有效回收率。

3. 通过网络进行调查

利用微信、邮箱、QQ 等方式将问卷发给被试，答完发送回来。快捷方便，也可挂到网上，求得被试做完后提交。

（二）问卷的施测

如果是当面发放问卷，注意严格按照指导语、流程规定发放问卷施测，不得对被试有干扰、暗示等，答好后统一收回。

（三）问卷的回收

问卷要及时回收，并对回收率做具体分析，分析参考“问卷试用和修改”部分的参考比例进行。如果回收率较低，就要对回收率非常低的地区做调查，了解其中原因，适当进行补测。

（四）问卷的分析

对调查数据统计分析，形成调查报告。

第三节　访谈调查

一、访谈调查的含义及特点

(一) 含义

访谈调查是指研究者“寻访”“访问”被研究者或相关人员，通过与研究对象或其他有关人员有目的、有计划地面对面交谈，直接收集研究所需材料的调查手段。访谈调查不同于日常谈话、聊天，日常的谈话、聊天没有那么强的目的性和计划性，随意性较强，情感交流较多，交谈的形式也比较松散，虽然也有一些话题和事情要谈，但双方不会那么正式地说“咱们今天谈谈某话题，我想听听您的意见，您的观点对我非常重要”，往往先是言及其他，慢慢把话题转到要交谈的“正事”上来。访谈调查的目的性、计划性、结构性都较强，对寻找哪些人进行访谈，谈什么，通过谈话了解哪些内容，这些内容对解决研究的问题有哪些帮助，什么时间、什么地点谈等都有明确的要求。

(二)特点

与其他的研究方法相比，访谈调查具有以下特点。

1. 更易了解受访者

与观察法相比，访谈调查可以了解受访者的所思所想，观察到受访者的情绪反应，进入受访者的内心，了解他们的心理活动和思想观念。观察法只能看到、听到被研究者的外显行为，不容易探究他们的内心世界。

2. 灵活性

与问卷调查相比，访谈调查具有更大的灵活性。访谈是直接询问受访者对某个调查问题的看法和观点，一方面，不受书面语言文字的限制，受访者用自己的语言表达，表达比较顺畅和自由；另一方面，调查者能获得直接可靠的信息和资料，及时得到反馈信息，有充分的机会观察对方反应，随时调整谈话内容。如果访谈结构和氛围足够开放，访谈者和受访者可以就调查的问题展开比较深入的讨论和探究，受访者可以就调查问题进行比较充分的表达，访谈者也常会要求受访者详细说明一些细节，举例说明自己的观点，越具体、越详细、越明确越好。这些细节是调查者在其他场合无法得到的第一手材料，对研究有非常重要的价值。

3. 访谈法的不足之处

第一，受访谈人员个性影响很大，如果受访者采取不合作的态度，拒绝回答访谈者提出的问题，或者故意掩盖或歪曲事实欺骗对方，或者受访者谨小慎微或出于某些顾虑，让他无法就提问的问题畅所欲言，这样访谈者就不容易通过提问将答案问出来。第二，如果受访者的学识水平有限，或不善言谈，也会出现受访者无话可说，或有话说不到点子上的情况，这样比较费时间。第三，与问卷调查相比，单位时间访谈的对象有限，访谈的信息量狭窄。第四，访谈所获得的资料大多是文字和音像材料，对资料分析处理的难度大，尤其是做数据量化的统计分析比较困难。

二、访谈的类型

按照不同的分类标准将访谈分为不同的类型。

(一)按访谈结构的控制程度分为结构式访谈和非结构式访谈

结构性访谈，指事先将问题进行标准化处理，具有固定结构的访谈。在这种访谈中，选择访谈对象的标准和方法、所提的问题、提问题的顺序、记录回答的方式都已经标准化了，研究者按访谈要求以同样的程序问同样的问题，并做好访谈记录。结构式访谈有利于统一收集数据，有利于数据的统计分析，但灵活性不强，不利于了解受访者关心的问题，不利于受访者提出自己的问题。

非结构式访谈，指事先只拟定访谈一个题目，或只提供一些开放性问题，有粗线条的访谈提纲，访谈者在提问的同时鼓励受访者提出问题，并且根据访谈的实际情况对访谈程序、内容、题目等做灵活调整。这种访谈的优势是可做灵活调整，访谈者的问和受访者的答都有调整的空间，受访者也有提出自己问题的机会，访谈者也可就访谈中出现的重要问题、新的问题或者尚存疑问的问题进行追问，使研究更加深入地进行，但非结构式访谈不利于数据的量化统计分析。

(二)按照正式的程度分为正式访谈和非正式访谈

正式访谈，是访谈者和受访者双方约定好时间、地点、参加人员，正式就研究的问题进行交谈。

非正式访谈，是访谈者根据受访者日常的工作、时间安排，双方以便利为原则，就研究的问题进行交谈。例如，开会前或共同参加同一活动时，双方根据当时的实际情况就研究的问题进行简短交谈。

(三)按接触的方式分为直接访谈和间接访谈

直接访谈，是访谈者和受访者坐下来面对面交谈。直接访谈的优势是双方除了语言交流之外，可以通过表情、动作对对方的情绪波动、精神状态等非语言的信息有全面的了解和把握。

间接访谈，是指双方可以通过网络、电话等媒介就研究的问题进行交谈。间接访谈可以突破地域的限制和时间的限制，使访谈更方便地进行；因为不直接见面交谈，所以受访者在不愿意让人看到自己时或者谈一些尴尬的话题时就会轻松些。不足就是双方不见面，访谈者无法通过受访者的表情、动作等判断对方的情绪、态度等。

(四)根据受访的人数分为个人访谈和集体访谈

个人访谈，顾名思义，访谈者只有一名访谈对象，两个人就研究的问题进行交谈。在个人访谈中，受访者是一个人，可以受到访谈者较多的个人关注，彼此交流的机会也多，有些问题可以根据实际情况进行深层挖掘，受访者交谈起来也比较放松。不足之处是不能就研究问题集思广益，比较费时间。

集体访谈，是访谈者和受访者都可以是多人，其中以一名访谈者为主，其他访谈者为参与者，一般1～3人，受访者根据需要可以是6～10人，大家就研究的问题进行交谈。其优势是大家对研究的问题进行集体性建构，集思广益，甚至可以进行争论，为研究提供丰富的资料。不足之处是由于每个受访者的个性不同，他们在独自受访和在集体受访中的表现可能有所不同，每个受访者受关注度程度和积极发言的程度也会有所不同。

综上所述，访谈的类型多样，对访谈类型的选择可以根据研究的性质、目的、内容对象、情境、研究阶段的不同而不同，同一个研究内容，也可以采用几种访谈方式，将几种访谈方式结合起来运用，效果会更好。例如，对"优秀教师"的定义进行访谈，可以正式访谈和非正式访谈、直接访谈和间接访谈、个人访谈和集体访谈相结合的方式进行，多渠道收集资料，而且这些资料还可以起到相关验证研究结果的效果。

三、访谈的实施

要使访谈达到目的，取得良好的效果，必须做好以下几方面的工作。

(一)做好访谈前的准备工作

1. 确定好访谈的时间和地点

访谈时间和地点尽量以受访者为主，一是表示尊重，方便受访者接受访谈；二是受访者选择的时间和地点有利于受访者感到轻松，容易自如表达。

2. 准备好访谈提纲和问题

要做好访谈，关键是拟定好访谈提纲和访谈问题。访谈提纲的大致内容有：访谈目的、访谈时间、访谈对象、访谈问题等。访谈问题的拟定要紧紧围绕研究的目标和内容，语言要通俗易懂，措辞不能带有倾向性，不要提审问式的问题，要准备不同层次的问题，题目最好在一页纸上，访谈者一眼就能看到全部内容，避免受访者觉得问题过多，产生一种紧张、有压力或抗拒的情绪。

案 例

关于择校现象的访谈提纲

1. 您作为老师，如果您的班级里有择校生，您会一视同仁吗？
2. 您所在的学校择校普遍吗？班里择校生的比例大约是多少？
3. 您认为义务教育阶段家长和学生择校的主要原因是什么？
4. 什么条件的学生择校的成功率比较大？
5. 您认为什么样的学生适合择校？
6. 如果择校和择班不可兼得，您的主张是什么？
7. 择校的学生存在哪些问题？您认为怎样解决这些问题？

(二)访谈技术

1. 灵活、开放的使用访谈提纲

访谈提纲是访谈者根据自己研究需要设计的，访谈过程中起到提示访谈内容，不要漏掉、偏离访谈内容的作用。研究者在设计访谈提纲时并不知道受访者的实际情况，也不能完全预见访谈过程中遇到什么问题，所以，访谈者不要拘泥于访谈提纲，要根据实际情况和需要灵活使用，访谈的具体形式、语言、问题的顺序可以因人、因具体情况而异。访谈提纲可以随时修改。例如，访谈完一个对象，在某些问题上又有了新的启示和理解，或受访者对某些问题的回答有顾虑，或受访者对某些问题的回答根本没有在访谈者的预期之内，出现这些情况都需要对访谈提纲进行修改。

2. 做好访谈记录

访谈记录在访谈中十分重要，如果可能，可以将访谈的所有内容一字不漏地记录下来，或者在征得受访者同意的情况下进行现场录音或录像。但是，如果访谈者忙于记录，就会影响观察和关注受访者，不能充分回应受访者，这样可能让受访者产生被忽视的感觉而影响访谈效果。访谈者忙于记录，也缺少了一些思考的时间，从而影响访谈质量。所以，最好是发明、使用自己看得懂的速记方法，访谈中先速记，访谈结束后马上整理速记笔记，补充细节。另外，访谈记录尽量忠于受访者的原话，而不用访谈者不理解的或学术界的专业术语。例如，对学生的辍学情况进行访谈，受访者(学生)表述为“不念了”，受访者(教师)表述为“不上学了”，记录时忠于原话，而不使用“辍学”一词。

录音、录像虽然能客观全面地记录访谈内容，但也有副作用。例如，有的受访者感觉不安全、紧张，对自己所说的话非常小心谨慎，不敢流露一点可能给他们带来不利后果的观点和信息；也有的受访者会采用堂而皇之的语言，慷慨陈词，有可能使访谈流于形式。

3. 做好访谈结束工作

良好的访谈不仅可以使整个访谈有圆满的结束，而且也为下次或以后的访谈打下基础。访谈何时结束？当约定时间到了，或受访者流露倦意，或受访者突然有其他事情要处理，或访谈内容已全部进行完，或访谈节奏变慢，有些拖沓，或受访者无心再聊访谈话题时，访谈者要察言观色，及时结束访谈。

结束访谈的方式有多种，因人、因具体情境而异，总的原则是在轻松、友好、自然的状态下结束。例如，“对这个问题，您还有什么想说的吗？感谢您百忙之中抽出时间接受我们的访谈，而且就访谈的问题提出自己宝贵的看法和观点，并不是每个人都能这样做，非常感谢”。

为了使访谈收到好的效果，还要注意访问者要取得受访者的信任和合作，要善于洞察受访者的心理变化，善于应变，还要注意发问技术、倾听技术、回应技术等，这里不再赘述。

案例

关于城乡义务教育均衡问题的访谈(节选)

访谈者：就河北省而言，您认为城乡义务教育的差距大还是小？差距表现在哪些方面？

受访者：这要看在哪些方面的差距。我认为，在硬件方面，差距越来越小，例如，办学的硬件条件，农村学校的条件越来越好；但软件方面的差距越来越大，例如，老师的素质，教师的工作责任心、热情、教学水平、进修学习的机会、评优、评职称的机会等差距较大。尤其是近年来，农村优秀教师流动到县城，县城优秀教师流动到市里，市里优秀教师流动到省城，好的老师都往上走，学生也是如此，学习好的学生、家里有经济条件的学生都往县城、市里读书，到高中阶段，到省城或到好点的学校上学，剩下在农村上学的基本上是学习不突出，家庭经济条件不太好，家长没有大本事的孩子，这些孩子学习的劲头不足，基础也差。教学水平较低的老师遇到学习基础较差的学生，教学效果可想而知，跟城市的教学水平没法比。

访谈者：您认为怎样解决这些问题？谁要为均衡发展负责？

受访者：这可是个大问题，政府、学校、教师都要为均衡发展负责，但要以政府为主。让教师奉献是一时的，不是长久之计，国家要制定政策，让农村有大的吸引力，考虑什么东西能推动教师进步，促使教师成长，那就是教师的福利待遇、评职、评优的机会，教师更需要精神鼓励，感受到受重视，被认可，有成就感，这些是教师急需的。教育均衡发展，教师的均衡最关键，农村教师付出的最多，得到的最少，一线教师的工资普遍低于前勤后勤人员。

受访者：我是一线教师，9 年的农村教师经历，没一人听过我的课，2001 年调到县城，每年做课都在 5 次以上，2004 年获得河北省教学一等奖，同样是我，要还是在农村，没机会获奖的。

受访者：校长的素质很重要，要正气、务实。校长对上负责，不对下负责。校长教育观念落后，教学水平一般，甚至落后，怎么要求老师进步。我校 35 名教师，2 名校长，5 个主任，还有 2 个后备主任，学校以教课为耻，不教课为荣，这种状况不改变，教育很难均衡。

第四节　调查表调查

调查表调查是用表格形式收集信息的一种调查技术。调查表和问卷都是用书面形式收集信息的调查技术，二者的区别在于问卷偏重于意见、态度的征询，而调查表则偏重于事实及数字的收集。

调查表的一般结构和编制要求如下。

第一，填表说明。简要说明调查的目的、要求、有关指标的计算方法及填表注意事项。

第二，表的序号。对调查内容应分级分类编号。

第三，表的名称。标题应能反映调查表的基本内容，简明醒目，使人一目了然，通常在标题下列出内容的年度期限。

第四，表身。表的纵横行列之间的线条要明朗，重要部分可用粗线区分；表的左右两边不画线；填写数字的空格一定要横格；表的大小须能容下所有调查项目，并便于携带和保管；表中的调查项目应系统排列，简明清晰，且须留有足够的填写该项答案的空白；为防止答案的虚假，宜有可以相互参证的项目。

第五，表尾附注。表尾最后一定要注明调查单位，并留有调查员、填表人姓名和填表日期的空位。表身下面的附注，主要是对个别项目的要求特别说明。

案 例

课堂教学满意度调查表

为了解我校学生对课堂教学的满意程度，更好地促进课堂教学改革，提高教学质量，学校特开展课堂教学满意度调查，在下表有关空格中，如同意请画“√”，希望同学们认真、如实填写。谢谢你的合作！

年级　　班级　　课程

满意度 内容	很满意	满意	一般	不满意
硬件设备				
环境布置				
任课教师				
教学内容				
教学方法				
考核方式				
建议、要求				

本章小结

本章重点介绍了教育调查研究的含义、特点、类型，重点是会运用问卷调查、访谈调查、调查表调查的相关技术进行简单的教育研究，“做中学”。

关键术语

教育调查法，问卷调查，访谈调查，调查表调查

思考题

1. 什么是教育调查法，为什么说它非常适合一线教师使用？
2. 运用教育调查法有哪些步骤和要求？
3. 编制问卷的思路有哪些？
4. 编拟问卷题目应注意哪些问题？

实训练习

1. 结合本章内容，自拟题目，主要运用教育调查法进行微课题研究，形成1500字左右的教育调查报告。

2. 第二章实训练习中拟定的题目，若适合，可以结合运用教育调查法进行研究。

拓展阅读

1. 陈向明. 质的研究方法与社会科学研究[M]. 北京：教育科学出版社，2000.

陈向明教授重点介绍了访谈技术，访谈——我如何了解被研究者的所思所想？访谈中的提问——我想知道什么？访谈中的倾听——我听到了什么？访谈中的回应——我应该如何与对方对话？焦点团体访谈——我如何组织一群人一起交谈？

2. 马云鹏. 教育科学研究方法导论[M]. 长春：东北师范大学出版社，2002.

本书对教育调查法的定义和特点、调查表、调查问卷、访谈调查的基本原理和运用要求都做了重点、详细介绍。

第七章　教育测量法

【本章要点】

本章以教育测量法的理论和方法为主要内容，讲授了教育测量中量表的类型、编制和使用。具体包括：教育测量法概述、量表的编制、量表的信度和效度、测量常模以及如何理解和解释测量分数等。

学习目标

1. 了解教育测量法的实施。
2. 掌握量表的分类。
3. 学会编制教育测量量表。
4. 了解如何评价量表，特别是对信度和效度的估计。
5. 掌握如何理解测量的分数，以及如何给出解释。

导入案例

小学五年级的班主任王老师最近知道了一种新的科研方法——测量法。今天，他就打算用这种新方法来研究学生学习数学知识的动机问题。他从网上找了一个《中学生数学学习焦虑》的量表来测试他的学生。他先把量表中的“中学生”改为了小学生，然后将一些不太适合小学生的题删改了一些，觉得修改后的量表很满意。然后，他就用这个量表测了测学生。测试后，他发现王晓刚的数学学习焦虑分数很高，他就在课堂上把晓刚叫起来，对他说：“王晓刚，你的数学成绩不错啊，有什么好焦虑的，我可测出你不太爱学习数学，这可不行！”

那么，王老师使用教育测量法的时候，犯了哪些错误呢？

第一节　教育测量法概述

一、教育测量的含义

教育测量有广义和狭义之分。从广义上说，教育测量泛指运用测量手段对教育活动所进行的量的测定。它涉及的范围很广，凡是需要并能够测量的与教育有关的活动均在研究之列，如教育投入、教育过程各要素和教育的效果等。从狭义上讲，教育测量专指按一定规则对学生的知识、智能、个性发展和思想品德等所进行的量的测定。我们通常所提及的多是狭义上的教育测量。

二、测验与量表的分类

教育测量的对象和内容是非常丰富的，量表与测验作为教育测量的主要工具，其种类繁多，可按不同的标准分类。

(一)按照数据类型分类

按照数据类型将量表分为 4 类：名称/分类量表、等级/顺序量表、等距量表和等比/比率量表。

1. 分类量表

分类量表是用数字代表事物或用数字对事物进行分类。它可以细分为两种：第一，作为标记的；第二，作为分类的。在分类量表中，数字只是事物的符号，没有任何数量的意义，因此不能进行数量化分析，更不能进行代数运算。适合于对分类量表进行统计分析的统计方法：百分比、频率、众数和 χ^2 检验等。

2. 顺序量表

顺序量表是按照事物属性的大小、等级、程度来排列数字。在顺序量表中，数字只表示大小、等级或程度的顺序，它既没有相等的单位，也没有绝对的零点。换言之，它既不表示事物特征的真正的数量，也不表示绝对的数值，因此，不能进行代数运算。适合于顺序量表进行统计分析的统计方法：中位数、百分位数和等级相关等。

3. 等距量表

等距量表不仅能够指代事物的类别、等级，而且具有相等的单位。在等距量表中，数字是一个真正的数量，在这个数量中各个部分的单位是相等的，因此，可以对其进行加减运算。等距量表没有绝对零点，它的零点是人为设定的相对零点，因此，对等距量表中的两个数量不能进行乘除运算，它们之间不存在倍数关系。适合等距量表进行统计分析的统计方法：平均数、标准差、积差相关以及 T 检验和 F 检验等。

4. 比率量表

比率量表既有等距的单位，又有绝对零点。用比例量表进行测量不仅可以知道事物之间在某种特征上相差多少，还可以知道它们之间的比例。适合比例量表进行统计分析的统计方法：除了与等距量表相同的以外，还有几何平均数和变异系数等。

(二)按测验的功能分类

1. 智力测验

这类测验的功能是测量人的一般智力水平，如比内—西蒙智力量表、斯坦福—比内智力量表、韦克斯勒儿童和成人智力量表等。

2. 特殊能力测验

这类测验偏重测量人的特殊潜在能力，包括对艺术能力、音乐能力、运动能力和机械能力等的测验。

3. 人格测验

这类测验主要用于测量性格、气质、兴趣、态度、品德、情绪、动机、信念等个性中除能力之外的心理特征，一类是量表法，一类是投射法。前者如明尼苏达多项人格测验(MMPI)、艾森克人格测验(EPQ)等，后者如罗夏墨迹测验和主题统觉测验(TAT)。

(三)按测验材料的性质分类

1. 文字测验

它所用的文字材料，以言语来提供刺激，团体测验多采用此种方法，其缺点是容易受被试者文化程度的影响。

2. 操作测验

其也称非文字测验。题目多属于对图形、实物、工具、模型的辨认和操作，无须使用言语作答，不受文化因素的限制，适用于学前儿童和不识字的成人。比如，罗夏墨迹测验、TAT，以及韦克斯勒儿童和成人智力量表中的操作部分。操作测验和文字测验常常结合使用。

(四)按测验的方式分类

1. 个别测验

采用一对一的形式，一次一个被试。主试者需要较高的训练与素养，一般人不易掌握。

2. 团体测验

由一个或几个主试者对较多的被试者同时实施测验，主要用在军队、学校和团队等。主试不必接受严格的专业训练，缺点是不能对被试者的行为进行实时的控制。

(五)按照测验的参照标准分类

1. 常模参照测验

这种测验是指以学生团体测验的平均成绩作为参照标准，说明某一学生在团体中的相对位置，将学生分类排队。重在个人与个人之间的比较，主要用于选拔或编组、编班，要求试题难度适中，尽量对所有学生都有较强的鉴别力和区分度。常模参照测验以鉴别学生个别差异为指导思想，目的是为了测量学生在所处团体中的相对水平。常模实际上是该团体在测验中的平均成绩，学生成绩便是以常模为参照标准来确定的。这一测验衡量的是学生的相对水平，故其评分属相对评价范畴。

2. 标准参照测验

标准参照测验又称目标参照测验，是用来衡量学生是否达到预期教学目标的测验。测验将个人分数与特定的标准相比较，评价学生是否合格，而不考虑学生在团体中的相对位置，故常用绝对评分方式记分。标准参照测验是指以体现教育教学目标的标准作业为准，看学生是否达到标准以及达到标准的程度，如我国高中会考及教师自编测验，利用它可具体了解学生对某单元知识、技能的学习和掌握情况。标准参照测验，它是指依据某种特定操作标准可以直接解释测量结果的测验。操作标准一般可以通过界定个体所应该完成的任务确定。对标准参照测验来说，它的分数解释是以界定良好的任务或行为领域为基础的，是与预先设计的特定标准相对照所确定的，有了这个条件，我们便可以从较少的有代表性的测验题目的反应情况，推断出被试的真实水平。用目标表示领域，并且题目是该领域中行为的有代表性样本，这时目标参照测验就是标准参照测验。标准参照测验主要是以鉴定为目的。

三、教育测量研究的步骤

(一)确定测量的目标、对象和用途

测量目标就是明确测量什么心理功能，是测量能力、人格，还是测学业成绩。不仅如此还要把目标具体化。测量对象是明确测量哪些个体或团体。通常以年龄、性别、职业、受教育程度、经济状况、民族、文化背景等指标区分测量对象。测量用途是明确测验是干什么用的，是用于描述受测者的心理特质，还是用于诊断心理是否异常，是用于选拔人员，还是用于验证某个理论假设。

(二)选用合适的量表，或者编制量表

根据测验目标的不同选用不同的量表。如要测量智力，可选瑞文智力量表、比内—西蒙智力量表、斯坦福—比内智力量表、韦克斯勒儿童和成人智力量表等；如要测量人格，可选明尼苏达多项人格测验(MMPI)、艾森克人格测验(EPQ)和卡特尔16PF测验等。如果需要测量的特质没有找到合适的量表，那就需要编制量表。量表的编制会在本章第二节中进行介绍。

(三)施测量表，分析数据，得出结论

施测量表包含以下几点：第一，施测前的准备工作，如准备好测验材料、熟练掌握施测手续和熟记指导语并能用口语清晰流利地说出来。第二，指导语，测验的指导语通常包括对测验目的的说明和对题目反应方式的解释。第三，测验情境，包括测验场地(通风、光线、噪声、温度)，座位和答案纸型等。这些因素都会影响测验分数，因而需要加以控制，使之对每一个被试都保持相同。第四，测验焦虑，是指被试因接受测验而产生的一种忧虑和紧张情绪，它会影响测验结果的真实性。比如，被试进行操作性的测验时，由于过度紧张会使手眼失去良好的协调。因此，在测验时，要注意稳定被试的情绪。第五，与被试建立良好的关系，在测验中，良好的关系指的是施测者设法努力引起被试对测验的兴趣，取得他的合作，以保证他能按照标准测验指导语完成测验。第六，评分技术，评分时只要将被试的答案逐一与标准答案相比较，即可评定被试应得的分数。分析数据是指使用适当的统计方法对收集来的大量第一手资料和第二手资料进行分析。数据分析的目的是把隐没在一大批看起来杂乱无章的数据中的信息集中、萃取和提炼出来，以找出所研究对象的内在规律。在实际操作中，数据分析可帮助人们做出判断，以便采取适当的行动。结论是根据对数据的分析结果而得出的，是对测验结果的解释，解释测验结果要求施测者一方面对所做的具体测验要熟悉了解，另一方面对被试的情况也要有所了解。

第二节　教育测量中量表的编制

一、量表中题目的初步编制

测验题目是测验的基本构成元素，题目编制恰当与否直接关系到整个测验的质量。只有正确地掌握不同类型试题的测试功能及命题方法，才能根据考试的目的和要求，正确地选择合适的题型并编制出高质量的试题，组成高质量的测验试卷。

(一)收集资料

①已出版的标准测验：最简单、最直接。

②理论和专家的经验。

③现场教育教学实际的观察和记录。

(二)命题的一般原则

1. 内容方面

①符合测验的目的，避免贪多而乱出题目。

②有代表性，符合测验计划的内容，比例适当。

③题目间互相独立，互不相连，切忌一个题目的答案影响另一个题目的回答。

2. 文字方面

①使用受测者能够理解的语言，避免使用生僻的词汇或字句。

②语句要简明扼要，排除与答案无关的因素，又要不遗漏答案所依据的必要条件。

③一句话只测一个概念，意义必须明确，尽量少用双重否定句。

3. 理解方面

①答案确切，排除引起争议的可能。

②题目的内容不要超出受测团体的知识水平和理解能力。

③题目不要引起误解和歧义。

4. 社会敏感性方面

①尽量避开社会敏感话题。

②如果必须涉及这方面的问题，那么如何鼓励被试进行真实的回答？可参考以下方面：

命题时假定被试具有某种行为，可避免否定回答过多的现象；

命题时假定规范不一致；

指出该行为是常见的，虽然它是违规的。

(三)测题的分类

根据被试的要求不同分为选择型和提供型。选择型：要求被试在有限的答案中选择正确的答案，如选择题、是非题等。提供型：要求被试给出正确答案，如论文题、简答题和填充题等。

根据被试作答的范围和评分方法不同，又可分为主观性试题和客观性试题。客观性试题主要是因为评分客观而得名，它的正确答案在测验前就已准备好，不同评分者各自独立评分，所得结果基本上是相同的。客观性试题一般适用于测量知识的掌握、理解、应用和分析几个层次的教学目标。客观性试题的答案明确，作答简便，因而在限定的时间内测验可以包含足够数量的试题，能保证对知识内容的覆盖。主观性试题主要包括论述题、操作题和作文题等。它们适合于测量较高层次的教学目标，尤其适合于测量综合、评价等目标层次。主观性试题鼓励被试积极地组织所学的资料，表达自己的观点。被试在作答时，耗费的时间较长，在限定的时间内，试题数量不可能太多，对知识的覆盖面较小。由于没有明确统一的标准答案，评分易受评阅者的主观因素影响，因而误差较大。

(四)测验题目的编写技巧

1. 选择题

客观性试题中运用最多的是选择题。选择题是由一个“题干”和几个“选项”组成。“题干”一般是提出问题，或是待完成的句子，“选项”是供被试选择的几个真假不明的答案，让被试从中选出正确的答案。应选的答案可以是一个，也可以是多个，可以是正确答案，也可以是最符合的答案。

选择题是客观性试题中较灵活的一种，其优点体现为：第一，可以用来测量学生各种不同层次的学习结果，不仅可以测量学生掌握所学习知识的程度，而且可以用来测量学生对所学知识的理解、分析、判断、应用和综合的能力。所以这种类型试题的应用最广泛。第二，评分标准统一、客观，不受评分人主观因素和答卷人提出意想之外答案的影响，并且可以利用电脑迅速评卷，从而大大提高测验的信度，提高评卷的速度和自动化水平。第三，可以加大试题容量，抽取广泛有效的代表性样本，使试题覆盖的知识范围扩大，可以克服传统考试试题量少、抽样窄而造成的测量效度不高的缺点。第四，有利于考查被试思维的敏捷性和准确的判断力。第五，采用大量的似真选择项使得结果易于诊断，通过分析学生错误选项，教师便于发现学生在学习中存在的问题。

选择题也有一些缺点，主要是：第一，选择题的数量多，每一题除正确答案外，还有好多干扰答案，且要求干扰答案与题干有逻辑联系和似真性，因此编制良好的选择题花费时间较多，且要有专门的命题技巧。第二，难以考核被试完全的推理能力、综合运用所学知识的能力、有效的总结能力、严密的表述能力和写作能力，对于被试的发散思维(或求异思维)能力则更是如此。第三，无法测量被试的思维(解题)过程。第四，被试有可能凭猜测而选中正确答案。例如，在有 4 个备选答案的选择题中，仅凭猜测的成功率就达到 25%，这对于考试的信度有一定的影响。

为使选择题的普遍适用性和优良性得到实现，在编制选择题时，应遵循以下原则：第一，题干本身意义完整且尽可能简明地表达一个确定的问题。第二，题干中不要滥用否定、复杂和过长的语句结构，要尽可能采用正面陈述。第三，同一测验中每一个测验试题之间应相互独立避免牵连。第四，所有选项都应与题干有一定的逻辑联系，选项中的干扰答案(诱答项)应具有较高的似真性或似乎合理性，不能错得太明显，且不能对正确答案有暗示。第五，选项的文字要简短精练，尽可能将各项中共同的用词(字)放在题干中，这样不仅可以使题意清楚，而且可以减少学生阅读选项的时间。第六，应尽量避免“以上皆是”“以上皆非”的选项。

2. 是非题

是非题又叫作二项选择题，它通常是给被试一个句子要被试做出正误的判断。这类试题通常用于测量被试对基本概念、性质、原理、原则的认识和判断能力，区别事实与观点能力、认识事物的因果关系能力，以及一些简单的逻辑关系推理能力。

是非题的优点：第一，编制相对容易，可适用于各种教材。第二，记分客观，取样广泛。因为是非题的作答时间短，可以在短时间之内作答很多问题，所以试题有较大的覆盖面，且评分不受主观因素的影响。

是非题的局限性：第一，说编制容易，可能是因为可以照教材的原句子抄下来或稍做正反改正，但这种试题品质不良，不是答案明显，就是无法判断。能测量到重要学习结果的是非题，需要高度的命题经验与技巧。第二，仅能测量知识层次中最基本的结果，而无法测量高层次的学习结果。第三，受猜测因素的影响很大。由于只有两种可能的选择，学生仅凭猜测都有50%的机会获取正确答案。由于设计是非题很难排除无关线索，实际上被试猜对的可能性远高于50%。即使采用校正公式，即倒扣分的方法，也难以排除猜测因素的影响。由于是非题的上述缺陷，通常只是用它来测量其他类型测验无法测量的学习结果。

设计是非题要遵循如下几个原则：第一，考核的内容应是重要的知识，应有考核价值。第二，题目应多测量理解能力，而不应过多测验记忆性的知识。第三，一个题目中只能有一个中心问题，或一个重要概念，否则将会导致“半对半错”或“似是而非”的情形。第四，试题应做到是非界限分明，用词准确，简单明了，避免使用复杂、否定和双重否定的句子结构，应尽量采用正面叙述。第五，正句和误句的排列要随机化，且数量应大致相等。

3. 操作测验题

操作测验可以有许多分类方法，较为常用的分类方法是根据情境的真实程度，将它分为4类。

①纸笔操作测验，利用纸笔模拟真实情境来考查被试知识和技能的应用。如编制某项操作计划、步骤、注意事项等，通常可作为真实情境操作测验的预测验。

②辨认测验，包括代表各种不同真实性程度的测验情境。有时，仅要求被试辨认某项工具，指出其功能；有时要求被试辨认完成某些工作所需要的工具、装备以及使用程序。较复杂的则是要求被试完成特殊任务，要求他们辨认一些问题(或故障)所在，并根据问题提出解决的办法。辨认测验是对实际操作技能的间接测量。

③模拟操作测验，要求被试在模拟的情况下完成和真实活动相同的动作，如模拟训练，物理、化学实验等。它的特点是强调程序的正确性，通常可作为真实情境中实际操作的准备。

④工作样本操作测验，让被试在标准的实际情境中去完成实际任务的测验。这类测验在操作测验中真实性最高，包含了真实操作的所有基本要素，但是要在有控制的标准条件下完成。

操作测验的准备和实施比较费时，条件不易控制和标准化，评分困难，特别是测验情境与真实情况较接近时，其结果的鉴定难度更大。在编制设计时，应注意以下几点。

第一，明确所要测量的教学目标和学习结果，并将其操作化。即要进行工作分析，找出操作中最重要的环节，并为每一操作建立一个评分标准，如操作的速度与准确性、步骤的正确性等。

第二，选择合适的真实性程度。在决定测验的真实性程度时，应依据教学目标的要求、客观条件的限制、工作本身的性质等。对于最基础的导论性课程，可采用真实性较低的操作测验；而对于有些特殊性的工作，如急救技能、驾驶技能等，由于受很多其他因素的制约，尽管在理论上需要尽量提高测验的真实性，但实际上却常常不得不降低真实性而在某种特定情境的限制下进行。

第三，指导语简单清晰，向被试明确说明实际的情境、任务以及评价的标准。

第四，确定科学合理的计分方法。对操作行为的计分通常要将程序、作品两者结合起来。通常对行为操作的记分方法有两种：一种是作品量表法。即用一系列不同质量层次的作品做样品，在计分时，将被评价的作品与量表中的作品进行对照比较，以确定该作品的分数。另一种是检核表和评定量表法。如果某个操作或作品可以分为几个方面和环节，则可以用检核表考查被试在每个环节上是否都做到了，评定量表则可以进一步评定被试的每一操作是否达到规定的标准及其符合理想特征的程度。

(五)学业成就测验的编制

1. 测验的目的

(1)教学前的测验

其主要考查学生是否具备学习所必需的技能(以确定其准备状态)；学生已达到计划中的教学目标的程度(给学生定位或者调整教学)。

(2)教学中的测验

其主要监测学习过程，检测学习中的错误，为学生和教师提供反馈。

(3)教学结束时的测验

其主要考查学生与预期的学习成果和表现标准相比达到的程度，也可作为下一个教学单元的预备测验。

2. 设计测验的操作细目表

(1)列出教学目标清单

按照陈述教学目标的方法，描述某单元的一般性教学目标及具体的学习成果。以小学二年级图形与几何的教学目标为例。

①认识图形。初步认识角，知道角各部分的名称，识别不同的角，初步学会用尺画角。

②测量。初步认识长度单位，初步认识线段，能估计一些物体的长度，体会统一长度单位的必要性。

③图形与位置。初步掌握全面、正确观察物体的基本方法。

（2）列出教学内容要点

①初步认识直角、锐角和钝角；会用三角尺判断直角、锐角和钝角；运用角的知识解决简单的问题。

②认识长度单位 cm 和 m；初步建立 1cm、1m 的长度观念，知道 1m＝100cm；会用尺子量线段的长度；会按给定长度画线段。

③知道从不同位置观察到的同一物体的形状可能是不同的；能辨认从不同位置看到的简单物体的形状；能辨认从不同位置看到的简单几何的形状。

（3）填写双向细目表

准备一个含有教学目标与教学内容两个维度的双向细目表，并具体说明测验题目和评价任务样本的特点。

纵向设计：各个知识在整个测验的知识范围内的相对地位和重要程度（确定各部分知识所占的比重）。

横向设计：了解各组知识在不同学习水平中的具体要求，从而决定相应的比例。

最后，汇总与调整。

表 7-1　操作细目表

知识领域	标题	内容标准	能力维度				分值	题型
			了解	理解	掌握	运用		
图形与几何	图形的认识	①初步认识角，知道角各部分的名称，初步学会用尺画角	√	√	√	√	5	填空 判断 操作
		②初步认识直角、锐角和钝角，会用三角尺判断直角、锐角和钝角；运用角的知识解决简单的问题					5	
	测量	①体会统一长度单位的必要性	√	√			5	填空 选择 操作
		②认识长度单位 cm 和 m，初步建立 1cm、1m 的长度观念，知道 1m＝100cm					15	
		③初步认识线段，会用尺子量线段的长度，会按给定长度画线段					10	
		④能估测一些物体的长度					10	
	图形与位置	①知道从不同位置观察到的物体的形状可能是不同的	√	√			10	观察与画图操作
		②能辨认从不同位置看到的简单物体的形状					10	
		③能辨认从不同位置看到的简单几何形体的形状					15	
		④初步掌握全面、正确观察物体的基本方法					15	
题目总分							100	

(4)准备测验题目时应考虑的问题

①将题目与预期的成果匹配。

知识性学习成果：……的名字(位置、特征、功能)是什么？

理解性学习成果：……的原因是什么？……和……的关系是什么？哪一个是……的例子？哪一个最恰当地概括了……

应用性学习成果：对于……来说哪一种方法最好？设计……的步骤是什么？下面哪一项指明了……的正确应用？下面哪一种解决方法对……来说是正确的？

②获得题目的代表性样本。

③减少妨碍表现的无关因素。

④避免客观题中的无意线索。

二、抽样与试测

(一)抽样

在统计学里，我们把所要考查的对象的全体叫作总体。其中的每一个考查对象叫作个体，从总体中所抽取的一部分个体叫作总体的一个样本，样本中个体的数目叫作样本的容量。总体中所有个体的平均数叫作总体平均数，样本中所有个体的平均数叫作样本平均数。

1. 简单随机抽样

一般所说的随机抽样，就是指简单随机抽样。它是最基本的抽样方法，适用范围广，最能体现随机化原则，原理简单。抽取时，总体中每个个体应有独立的、等概率被抽取的可能。常用的具体抽样方式有抽签法和随机数字法。抽签法是把总体中的每一个体都编上号码并做成签，充分混合后从中随机抽取一部分，这部分签所对应的个体就组成一个样本。随机数字表是由一些任意的数字毫无规律地排列而成的数字表。使用随机数字表进行抽样时，先给总体编号，然后从表中任意一个数字开始依次往下数，并把最后几位数字小于总体编号数字的选出，按研究要求组成一个样本。

从理论上讲，简单随机抽样是最符合随机原则的，而且分析抽样误差比较简明。但是这种方法在实践中受到一些限制，存在一些不足。例如，简单随机抽样需要把总体中每一个体编上号码，如果总体很大，这种编号几乎是不可能的。再者，这种抽样方法常常忽略总体已有的信息，降低了样本的代表性。例如，对某一地区的学生进行抽样，测试该地区学生的智力水平，重点学校与一般学校的学生是有差异的，如果不考虑这个因子，则所抽取的样本很可能抽到重点学校的学生多些，或根本没有重点学校的学生。这样，样本的代表性是不理想的，若充分考虑并利用重点与一般存在差异这一已有信息，可以设计出更好的抽样方法。另外，在进行大规模的抽样研究时，用抽签法是不可能的，而用随机数字表一个一个地抽，又太费时费力。

这时就得采用和简单随机抽样相似，但实施简便的等距抽样方法。

2. 等距抽样

等距抽样也叫机械抽样或系统抽样。在实施时，将已编好号码的个体排序，然后每隔若干个抽取一个。例如，调查某小学(N＝200)学生的兴趣爱好，采用等距抽样，n＝50，则每隔4个人抽一个，如1号、5号、9号……或2号、6号、10号……

一般来说，这种抽样方法比简单随机抽样简便易行，而且它能比较均匀地抽到总体中各个部分的个体，样本的代表性比简单随机抽样好。至于究竟间隔多远抽一个，视总体大小和样本所需容量而定。但是，如果总体具有某一种周期性变化，则等距抽样的代表性远不如简单随机抽样。例如，前面举的从小学抽样调查兴趣爱好的例子中，假如正好男女生的编号分别为奇数或偶数，则隔4个抽一个很可能全抽到男生或全抽到女生，由于兴趣爱好在男生、女生之间可能有明显差别，这时只用男生(或女生)的样本不能代表全体。另外，等距抽样同简单随机抽样一样也容易忽略已有信息。例如，从某个区县抽样调查小学五年学生的智力水平，已知该区县有两所重点小学(五年级学生分别为100人和150人)，根据总体及样本容量的要求，决定每隔200人抽一个，设一所重点小学学生的编号是508～609，另一所重点小学学生的编号是1249～1400，进行等距抽样时若从第10号开始抽，则抽到的学生为10、210、410、610、810、1010、1210、1410…这样，重点小学的学生一个都没抽到，显然是不合适的。

3. 分层随机抽样

分层随机抽样简称分层抽样，具体做法是按照总体已有的某些特征，将总体分成几个不同的部分(每一部分叫一个层)，再分别在每一部分中随机抽样。它充分利用了总体的已有信息，因而是一种非常实用的抽样方法。

对于一个总体究竟应该如何分层，分几层，要视情况而定。一个总的原则是，各层内的变异要小，而层与层之间的变异越大越好，否则将失去分层的意义。例如，从某小学抽样调查学生逻辑推理能力，根据以往的研究结果，低年级和高年级的逻辑推理能力有显著差异，因而进行分层抽样时就按低年级、高年级分为两层。有些复杂问题，常常还需要按两个或两个以上的分层标准进行分层。例如，以儿童为对象，进行研究时，要考虑到遗传、环境、年龄、性别等对儿童有影响的各种因子，在选取样本时，应该按照这些因子进行多个分层标准的分层抽样。

分层抽样由于充分利用了总体已知的信息，其样本的代表性及推论的精确性一般优于简单随机抽样。并且，分层抽样中层与层之间变异越大，分层的效果越好。

(二)试测

试测就是在正式测验之前，将初步拟定好的测题对有代表性的样本按正式测验的要求进行预备测验，然后以试测结果为根据，对测题进行整理、筛选和修改。

1. 试测的目的

在测题拟定过程中，根据测验的目的、性质、内容对测题进行反复的筛选和修改。这是必不可少的定性分析，但它可能在某种程度上带有主观性，经过试测可能还会发现一些意想不到的问题。此外，还需对测题进行数量化、客观性指标的定量分析。

试测的目的是：

①找出那些有问题的测题。如找出措辞不清楚、意义不明确、指导语不适当、选项不起干扰作用以及前后重复等测题。

②根据试测结果估计每个测题的难度、区分度，并对选择题的选项进行分析，为筛选、修改测题和按不同难度比率拼题提供依据。

③确定测验的题数和测验时限。

2. 试测的步骤

对于新编测验的试测一般分为以下 3 个步骤。

第一步，试测前将测题在小样本中试用。试用时，可在不十分严格控制的条件下，由命题者亲自主持，对 50～100 人的样本施行测验，以观察题型是否适用，并且发现测题是否有明显错误和缺点。试用结果不需进行完整的测题分析(指数量化分析)。

第二步，进行正式试测。抽取一个对被试总体有一定代表性的，至少含有 300 人的样本，在与正式测验基本相同的条件下，进行试测。然后根据试测结果估计每个测题的难度、区分度，对选择题的选项进行分析，并以此为根据对测题进行筛选和修改。如果被删掉、修改的测题比较多，则应在筛选、修改之后，再进行一次试测。

第三步，为检验整套测验再次进行试测。在对测题筛选、修改之后，就拼成一套测验。为了了解这套测验是否适用，估计测验的信度、效度并建立常模，还应对拼好的整套测验再进行一次试测。

3. 试测的注意事项

第一，试测对象应对正式测验的被试总体有一定的代表性；试测样本最好 400～500 人，至少 300 人。规模较大的测验，试测样本中应有不同地区、不同类别的学校以及不同年龄的人数比率。

第二，试测应按正式测验的要求进行。试测实施条件要与正式测验条件相同，特别是要激发被试积极作答的心理、认真严肃的态度，主动自觉地与主试配合。

第三，试测时限要充分。要使每个被试都能做完每一道题目，使所获得的每一道题的资料准确可靠。如果是速度测验，可将试测的题目按不同次序安排在两三套测验中。假如试测 30 题，可将这 30 题分成 A、B、C 3 组。在甲测验中 30 题的次序为 A、B、C；在乙测验中为 B、C、A；在丙测验中为 C、A、B。这样不仅保证每个题目都有人去做，而且消除了由于作答时间次序不同带来的差异。

第四，注意测题的保密。把新编的测题以循环的形式穿插安排在正式测验之中，以实现新编测验试测的保密性。

第五，要认真记录试测时被试的反应。例如，大多数被试完成测验所花的时间，哪些题目指令不清楚，哪些题意不明确，哪些地方印刷不清楚，等等。

三、项目分析

预试问卷施测完后，要进行预试问卷项目分析、效度检验、信度检验，以作为编制正式问卷的依据。项目分析的检验就是探究高低分的被试在每个题项的差异或进行题项间同质性检验，项目分析结果可作为个别题项筛选或修改的依据。为了得知测验的可行性与适用性，常会分析测验的难度和区分度。在试题分析中，将测验总得分前25％～33％设为高分组，测验总得分后25％～33％设为低分组，然后算出高低两组在每个试题上答对人数的百分比，根据高低分组在每个试题上答对人数的百分比算出试题的难度与区分度。

（一）难度

难度公式为：P=（PH+PL）/2。其中P为试题的总难度，PH代表高分组在某个题项上答对人数的百分比，PL代表低分组在某个题项上答对人数的百分比，试题的难度指标是高分组答对人数百分比加上低分组答对人数百分比的平均数。P值越大表示题目越容易，答对该试题的被试越多；相对的，P值越小表示题目越困难，答对该试题的被试越少。难度指标值为0～1，越接近0表示个别试题的难度越高；越接近1表示个别试题越简单；当难度指标值为0.50时，表示答对与答错的人数各占被试的一半，即该试题难易适中。一份较好的成绩测验应是大部分试题的P值为0.2～0.8。难度指标值以答对百分比来表示，因而变量性质属于次序尺度，且难度指标值不能进行四则运算。

（二）区分度

1. 区分度指数

区分度指数为：D = PH − PL。区分度表示的是高分组答对的百分比与低分组答对百分比的差异值，分析试题区分度指标值的主要目的在于判别试题是否具有区别被试能力高低的功能。一份具有区分度的测验，其个别题项所显示的是高分组在该试题上答对的百分比要高于低分组在该试题上答对的百分比，区分度指标值为−1.00～1.00。当区分度指标值为负数时，表示个别试题不具有区分度；当区分度指标值为正数时，其数值越大，代表题项的区分度越高；较佳试题的区分度，其D值最好在0.3以上。当被试测验得分的分布为正偏态时，多数被试的得分会偏低，表示测验试题题项的难度较高；相对地，当被试测验得分的分布为负偏态时，多数被试的得分会偏高，表示测验试题题项的难度较低。此两种情形所求出的题项区分度均不高。具有较好区分度的试题，其难度指标值大约是0.50，即难易适中的题项，其区分度最高。

2. 临界比值法

项目分析的判别指标中，最常用的是临界比值法，此法又称为极端值法，主要目的在于求出问卷个别题项的决断值——CR 值，CR 值又称临界比。量表临界比的理念与测验编制中区分度的观念类似，它是根据测验总分区分出高分组被试与低分组被试后，再求高低两组在每个题项的平均数差异的显著性，其原理与独立样本的 T 检验相同。项目分析后再将未达显著水平的题项删除，其主要操作步骤可以细分为以下几个步骤。

第一，量表题项的反向计分。有些量表题项间包括数道反向题，反向题计分刚好与正向题相反，如果未将反向题重新编码，则分数加总会不正确。以下列小学生焦虑自评量表为例。

①我觉得一切都很好，也不会发生什么不幸。(反向)

②我手脚发抖打战。(正向)

③我因为头痛、颈痛和背痛而苦恼。(正向)

④我感觉容易衰弱和疲乏。(正向)

⑤我觉得心平气和，并且容易安静坐着。(正向或者反向)

第二，求出量表的总分。将量表中所有受试者填写的题目得分求和，以求出各受试者在量表上的总分。

第三，量表总分从高到低排列。

第四，找出高低分组上下 27%处的分数。

第五，依临界分数将量表得分分成两组。给属于高分组的受试者新增一变量码为 1，低分组新增一变量码为 2。

第六，以 T 检验检验高低组在每个题项上的差异。

第七，将 T 检验结果未达显著性的题项删除。根据平均数差异显著性，删除未达显著性的题项；如果题项均达显著，使用者觉得题项太多会影响受试者填答意愿，则可以根据临界比的某一标准作为题项删除的准则。

在上述高低分组的分组中，27%的分组法理念来自测验编制的区分度分析方法，在常模参照测验中，若是测验分数值呈正态分布，以 27%作为分组时所得到的区分度的可靠性最大，在量表极端组检验中，采用 25%～33%的分组法均可，若是预试样本数较大，可以选取大于 27%的分组法；如果预试样本数较少，则可以采用小于 27%的分组法，因为预试样本数较少，采用 27%的分组法，原始得分中间组的被测者也会被纳入组别，会影响分析时的鉴别力。

3. 同质性检验法

在项目分析中，除了采用极端组法外，也可采用同质性检验法。同质性检验法包括题项与量表总分的相关，题项在量表共同因素中的因素负荷量，或整份量表的内部一致性信度检验值。若是量表的所有题项是在测量相同的构念或某种潜在特质，则个别题项与此潜在特质间应有中高程度的相关。此部分的分析可采用积差相关法，求出量表总分与量表每个题项的相关，若是相关系数小于0.4，表示个别题项与量表构念只是一种低度关系，题项与量表构念间的关系不是十分密切，此量表题项可以考虑删除。量表的潜在特质表示题项间具有某种共同因素，此共同因素的特质能有效反映每个题项，即量表所要测得的共同因素能有效解释量表个别题项的差异，每个题项在共同因素中应具有某种程度的因素负荷量，若是量表个别题项在共同因素中的因素负荷量小于0.45，表示共同因素能解释个别题项的变异小于20%(此数值为共同性)，则此题项也可考虑删除。

四、项目的编排和量表的标准化

(一)选择与审定试题

1. 选择试题形式，须考虑以下几点

①测验的目的和材料的性质。

②接受测验的团体的特点。

③各种实际因素。

2. 审定题目，应注意以下几点

①题目的范围应与测验计划所列的内容技能双向细目表相一致。

②题目的数量要比最后所需的数目多一倍至几倍。

③题目的难度必须符合测验目的的需要。

④题目的说明必须清楚明白。

(二)测题的编排

1. 测题编制的一般原则

①测题的难度排列适宜逐步上升。

②尽可能将同类型的测题组合在一起。

③注意根据各种类型测题本身的特点排列题目。

2. 常见排列形式

(1)并列直进式

并列直进式是指按试题类型或测验材料的性质将测题分配到几个分测验中，每一个分测验中的测题按难度由易到难排列。成就测验一般都采用这一方式，一个试卷一般分成几个大题(类似智力测验中的分测验)，每一大题中的小题则由易到难排列。

(2)混合螺旋式

混合螺旋式是将不同类型、不同性质的测题混合在一起，依照其难度而非类型的不同分成不同的层次，再以难度层次的不同作交叉式排列，如比内测验。

(三)量表的标准化

1. 测验内容的标准化

测验内容的标准化即对所有被测者施以同样的测验内容。测验内容就像心理实验中创设的实验条件(刺激)，通过同样的刺激作用而引发被测者不同的反应。测验内容在一张试卷(量表)上全部显示出来，包括同样的被测者指导语，同样的答题要求和同样的测题。测验内容的印刷要统一、工整、没有错误和遗漏。

2. 测验过程的标准化

测验实施中一切作用于被测者的外界条件应该相同，包括主试、指导语、测验的时限、外部环境等。

(1)主试

主试的年龄、性别、态度等因素都可能对被测者产生一定的影响。测验实施时，主试的各个方面条件要尽量保持一致，主试也要尽量创造一个宽松的气氛，与被测者建立友好的合作关系。

(2)指导语

指导语分两种，一种是给主试的，另一种是给被测者的。给主试的指导语要告诉主试如何实施测验，包括测验要求、测验时限、对出现的意外情况如何处理等。给被测者的指导语应介绍测验的目的、答题要求等内容，以便指导被测者完成测验。

(3)测验实施的外部环境

测验实施的外部环境条件也应该相同，这要求测验应在同一时刻和相同环境条件下施测。在测验实施时，要求环境完全相同是不可能的，但要保证环境的变异对测验结果的影响被控制在最小限度。

(4)测验的时限

测验的时限以大多数被测者能完成所有测题为宜，这在测验测试时就应该预先确定。

3. 测验评分的标准化

评分的标准化是指评分时使用完全客观的标准，使不同评分者对同一测题或一个评分者对几个等值的测题的评分能得到一致的结果。客观性试题都有唯一的正确答案，即标准答案。无论是人工评分还是计算机评分，评分误差都很少发生。

对论文式试题，评分也要尽量做到客观。由于不存在唯一的正确答案，在测试前就应想象出所有被测者可能做出的反应，然后将所有答案依其水平和层次的不同划分等级，每一等级内包括属于一定范围的答案。评分时先将答案归入某一登记范围之内，再根据其等级给予相应的评分。

4. 测验结果解释的标准化

所谓测验结果解释的标准化是指对测验分数高低优劣的判断要以一定的标准为依据。没有判断标准时，对测验的解释往往是主观和任意的。这一标准即常模。常模是指被测者团体测验中测验分数的平均水平，与常模相比较，就能判断出被测者分数在团体中的相对位置。

常模的概念在常模参照性测验中是必需的。在标准参照性测验中，对测验分数进行解释的依据不是常模，而是事先规定的某种标准，如掌握百分比、合格分数线等。这一标准是一种绝对的标准，与常模不同，它只与测题难度或要求高低有关，而与其他被测者的水平无关。

五、测量量表的鉴定

为了保证量表具有较高的可靠性和有效性，在形成正式量表之前，应当对量表进行试测，并对试测结果进行信度和效度分析，根据分析结果筛选量表题项，调整量表架构，从而提升量表的信度和效度。

(一)量表的信度

测验的信度又称测验的可靠性，是指同一个测验对同一组被测者施测两次或多次，所得结果的一致性程度。一个好的测验必须是稳定可靠的，多次使用所获得的结果是前后一致的。例如，用直尺测量长度，其结果是稳定可靠的；用橡皮筋测量长度则是不可靠的，前后测量结果缺乏一致性。信度是任何一种测量的必要条件(但不是唯一条件)，只有测量值接近或等于真值，用同一工具多次测量同一特性获得相同或相近的结果，才能认为这个测量结果是可靠的。信度对于教育测量尤其重要，只有信度高的教育测验才能成为教育工作者有用的工具，才能为教育工作者提供可靠的信息，为教育预测和决策提供客观依据。

1. 信度的估计方法

测验的信度是用信度系数的大小来表示的。在统计上，主要采用相关分析的方法即计算两列变量的相关系数，用相关系数的大小来表示信度的高低。主要用以下方法来求得信度。

(1)再测法

用同一测验对同一被测者，前后施测两次，根据两次测验分数计算相关系数，即是再测信度。该信度反映了测验的稳定性程度，故又称稳定性系数。用再测法估计信度，可以得到有关测验结果是否随时间而变化以及变化程度的资料，这些资料可以作为预测被测者将来行为表现的依据。但也存在明显的局限性：前后两次测验结果易受到练习和记忆的影响，前后两次施测的时间间隔影响稳定性系数，特别是对学绩测验的影响较大。如果时间间隔太长，被测者的身心因受环境影响将发生大的变化，从而对第二次施测结果产生较大影响，使稳定性系数降低；如果间隔太短，则被测者第一次完成测验时的练习和记忆会对第二次测验产生较大影响，使第二次测验性质发生变化。另外，有些测验不宜用再测法估计信度，如创造力测验，被测者一旦掌握了解决问题的办法、原则，重测时将会很容易做出反应，这样测验的性质就发生了改变。因此，只有在没有复本可用，测验不易受重复使用的影响，现实条件又允许重复施测的情况下才使用重测法估计信度。

(2)复本法

根据同一测验目的编制的许多平行的等值测验，可测定被测者的同一特征，这些等值的测验叫作复本。对一组受测者间隔一定时间或同时施测两个复本，根据两次测验结果求得相关系数，即得等值性系数，又称复本信度。对一组受测者间隔一定时间后施测两个复本所求得的稳定性系数又称等值稳定性系数。因为用这种方法求得的信度不仅受复本质量的影响，而且受时间练习等因素的影响，因此，等值稳定性系数更全面地反映了测验的信度。

(3)内部一致性信度

信度中的内部一致性信度，主要反映的是测验内部题目之间的关系，考查测验的各个题目是否测量了相同的内容或特质。内部一致性信度又分为分半信度和同质性信度。分半信度系数是通过将测验分成两半，计算这两半测验之间的相关性而获得的信度系数。测验越长，信度系数越高。同质性信度是指测验内部的各题目在多大程度上考查了同一内容，通常使用的是克伦巴赫 α 信度系数。

2. 提高测验信度的方法

(1)适当延长测验的长度

测验的长度主要指量表所包含的题目多少。对一个测验来说，测验的题目越少，得分越容易受偶然因素的影响，故测验的信度越低。反之，如果测验题目较多，即测验长度延长，扩大了被测者得分范围，可在一定程度上排除偶然因素的影响，从而提高测验信度。但是测验信度的增加并不是等比例提高信度系数。当信度系数较小时，延长测验长度信度系数增加较大；当信度系数已经较大时，延长测验长度对信度系数的影响就较小了。而且，在延长测验长度时，还需考虑其他因素的影响，如被测者在回答问题时是否疲倦或产生厌烦情绪，是否节省时间、物力和财力，测题是否符合测验目的等。

(2)测验的难度要适中

难度即测验的难易程度，当测验难度太大时，被测者得分普遍太低，呈正偏态分布；当测验难度太小时，被测者得分普遍较高，呈负偏态分布。太难太易的测验都使被测者得分差异减小，使实得分数方差减小，从而降低测验信度。

(3)测验的内容尽量同质

同质的测验内容，对被测者也要求相同的能力、知识和技能；而内容不同质的测验，则要求被测者不同的能力、知识和技能。因而为了提高测验信度，测验内容应尽量同质。

(4)测验的程序要统一

这包括测验的题目、指导语、回答问题的方式、分收试卷的方法、测验时间等都要统一。

(5)评分要客观

评分是否客观对测验信度有直接的影响。对于客观性题目，评分标准明确，评分容易做到客观；但对于主观性题目，受评分者影响较大，不易做到客观。为了尽可能客观评分，应制定明确而易掌握的评分标准，尽量做到一卷多评，或一人只评一题等。

(二)量表的效度

效度(validity)是指测量的有效程度或测量的正确性，即一个测验能够测量出所要测量特性的程度。例如，用直尺测量长度是有效的，而用来测量温度则是无效的。对效度的定义可进行如下理解：第一，任何一种测验只是对一定目的来说才是有效的。第二，测验的效度是对测量结果而言的，即一种测量工具只有经过实际测量，才能根据测量结果判断它的效度。第三，测验的效度是相对的而非绝对的。测验是根据行为样本，对所要测量的心理特性作间接推断，只能达到某种程度的准确性，而没有全有、全无的差别。效度在教育测量中有重要的意义。对一个测验来说，效度比信度更为重要，测验首先要保证能如实地测量出所要测量的东西，否则，这种测量将是没有意义的。在教育测量中，效度问题尤其重要。首先，学生的心理活动特征与其外部表现之间，仅有相关关系而没有严格的函数关系，外部行为有时并不能准确地反映某种心理状态。其次，教育测量对象是有主观能动性的人，人能够有意识地调节自己的外部行为，掩盖自己的内心活动，这就更增加了教育测量的难度。

1. 效度的类型与估计

(1)内容效度(content validity)

内容效度是指测验目的代表所欲测量的内容和引起预期反应所达到的程度。例如，对以考查学习成绩为目的的测验来说，“所欲测量的内容”是指教学大纲所规定的全部教材；“引起预期反应”是指学生学习这些教材所产生的行为变化，如对教材的记忆、理解和应用。

在编制测验时，内容效度是一个相当复杂的问题。例如，教师编制学绩测验，其目的是了解学生在某一学科或专题上对知识的掌握情况，若条件允许，应该对大纲规定的所有内容进行全面考试，这显然是行不通的，只能从这一范围总体内容中选取有代表性的题目，组成测验，根据测验分数推论学生对该范围总体知识的掌握。若测验题目较好地代表了这个知识范围，则推论是有效的，即测验的内容效度高；若选题有偏差，则推论是无效的，即测验的内容效度低。从另一方面看，测验题目所引起的被测者反应(是一个样本)，若能代表其对本学科或专题的全部行为反应，也说明该测验是有效的；反之，则是无效的。因此，一个测验要有较高的内容效度应具备如下两个条件：第一，要有定义好的内容范围；第二，测验题目取样应有代表性。估计内容效度的方法主要依靠专家进行逻辑分析，即请有关专家对测验题目与原来的内容范围是否符合进行分析，做出判断，看测验题目是否较好地代表了原来的内容。另外，有经验的任课教师对本学科测验的内容效度有较好的判断。当然，若能与有关专家配合会更好些。

(2)结构效度(construct validity)

结构效度又称构想效度，是测验对某一理论概念或心理特质测量的程度。即某测验对所要测量的结构或心理特质实际测量的程度。一般来说，学科测验主要看内容效度，心理测验主要看结构效度。判断内容效度更容易一些，有教学大纲作依据；判断结构效度更难一些，因为理论结构和心理特质不易把握。因此，要编制有构想效度的测验，首先要建立理论结构。例如，智力测验，先要确定关于智力的一套理论，如智力的概念、结构、与环境的关系、与年龄的关系、与性别的关系等，在理论的基础上提出若干假设并编制测题。

确定结构效度主要采用因素分析法，通过因素分析找到影响测验分数的共同因素，在测验分数的总变异中来自有关因素的比例，可以作为构想效度的指标。

(3)预测效度(predictive validity)

预测效度又称实证效度，是指一个测验对个体将来的行为或获得的成就进行预测时的准确性。一个测验预测得越准确，预测效度越高。被预测的行为或成绩是检验预测效度的标准，简称效标(criterion)，即衡量测验有效性的参照标准。效标是估计预测效度的主要依据，应具备如下一些条件：第一，有效性。效标测量本身必须有效。第二，可靠性。效标测量要具有较高的信度。第三，客观性。在效标测量时要防止受评定者主观印象和成见的影响，要防止效标污染。效标污染是指由于主试知道某个人原来的测验成绩，因而影响了在效标测量中对这个人的评定分数。第四，效标测量应该简单省时，经济实用。一般常用学业成就、等级评定、临床诊断和实际的工作表现作为效标。

估计预测效度的主要方法是：第一，相关法，即求某测验分数与效标测量间的相关，所得结果即效标系数。当测验分数与效标测量分数都是连续变量时，用积差相关公式求相关系数。当测验分数是连续变量，而效标测量分数是二分变量时，可用二列相关公式计算效度系数。第二，区分法，即看原先测验的分数是否可以区分由效标测量所划分的团体。例如，某工厂通过测验录用了一批工人，过一段时间后，根据工作成绩将其分为称职和不称职两种，然后回过头来检查他们的测验分数，看看两组在测验上的平均分数是否有显著差异。若有显著差异，说明测验是有效的；若差异不显著，说明测验是无效的。

2. 提高测验效度的方法

(1)控制系统误差

系统误差是影响测验效度的主要因素。它主要包括仪器不准、题目和指导语有暗示性、答案安排不当(被试可以猜测)等，控制这些因素可以降低系统误差，提高效度。

(2)精心编制测题和测验量表

第一，测题内容要适合测验目的，如知识性测题就不能全面反映被试的智力水平，它主要测量其知识水平；第二，测题要清楚明了，用语要让被试理解，排列由易到难；第三，测题的难度和区分度要合适。

(3)严格按照测验程序进行测量，防止测量误差

要严格按照测验手册进行测量，不能进行过多的解释，按标准评分，两次测验间隔要适当。

(4)样本容量要适当

当样本容量增大时，样本对总体的代表性提高，被试的内部差异增大，扩大了真分数的方差，使效度提高。样本容量一般不应低于30。另外，抽样方法也很重要，一般用随机抽样法，当群体很大时，可分层抽样，样本容量扩大时，其代表性才随之增大。

(5)适当增加测验的长度

增加测验的长度可提高测验的信度，也可以提高效度，但增加测验的长度对信度的影响大于对效度的影响。

六、量表与测验的使用

(一)测量者的资格

测量者的知识结构是指开展教育测量工作所必须具备的基础知识和与专业相关的知识。其中基础知识包括教育学、心理学、测量学和统计学的知识。专业技能是指主试者必须有实际操作教育测验的专业技能和经验，接受了严格系统的教育测验专业训练，熟悉有关测验的内容、使用范围、测验程序和记分方法等。另外，测量者还必须遵守测量工作的伦理道德：第一，测验的保密和控制使用——对测验材料勿传播、勿泄露；第二，测验中个人隐私的保护——资料由专业人员保管。

(二)测验前的准备

1. 测验前的准备工作

①预告测验。使被试有充分的准备，及时调整自己的情绪和生理状态。

②准备测验材料。测验材料包括测试题目、答卷纸、指导书、记分键、纸、笔、计时表等必需材料。

③熟悉测验指导语。主试在测验前要熟悉测验指导语并能流利地用口语说出来，这是对教育测验实施的最基本要求。

④熟悉测验的具体程序。测验的实施并不仅仅是分发、收集试卷，对于某些测验来说，测验的实施必须由受过专门训练的人来完成。例如，测验可能涉及如何摆放物体等具体程序，所以主试必须熟悉测验的具体程序。

2. 测验中主试的职责

①不带暗示性用语和手势，用中性表达方式。

②测验前不讲太多无关的话。

③对于被试的反应，主试不做暗示性动作。

④对特殊问题要有心理准备。

3. 建立协调关系

与被试者建立良好的协调关系。防止被试对测验产生“阻抗”，不合作或者出现“测试焦虑”，影响测验结果。

(三)测验的实施

第一，严格宣读指导语。主试不要任意发挥和解释，但要让被试清楚明白如何完成测验。指导语的内容主要包括以下几个方面。

①如何选择反应形式。

②如何记录这些反应。

③时间限制。

④如果不能确定正确反应时该如何操作。

⑤如果有需要，就演示例题。

⑥有时告知被试测验目的。

第二，严格遵照测验的时限。

第三，测验的环境条件。尽量避免环境的影响和无关因素的干扰。

七、量表与测验的评分

(一)原始分

原始分就是按照量表进行反应后所得的分数，又叫作粗分。原始分尽量保证客观评分，只有客观评分，才能把分数的差异完全归于被试的差异。客观评分的要求有以下几个方面。

①及时而清楚地记录反应情况。

②要有一张标准答案或正确反应表格，即记分键。

③将被试的反应和记分键进行比较，对反应进行分类。

(二)常模分数

1. 常模

测验常模简称常模，指一定人群在测验所测特性上的普遍水平或水平分布状况，可分为组间常模和组内常模两大类。前者有年级、年龄常模，反映不同群体在测验上表现的差异；后者有百分等级、标准分数和离差智商等常模。常模是一种供比较的标准量数，由标准化样本测试结果计算而来，其形式大致有如下几种。

①均数是常模的普通形式，一般临床量表大都采用这种形式。某一受评者所得

成绩(粗分)与标准化样本的平均数相比较时，才能确定其成绩的高低。

②标准分均数所说明的问题还是有限的。只看均数，不注意分散情况，所得受评者的信息非常有限。比如，用标准分作常模，便可提供更多的信息。标准分能说明受试者的评定成绩在标准化样本的成绩分布图上居何位置。标准分(Z)=受试者成绩(X)与样本均数(x)之差除以样本成绩标准差(SD)。简化成 Z=(X－x)/SD。这样一来，不仅说明了受评者的成绩与样本比较在其上或在其下，而且还说明了相差几个标准差。

③百分位数(Percentile Rank，PR)。这是另一类常用常模，比标准分应用得早，且更通用。它的优点是不需要统计学的概念便可理解。习惯上将成绩差的排列在下，好的在上，计算出样本分数的各百分位范围。将受试者的成绩与常模相比较，如相当百分位 50 (P50)，说明此受试者的成绩相当于标准化样本的第 50 位。也就是说，样本中有 50%的人数，其成绩在他之下，另有 50%人数的成绩比他要好。又如，P25 说明样本中 25%的成绩在他之下(或至多和他一样)，另有 75%人数的成绩比他要好。以此类推。

④划界分(Cut-Off Score)。在评定量表中，特别是某些用于特殊人群的临床量表，由于其样本常常不是正态分布，不具备制定标准分常模的条件，而多采用划界分常模。用于筛查的量表中也常用此种常模。划界分是指用一具体量数，对评定结果进行划界。

除上述常模形式外，还有其他性质的常模，如年龄常模(按年龄分组建立，多用于儿童和老年人量表)、区域常模和各种疾病诊断常模等。从可比性上看，常模越特异越有效；从适应性上讲，则通用常模使用方便。

2. 常模的建立步骤

①科学抽样，从清楚而明确地定义的“特定人群”总体中，抽取容量足够大并确具代表性的被试样组。

②要用拟建立常模的测验，采用规范化施测手续与方法对标准化样组(常模组)中的所有被试，施测该测验，以便恰当而准确地收集到所有这些被试在该测验上的实际测值。

③对收集到的全部资料进行统计分析处理，真正把握被试样组在该测验上的普遍水平或水平分布状况。

3. 常模的作用

常模的作用是让测验者明白测验结果分数的意义。教育测验如果以筛查和选拔为目的时，就需要将个体成绩与某个群体的成绩进行比较，来确定个体成绩的高低，如同一个医生量一下就可以知道你的血压是否偏高偏低一样，教育测量也希望达到类似的目的。

4. 常模团体

常模团体是由具有某种共同特征的人所组成的一个群体，或者是该群体的一个样本。常模团体在某方面的心理特质：常模是用一个标准的、规范的分数表示出来，以提供对个体进行比较或评价的基础。任何一个测验都有多个可能的常模团体，如智力测验分儿童智力测验和成人智力测验。对测验编制者来说，常模的选择主要基于对所要施测的总体的认识。常模团体必须能够代表所要研究或施测的总体，具体工作包括：确定一般总体、确定目标总体和确定样本。对测验的使用者来说，要考虑的问题是，现有的哪个常模团体最适合。标准化测验通常提供许多原始分数与各种常模的比较转换表。有时能够适用的常模团体不止一个。

常模团体具备以下几个条件。

①群体的构成必须明确界定。定义常模团体的标准(变量)有：性别、年龄、职业、教育水平、社会经济地位和种族等。

②常模团体必须是所测群体的代表性样本。

③样本大小要恰当。取样误差与样本的大小成反比。样本大小一般为30～100，全国性样本为2000～3000，最好为题量的5倍。样本大小适当的关键是样本要有代表性。

④标准化样组是一定时空的产物。

(三)学业成绩测验的目标分数

另一类分数的解释是以目标分数为参照的。一般教育测量的目标是采用布鲁姆的教育目标分类系统。该系统把教育目标分成3个领域：认知领域、情感学习领域和动作技能领域。布鲁姆把认知领域的教育目标分为六级：知道、领会、运用、分析、综合和评价。

1. 知道

知道指对先前学习过的知识材料的回忆，包括具体事实、方法、过程和理论等的回忆。“知道”又叫“知识”，是认知领域中最低水平的认知结果，它所要求的心理过程主要是记忆。知识又分为具体的知识、处理具体事物的方式方法的知识和某一领域普遍和抽象的知识。

2. 领会

领会亦称理解或领悟，是较低层的处理各种材料和问题的理智操作方式，是指把握知识材料意义的能力。领会超越了单纯的记忆，代表着最低水平的理解，它又可分为转化、解释和推断3种。

3. 运用

运用指在具体的情境中使用抽象概念，这些抽象概念包括一般的概念、程序的规则或概括化的方法，以及专门性的原理、观念和理论。运用代表了较高水平的理解。比如，用二元一次方程解答工程性质的应用题；又如，把其他文献中已经提出来的新论点用来引证自己类似的实验结果。

4. 分析

分析指将一种传播内容(现象、事物和过程)分解成为它的组成因素和组成部分，以便弄清各种观念的有关层次，或者弄清所表述的各种观念之间的关系。分析比运用的智能水平更高，可分为要素分析、关系分析和组织原则分析 3 种。

5. 综合

综合指将各种要素及组成部分组成一个整体，以构成更为清楚的模式或结构。综合强调的是创造能力，包括进行独特的交流、制订计划或操作步骤和推导出一套抽象关系 3 个方面的内容。

6. 评价

评价指为了一定的目的，对某些观念和方法等的价值做出判断。评价是最高水平的认知学习结果，包含根据内部准则判断和依据外部准则判断两方面的内容。

从教育目标划分标准来看，布鲁姆所用的标准是测量学的，无论是知识、领会、应用、分析、综合还是评价每一个教育目标都是围绕着如何测量或操作的角度提出的。

八、量表分数的解释

(一)测验结果的综合分析

①应根据心理测验的特点进行分析。应该把测验分数视为一个范围而不是一个确定的点。结果是相对的(勿机械使用结果)，要留有余地(考虑到影响因素)，要以发展的眼光，公正的态度去看待，避免成见。

②不能把分数绝对化，不能仅仅根据一次测验的结果轻易下结论。任何一个测验的分数，都是他的遗传特征、测验前的学习与经验以及测验情境的函数。

③为了对测验分数做出确切的解释，只有常模资料是不够的，还必须有测验的信度和效度资料。

④对于来自不同测验的分数不能直接加以比较。因为测验内容、标准化样本组成和量表单位不同，所以分数无可比性。

(二)报告分数的具体建议

①不应把测验分数直接告诉被试本人或家长、教师和学校相关人员，应告诉的是分数的解释和建议。

②避免使用专业术语。

③要保证当事人知道这个测验测量或预测什么。

④要使当事人知道他是和什么团体在进行比较。

⑤要使当事人知道如何运用他的分数。

⑥要考虑测验分数将给当事人带来什么心理影响。

⑦要让当事人积极参与测验分数的解释。

案例

量表样例——中学生心理健康问卷(MHT)

(周步成修订)

班级：　　　　　姓名：　　　　　性别：

一、指导语

A. 这些测题是调查你的心情和感受的，不是测验智力和学习能力的，与学习成绩无关，答案也没有好坏之分，请按照你平时所想的如实回答。

B. 回答方法。本测验每一问题都只有"是"和"否"两种答案。请在相应的答案上打√。

二、问卷项目

(1)你夜里睡觉时，是否总想着明天的功课？　是　　否

(2)老师在向全班提问时，你是否会觉得是在提问自己而感到不安？是　　否

(3)你是否一听说"要考试"心理就紧张？是　　否

(4)你考试成绩不好时，心里是否感到不快？是　　否

(5)你学习成绩不好时，是否总是提心吊胆？是　　否

(6)考试时，当你想不起来原先掌握的知识时，你是否会感到焦虑？是　　否

(7)考试后，在没有知道成绩之前，你是否总是放心不下？是　　否

(8)你是否一遇到考试，就担心会考坏？是　　否

(9)你是否希望考试能顺利通过？是　　否

(10)你在没有完成任务之前，是否总担心完不成任务？是　　否

(11)你当着大家的面朗读课文时，是否总是怕读错？是　　否

(12)你是否认为学校里得到的学习成绩总是不大可靠的？是　　否

(13)你是否认为你比别人更担心学习？是　　否

…………(省略)

三、计分方法

第 84，94，96 道测题，选"a""是"答案者记 0 分；选"b""不是"答案者记 0 分。其余测验项目均是：凡是在"a"上选"是"答案者记 1 分；在"b"上选"不是"答案者记 0 分。将原始分对照常模查出量表分。(常模附后)

四、结果解释

①效度量表的解释：效度量表的原始分≥7 分，则测验结果不可信。要在适当的时候重新进行测验。

②整个测验的解释：将各个分测验的标准分相加就是整个测验的标准分。整个测验的标准分≥65 分，该生情绪状况总体上不良，焦虑情绪较严重，有适应障碍，需要给予特别辅导。整个测验的标准分<65 分，该生情绪状况总体上正常，但需要进一步了解各分测验得分的情况。

③各分测验的解释：如果一个分测验的标准分≥8分，属高分，说明学生在该项目上有困扰或障碍，需要给予特别辅导。如果标准分＜8分，属低分，说明学生在该项目上正常。

a. 学习焦虑(由第1、2、3、4、5、6、7、8、9、10、11、12、13、14、15道测题组成)。

高分(8分以上)：对考试怀有恐惧心理，无法安心学习，十分关心考试分数。这类人必须接受为他制订的有针对性的特别指导计划。

低分(3分以下)：学习焦虑低，学习不会受到困扰，能正确对待考试成绩。

b. 对人焦虑(由第16、17、18、19、20、21、22、23、24、25道测题组成)。

高分(8分以上)：过分注重自己的形象，害怕与人交往，退缩。这类人必须接受为他制订的有针对性的特别指导计划。

低分(3分以下)：热情，大方，容易结交朋友。

(省略)

本章小结

本章主要学习的内容包括：教育测量的含义，测量问卷的分类，以及问卷的编制和使用。学习本章后，同学们需要重点掌握问卷的编制过程，如何估计问卷的信度和效度，以及正确理解教育测量的分数。另外，同学们还需要通过网络数据库来收集小学生常用的问卷，便于以后的教育测量研究的开展。

关键术语

教育测量，抽样，常模，项目分析，难度，区分度，信度，效度

思考题

1. 教育测量量表的分类有哪些?
2. 量表的编制步骤有哪些?
3. 如何进行项目分析?
4. 什么是量表的信度，如何估计量表的信度?
5. 什么是量表的效度，如何估计量表的效度?
6. 如何正确理解量表的分数?
7. 如何将分数解释给受测者?

实训练习

要求学生根据所学的测量知识，结成小组编制一个教育测量的量表。量表编制的报告模板如下。

________量表

第____小组成员：(如果有分工，注明各自负责的因子)

1. 背景和目的
2. 编题计划

   确定因子

   确定题目数量
3. 编辑测验题目过程

   题目来源

   选择题目形式
4. 预测与项目分析

   预测过程(问卷题目、样本选择和时间等情况)

   项目分析(难度、区分度和质的分析)
5. 合成测验

   测验项目的选择

   测验项目的编排
6. 测验标准化

   测验内容

   施测过程

   测验评分
7. 鉴定测验

   信度(分量表和总量表)

   效度(构想效度)
8. 附原始问卷和最终问卷

拓展阅读

1. 戴海崎，张锋，陈雪枫. 心理与教育测量[M]. 广州：暨南大学出版社，1999。

这本书详细介绍了心理与测量的专业知识和常用的心理与教育量表的使用。

2. 吴明隆. SPSS统计应用实务(问卷分析与应用统计)[M]. 北京：科学出版社，2003。

这本书详细介绍了如何使用 SPSS 统计软件来进行问卷编制和分析的操作。

第八章　历史研究

【本章要点】

历史研究是在教育科学研究领域中应用广泛的研究方法之一。历史研究的本质不在于单纯地描述具体的历史事件、历史史实或历史人物，而在于探求研究对象本身的发展过程和人类认识该研究对象的历史发展过程。历史研究法与其他教育科学研究方法相比具有自身的特殊性。本章主要介绍历史研究的含义、特点、研究方法和研究步骤等内容。

学习目标

1. 理解历史研究的含义和特点。
2. 了解历史研究的主要作用、应用范围和具体方法。
3. 重点理解和掌握历史研究的具体步骤，以及研究中要注意的问题。

导入案例

拉伊和他的实验教育学

拉伊在1903年出版了他的《实验教学论》。这本书1905年推出第2版，1910年推出第3版。迄今未见中译本。他在1908年出版了他的《实验教育学》，1912年和1918年分别推出第2版和第3版。1938年由商务印书馆出版中译本；1996年由人民教育出版社再次出版中译本。

然而，商务印书馆1930年出版的《教育大辞书》中说，拉伊在1903年，出版《实验教育学》一书，"实验教育学"之名词，始于拉伊所著《实验教育学》(*Experimentelle Didaktik*，1903)一书。又如，商务印书馆1935年出版的《现代西洋教育史》中说，在1903年，拉伊才公布他的《实验教育学》；又提到《实验教育学》1912年的版本。商务印书馆的这两本书中的表述实际上是把拉伊的两本书搞成一本了。新中国成立以后我国一些教育类工具书、教育理论和教育历史的书籍，搞错了的确实不少。比如，河南大学出版社1992年出版的《教育实验学》第2页，说"另一位德国教育家拉伊1903年写出了《实验教育学》一书"。广东教育出版社1996年出版的《近代西方教育理论在中国的传播》第259页，说"拉伊于1903年写成《实验教育学》一书"。由此可见，对于历史资料需要研究者准确的考证才能把握，这体现了历史研究的价值。

第一节　历史研究概述

一、历史研究的含义

了解历史研究之前，我们首先要了解什么是历史。在《牛津大字典》中将"历史"一词定义为一个国家民族团体发展的研究，强调历史是人类成就的有意义的记录，但它远超过一种记载，而是一种研究，是对人物、时间、地点之间关系的全面真实的说明。历史现象是人类在社会生活的运动、变化、发展过程中活动的产物，是人类所经历和创造的一切，既包含客观事物自身发展的过程，也包含人类认识客观现实的反映过程。历史是一门科学，有自身的原理、方法和组织形式。我们通过历史来了解过去，并试图通过过去的事件及其发展来理解现实的事物。

基于对历史的简要分析之后，我们会思考历史研究法的含义又是什么呢？历史研究法是依据研究目的，借助史料对过去发生的事情进行分析、破解和整理，以认识研究对象的过去、现在和预测其未来的一种研究方法。这种方法的实质在于探求研究对象本身的发展过程和人类认识该事物的历史发展过程，而不是单纯地描述具体的历史事件和历史人物的活动。

历史研究法是一种很有价值的研究方法。第一，通过历史研究获得的大量史实资料，既能为现实事件提供可参考借鉴的信息，也有助于理解现实问题发生发展的原因。这也就是所谓的“以史为鉴”。早期的历史研究比较注重发现和叙述过去所发生的史实。但在近现代的历史研究中，研究的目的强调诠释现在。即依据对历史事件的研究，了解当今社会的历史背景，使历史上的改革通过研究而服务于现实，从而实现“古为今用”的价值。第二，历史研究法对于预测未来趋势也十分有价值。历史研究通过研究错综复杂的历史事件，发现事件间的因果关系以及发展规律，为人们了解现在和预测未来奠定基础。所以，历史研究，可以告诉人们什么是可能的、什么是不可能的，从而避免人们重复历史的错误。

在教育研究环境中运用历史研究法，就会形成教育科学的历史研究法，简单地说，也就是以历史研究方法来研究教育科学，即通过收集某种教育现象发生、发展和演变的历史事实，并加以系统客观的分析研究，从而揭示其发展规律的一种研究方法。

用历史法研究教育，涉及的主要对象是教育活动的历史，是教育事件和教育理论发生、发展、演变过程的历史规律。这里所说的教育事件，指各个历史发展阶段的文化教育政策、教育实施、教育制度的发展演变，社会上的教育变革与教育家们所做的各种教育实际活动等；这里所说的教育理论，包括历代教育家的教育思想、教育思潮以及教育流派的理论观点等。采用历史研究方法，主要揭示一定时期的教育事件和教育理论如何受当时社会政治经济、文化科技、哲学宗教等条件的制约和影响，同时又继承以往时期的教育传统而形成一个时代或时期教育发展的独特模式和传统形态。

在严格意义上讲，任何科学都是一门历史科学，没有科学的历史研究，就不会产生真正的科学。任何一门学科要想成为真正的科学，就必须运用历史研究法来认识它的过去，研究现在和预测未来。尤其是作为社会科学的教育科学，在它向现代化科学发展的进程中，历史研究法将发挥其重要价值。

二、历史研究的主要作用

(一)揭示教育发展的规律和特点，促进我们对现代教育实质的认识

什么是现代教育，它是怎么产生的，它的基本特点是什么，现代教育与传统教育有什么异同……要回答这些问题，不仅要研究时代发展特点及其对教育提出的新要求，而且要做历史研究。原因在于，现代教育的产生，一方面它是一个历史的发展过程，现代教育继承了传统教育中的合理部分，它经历了从传统教育思想的改造到现代教育体制理论的形成几个发展阶段进而具备了现代教育的基本特征。另一方面作为现代教育，它必须具有区别于传统教育的新思想、新观点、新的哲学理论基础和新的研究方法，有它产生发展的必然性、现实性，而不仅仅是对原有教育理论

体系的简单修改、补充和完善，它的产生是对当代教育理论和实践所面临的时代挑战的回答。历史研究是现实事件研究的基础，是为现实事件研究服务的，通古今之变化的目的就是为了改造现实。因此，面对当今和未来科技与社会发展提出的挑战，我们必须立足于现代教育的高度来思考问题。

(二)有助于我们借鉴历史经验，预测教育发展未来的方向

教育的历史现象、过程及规律经常反复重演并对现实社会教育施加影响，这是由大量事实所证明过的。现实教育是历史的发展，与过去存在着相关或因果关系。通过历史研究，我们接受历史经验教训，把握教育事件发展的规律，从而进一步促进教育发展并提高科学化水平，使不断的历史反思成为人类文明历史所积淀形成的一种文化历史心态，成为我们一种不可或缺的思考习惯。

(三)有助于我们拓展新的教育研究领域和研究课题

历史研究虽然方法悠久，但是在现代社会里，仍然不失为重要研究方法，它的使用可以帮助我们拓展现代教育研究领域和内容。我们通过这种方法发现新的研究课题，纵向深入思考当今社会的新问题，并与历史问题做对比分析，做出预判。从这层意义上讲，历史研究可以丰富并提高研究人员的评判水平和分析能力。

三、历史研究的特点

(一)历史性

在历史研究中，研究者主体与作为被研究客体的历史现象之间是一种非共存的历史性关系，研究者只能在其所处的时代环境中去认识过去所发生的事件。历史研究的历史性首先表现在研究对象上，主要研究过去发生的教育事件。其研究的目的是通过对历史上教育事件的实际发展过程及具体事件内容的考察，用以探究教育活动发生、发展、演变的历史规律，并对它未来发展趋势的可能性提出科学预言。其次，在研究过程上，历史法是按照历史的时间顺序和空间范围再现历史过程的，即从客观事物发展的历史角度来研究。因而，研究者对史料的解释一定要尊重其所提供的原始信息，不能将自己的想法强加给历史，也不能用时人的观念揣度古人，更忌讳在材料不充分的情况下进行轻率推测和主观臆断。

(二)具体性

历史研究是生活在当今社会的人对过去教育现象的一种探究活动，通过对某个教育事件的发展状况与过程或对某位教育家的教育思想的系统阐述，揭示教育的发生、发展、演变的历史规律，以达到借过往推未来的目的。历史研究是在借助丰富具体的文献资料的基础上，揭示教育现象发展过程中的历史形式和内容以及各种相关因素，从而客观、准确地描述和解释以往的历史事件，这使历史研究成为一项重要而又艰巨的工作。为此研究者必须把握最能说明问题的具体史料。例如，要研究历史上的某种教育思潮，研究者必须收集足以说明该思潮产生与发展的时代背景、

思想特点、社会价值与历史作用等方面的具体而全面的历史资料以及有关学者的思想著述，以此来反映和揭示该思潮的本质特征和意义。因此要掌握真实、丰富的史料，文献资料的收集和鉴别工作就显得非常重要。

（三）文献性

历史研究的前提是要有丰富而翔实的文献资料，因此能否获得研究对象的相关文献资料，以及所获得的文献资料是否翔实，对于开展历史研究和历史研究能否顺利有效进行，以及能否达成研究目的是至关重要的因素。历史研究所需的文献资料需要研究者去收集和整理，这就要求研究者必须尽量收集资料、查阅相关文献如史料档案、考古记录、出土文物，以及民间的各种历史典故、故事和传说籍注等。只有获得丰富而翔实的文献资料，才能为揭示史实创造条件，如果缺失了文献资料，研究就难以深入地开展。这充分说明文献性对于历史研究的重要意义和价值。

（四）诠释性

虽然历史研究是研究过去所发生的事件，但这些事件是如何发生的，是社会性占主导还是自然性占主导，是一种必然还是巧合的偶然的，这就需要研究者通过史料的收集，对研究对象进行描述和诠释时尽量还原历史真相。当然，完全还原历史几乎是不可能的，但尽量还原历史还是可以做到的，这就要看研究者如何诠释历史，或者研究者能否恰当地运用史料诠释历史上不同时代对历史的理解和分析。研究者如何诠释历史，这是历史研究的关键要素之所在。例如，用马克思主义辩证法诠释历史与用主观唯心主义诠释历史，所得出的结论肯定是不同的，甚至是截然相反的。研究者应尽量尊重史料，尽量减少自己的偏见与好恶，真实地诠释历史，保证历史研究的公平公正是非常重要的。

（五）考证性

开展历史研究时，其研究对象可能是某历史人物或历史事件，也可能是不同历史时期的社会、政治、经济及文化等方面的史实。但这些都需要有据可查，否则就可能出现歪曲历史或者杜撰历史的情况，从而弱化历史研究的可信度。例如，“孟母三迁”，历史上是否真实存在这一事件还是传说，这就需要进行考证，拿出历史证据，如果真实情况不是这样就应该讲清楚这是传说。这是一种尊重历史、尊重科学的态度。另外，历史研究需要对历史文献资料的真实度和可信度进行考证。历史研究需要丰富的文献资料，但这些资料是否真实可靠，需要持谨慎态度。必须用考证的思维验证文献资料的真实可靠度。不能以讹传讹地进行历史研究。考证资料的真实可靠性，这是开展历史研究的内在要求，也是历史研究科学性的内在规程所要求的。

四、历史研究在教育科学中的应用范围

在教育科学课领域做历史研究主要是对过去人们的教育思想理论和教育实践经

验进行文献查阅、考证分析、探索总结。具体来说，主要应用在以下几个领域的研究内容上。

(一)研究不同历史时期教育发展的情况

中外教育史从古代到近代再到现代，有丰富的教育理论和教育实践内容。要对中外教育史某个时期的教育发展情况进行历史分析，就需要运用历史研究方法。比如，研究我国封建社会某朝代官员选拔制度的改革，某个国家某一时期的文化道德教育概况等。

(二)研究历史上教育家们的教育思想理论

历史上产生了很多对教育发展有突出贡献的伟大教育家，从西方的柏拉图、亚里士多德到夸美纽斯、赫尔巴特、杜威等，从我国的孔子、孟子到朱熹、王阳明以至陶行知，他们在各自教育实践的基础上，创造性地继承和发展了前人的思想，并建立起自己的思想体系，形成了各自不同的学术观点，是一定时代教育理论与实践革新、发展的缩影。比如，对我国近代教育家们的思想理论进行研究，就会进一步帮助我们认识了解中国近代教育思想继承传统、借鉴西方的演进过程，并阐明马克思主义教育思想和理论体系是中国教育发展的必然选择。

(三)研究某一时期的教育流派、教育思潮以及比较不同教育流派的理论观点

这方面反映的是对教育思想的研究，这类研究的目的在于揭示各历史发展阶段不同思潮和流派的教育思想特点，对当时教育实践发展所起的影响以及对后世教育制度以及教育理论发展的作用，并深入探讨不同教育思潮和流派之间的论争焦点以及合并、演化发展的规律。

(四)评判分析一定历史时期的教育制度，如法令、计划、政策等

在长期的历史发展沿革中，世界各国都有较完备、系统的教育体系制度并形成了各自不同的教育模式和教育文化传统。因此，可以围绕官学与私学、古代书院与学术文化、教育管理制度、现代各级各类教育考试制度发展沿革等内容进行各种专题性研究。

另外，应用范围还包括分析外国教育文化的发展状况、开拓新的教育发展领域、教育分科历史如课程设置、教学方法、学校教育质量评价等内容。

第二节　历史研究的过程

一、历史研究的具体方法

任何一门学科，都有其特殊的研究对象，因而也都有它自己特殊的研究方法。自然科学如此，社会科学也是如此。历史研究是将人类社会发展演变所经历的事件

作为其研究对象，当然有它自己独特的研究方法。除了收集与考订材料这一最基本的研究方法之外，还有各种不同层次的研究方法，如历史比较法、马克思主义的研究方法、统计方法、计量方法等。

(一)收集与考订史料的方法

收集与考订史料的方法也称为考据法。开展历史研究，收集与考订史料这是首要的工作。古往今来的教育历史著作，凡足以成为名家的，都有其共同点，即具有丰富的内容，这种丰富的内容一是材料多，二是材料准确。因而收集更多的材料，以及对使用材料的考订，成为历史研究的最基本的研究方法。孟子就说过："尽信《书》，则不如无《书》。吾于《武成》，取其二三策而已。"其对《书》的材料的真实性提出了怀疑。所以研究者们应首先注意的就是这个问题。

一般来讲，收集史料，可以运用时间编序、分段分类、人物志、思想流派等方法来开展。历史研究的史料通常分为一手资料和二手资料。一手资料就是原来的或该事件(或活动)的首次记录，是事件的实际目击者或参与者所经历的。二手资料是至少一次以上被援引的关于该事件的叙述。一手资料在转变为二手资料的过程中，会发生信息主观过滤导致信息失真的情况，因此，掌握一手资料是历史研究的基本出发点和准则，二手资料应该作为背景资料和观点来看待。史料由于多样也存在出入甚至错误，导致无法辨别是一手资料还是二手资料，有效做到去伪存真就需要进行考证，避免史料的不实或虚假。具体来说，考据的基本方法有归纳法、演绎法、类推法、比较法和以反证解决史料中的歧说与冲突等方法。

(二)历史比较法

历史比较法或称比较史学、史学比较研究。历史比较法的范围也很广泛，它可以从多种情况进行比较研究，但最主要的是两种情况下的比较。

历史比较法，可分为纵向研究和横向研究。纵向研究是上下古今的比较研究，如不同历史时期的政治、经济、文化和社会制度的演变等。横向研究是同一历史时期，不同国家或地域之间的比较研究。比如，国与国之间的教育制度的历史比较研究，横向研究要注意一下可比性，可比性内容主要包括两个方面：一是同一时代才能相比，二是历史发展相同阶段才能相比。现代社会在比较研究领域对于同一时期国与国之间的发展不平衡的横向研究正在逐步兴起，通过这种横向研究可以借鉴他国发展中的成功经验和失败教训。

(三)马克思主义的研究方法

马克思主义的历史研究法用列宁的一句名言就是"具体情况具体分析"。马克思主义的历史研究法主要包括阶级分析法和唯物主义辩证法。阶级分析法是马克思主义观察世界、观察国情的基本方法，应用在教育研究领域就是研究了解教育发展的阶级性以及不同历史阶段教育发展的形态、教育思想及教育制度的变革等问题，这种方法由于历史原因，已经逐渐弱化。

唯物主义辩证法是用辩证法分析具体的矛盾事物，辩证法有 3 种法则：对立统一法则、质量转化法则、否定之否定法则。其中对立统一法则是辩证法的核心。运用唯物主义辩证法分析教育历史上的各种问题，要注意以下几点：①“一切以条件、地点和时间为转移”；②对问题的观察分析，要“把问题提到一定的历史范围之内”，确定历史的范围，也就是放在一定时间、地点、条件之内；③同一种思想，在不同的历史条件下，可能产生不同的历史作用。唯物主义辩证法反对各种形而上学的研究方法。它主张全面地看问题，反对片面性，反对平衡论，反对诡辩论，反对主观主义。

(四)统计分析法

统计分析法在历史研究中是经常使用的一种方法，特别是在经济史、人口史等的研究中应用得特别广泛。在过去的历史研究中，定性多，定量少，因而在说服力方面是不足的。弥补这方面的不足要靠加强对社会生产力的研究，以统计方法将所收集得来的数据系统化，用来说明事物的量的发展。从这种量的发展中，达到对事物的质的认识。这样，把定性研究放在定量的基础上，这种研究的科学性就增强了。科学研究都是老老实实的，以统计分析法做研究也同样是如此，不能例外。首先要认真收集数字，分门别类，辨别数字中的真伪，然后进行排列，进行比较和分析、解释，从而得出结论。

使用统计分析法，最忌讳的是搞数字游戏，用不足的或几个数字来证明问题。例如，论述各国义务教育情况，就必须用若干年的数字才能看出端倪头绪，仅用某一年的数量就无法做出正确的判定。所以，统计数字的威力表现在数字的量上，以及数字的精确上。要善于运用这种方法。比如，将历代考中科举的进士情况进行统计，说明各个地区的差别，反映各个地区经济文化的差别。

(五)计量史学研究方法

计量史学研究方法，是指把数学方法特别是数理统计方法运用于历史研究的一套方法。现代意义上的计量史学研究方法的诞生时间，可以认为是在 20 世纪 50 年代。该方法的应用价值在于以下两个方面。

第一，有助于把传统历史研究中常见的定性论断中隐含着的模糊的数量判断清晰化，从而对那些包含着模糊的数量判断的定性论断加以验证，或予以确证，或加以修正，或予以否定，并在此基础上提出新的论断。

第二，计量史学研究方法在帮助历史研究者探寻普通群众的历史和普通群众的动向在其中起着重大作用的重大历史事件和历史过程的轨迹和深层奥秘方面，具有其他任何研究方法不能替代的独特功用。

但其局限性是过于夸大计量史学的准确性，认为这是唯一可以揭示史实的方法，而忽略了科学导向性方法的重要作用。

二、历史研究的步骤

历史研究法在具体使用中，需要按照一定的步骤程序来进行。比如，首先要明确研究问题，其次收集相关历史资料，再次对资料进行评估鉴别，之后是分析解释资料，最后撰写研究报告。不过研究步骤的顺序可能会因研究的具体问题、收集资料数据的环境以及用来理解资料数据的框架不同而有所不同。

(一)明确研究问题

研究始于问题。没有问题或发现不了问题，难以产生研究活动，这是问题与研究活动之间的内在逻辑性。具体说来，确定研究问题要受到以下一些因素的影响。

1. 研究者自身的研究兴趣偏好

如果研究者对某领域存在兴趣偏好就会产生习惯性关注，会自觉主动地收集这一领域的相关信息和资料，相关领域的问题很容易进入研究者的思维视野。因此可以说明，研究者的兴趣偏好直接影响和制约着研究问题的确定。这一点也说明，历史研究具有一定的主观性。

2. 研究范围

虽然我们平时说科学无禁区，但是研究者在确定研究问题时不是随意的。比如一些反人类、反社会的问题显然是不允许进行研究的。另外，一些不同层次的研究规划课题都有其指导性的研究框架，划定了相应的研究范围，超出这一范围通常是不被认可的，很难得到审批，缺少人力、财力、物力的支持会使研究开展起来很困难。

3. 研究目的和任务

正如人的行为动机不同会在一定程度上影响行为的结果一样，研究目的和任务不同也会影响研究问题的内容和角度。比如，研究“五四”运动时期的平民教育运动，一个是想“评析该运动”，另一个是想“探究该运动产生的原因”，这显然会对研究内容和角度产生巨大的影响。

确定了研究问题后，就要给问题以清晰明确的表达，用以陈述和界定问题。比如，要对“我国某一时期的教育改革进行分析思考”，就要对当时的历史事件进行研究，并明确具体的研究问题。比如，这一历史时期的教育改革的背景，这一历史时期的教育改革的原因，这一历史时期的教育改革的表现特点、举措以及产生的影响等。

历史研究的问题常见的有以下几类：不同时期的教育制度、政策、思想、任务和活动；修正历史上的教育观点，重新给予解释分析；研究解释以前未曾出现过的新思想、新事件反映的问题；新旧历史事件的结合分析，以古鉴今、古为今用；历史和现代都注重的教育问题，如教育的有效管理、教育的公正公平问题等。

(二)收集相关历史资料

收集相关史料是开展历史研究的重要步骤，在这一步骤里，要做到两方面工作：

一是了解史料的分类，做好分类选取工作；二是运用好收集史料的相关方法。

1. 史料的分类

(1)按照史料的表现形式，将历史史料分为文献史料、实物史料、口传史料与口述史料

文献史料，主要指以文字形式记载下来的历史资料。最早的文献资料并不是史书，应是甲骨文。但不管是史书还是甲骨文，文献史料以其完整性和丰富性而彰显其重要性。平时我们说的经史子集、政书、大事记、年鉴、报刊新闻、地方志等都属于文献史料，文献史料和口传史料相比具有较强的可信度和权威性，当然文献史料也有很多的间接资料和二手资料，所以在使用时要审慎辨别。

实物史料，指各类遗物、遗址、建筑、碑刻、雕塑和绘画等，这类史料是历史的见证和历史知识的可靠来源，它既能比较真实地反映历史，又具有形象直观性。其中有很大部分是由考古发掘的。比如，墓葬，作为实物史料，有它特殊的意义。一个保存良好的墓葬，不仅有古代人的遗体，还往往有许多随葬物品，有的甚至还有大量的壁画、书简等物品，可以生动真实地再现当时的社会生产、生活面貌。

口传史料，如远古时期神话传说，是在有文字记载之前有一定价值的史料。口述史料是根据人们对往事的口头回忆而写成或整理成文字的资料，如民歌、童谣、谚语、历史典故等。虽然这些口传、口述史料是间接的，可信度值得商榷，但作为历史研究者要珍惜这类资料，它有可能成为真实史料的佐证材料，也有可能成为研究的突破口。

(2)按照资料价值的不同，分为一手史料(直接史料或原始材料)和二手史料(间接史料)

一手史料，是指接近或直接在历史发生时所产生，可直接作为透视历史问题的史料。比如，当事人的叙述或者是见诸报端的直接报道，这些资料真实可信有极强的说服力，但收集起来比较困难，这也体现出这些资料的珍贵性。

二手史料，是指经过后人运用一手史料所做的研究及诠释。这类资料不是事件发生时的直接记录，而是事件发生后的他人转述。所以，这类资料的真实可信度不如一手史料。在历史研究中如何审慎明辨史料的直接性和间接性是研究者要做的重要功课，在使用二手史料时必须说明其来源，以增加其权威性和可信度。

2. 收集历史资料的相关方法

(1)利用各种工具书

历史研究离不开查考人物、地名、字词、年代、事物或一篇文章和一本书及其内容。这就需要通过各类工具书来完成。文史研究工具书的种类很多，一般分为书目、索引、字典、辞典、年鉴、手册、年表、图录、政书、类书和百科全书等类。

书目，是图书目录的简称。它是记录图书名称、作者、卷册、版本、定价，间或叙及学术源流、图书流传、内容得失和收藏情况的工具书。其范围不仅包括《四库

全书总目》和《全国总书目》这种综合性书目，也包括《中国地方志综录》《历代人物年谱集目》《司马迁著作及其研究资料目录》《红楼梦书录》等专题性书目。

索引，又称通检或引得，它是将书报中的内容编为条目，按一定的方法排列起来专供人们检索的工具。概括而言，有书籍索引，如《尚书通检》《十三经索引》；报刊索引，如《全国报刊索引》《文学论文索引》。

字典和辞典，有时并为一类。总的说，它是解释字、词的声音、意义、用法和形体构造，间或叙及源流的工具书。我国古代没有字典、辞典之名，那时把解释字、词的书叫字书，旧的四部分类法中附属于“经部·小学类”。自清初《康熙字典》，才开始有字典的专称；辞典或词典则更是后起的名词。所以说，字典和辞典可包括古代的《说文解字》《尔雅》和《广韵》之类；也包括近代的《辞源》《辞海》《中华大字典》和《新华字典》之类；还包括《中国人名大辞典》和《中国地名大辞典》等专科性辞典。

年鉴，是系统汇集年度时事文献和统计资料的连续性出版物，如《中国年鉴》《世界知识年鉴》。

手册，是汇集某一方面经常需要查阅的文献资料或专业知识的工具书，如《汉语方言调查手册》《译名手册》。

年表，是按年代顺序用表格形式编制的查考时间或大事的工具书。其中的纪年表供查考年代，如《中国历史纪年表》；历表可换算不同历法、纪年法的年、月、日，如《中西回史日历》；大事表则为查考大事及其年代的工具书，如《中国历史大事纪年》。

图录，是用图像表现事物的工具书，它既包括《世界地图》和《中国历史地图集》等各种地图，也包括《中国历史图谱》和《两周金文辞大系图录考释》等各种文物图录。

政书，是文化史专著，它汇编历代或某一代政治、经济、军事、文化制度方面的资料供人阅读和查考，如《通典》《文献通考》。

类书，是我国古代百科全书式的资料汇编，有人也称它为百科全书，实际上面者之间是有区别的。类书是辑录群书中各门类或某一门类的资料，述而不作，分类排比，以便寻检和征引，是查考古代事物的工具书，如《艺文类聚》《太平御览》《古今图书集成》。

百科全书有综合性的，也有专科性的。前者是完备的科学文化知识的汇编，收集各科专门术语、重要名词，而加以详细的、系统的叙述和说明，各条目按字母或分门别类编排。后者所收条目则限于一个学科范围，只是较一般专科辞典为详备。

(2)分类收集法

在历史研究中，经常要根据研究课题，分类收集相关资料。分类就是按照资料的种类、性质、用途等不同维度分别加以归类整理。例如，要研究“西汉时期的教育发展变革及其原因”这一课题时，就要对当时的文化教育政策、教育管理制度、教育机构的设置、教育举措等分别收集史料，做到全面防止遗漏，体现出分类整理收集史料的作用和价值。

(3)追踪搜寻法

此法指的是研究者为搜求某一史料而览读某书时，发现某书提到了与该项史料密切相关的另一些史事，或在注引中提到了与该项史事有关的另一些书名或篇名，便追踪寻读有关的史著的过程。这种收集资料的方法，能够搜寻到关于研究对象的丰富史料或相关资料，还能够在追踪搜寻的过程中验证史料的真实性和可信度。但这种追踪搜寻的方法也有自身的局限性，如时间耗费量大，追踪出来的史料真假难辨，从而造成混乱，莫衷一是。

除了上述的 3 种方法外，历史研究中还可以通过平时阅读或采访调查收集文献和史料，来丰富和弥补上述方法的不足。

(三)对资料进行整理鉴别

完成了资料的收集工作之后，接下来就要对资料进行整理和鉴别。

整理资料要耐心细致，把收集到的资料放在相应的类别中，便于查找和应用。同时在整理中对资料进行分辨和熟悉，便于日后的使用。这样既可以帮助研究者运用好资料，还可以避免因不熟悉资料而在日后的使用中造成浪费。

鉴别资料的过程是一个对即将使用到的史料进行全面深入地认识和了解的过程。在收集资料阶段，研究者会尽量广泛地收集关于研究对象的相关资料，但是哪些资料是第一手资料可以直接利用，哪些是第二手资料，还需要进一步分析考证，都需要通过鉴别来进行。这样才可以去粗取精、去伪存真，保证研究资料的真实性和可信度，增强未来研究结果的说服力。

对史料进行鉴别的方法是多种多样的，如考据法、辨伪法、校勘法、二重证据法等，但不管使用何种方法，其目的都在于确定史料的真伪，考证文献字句的正误，甄别是直接资料还是间接资料，从而为研究的权威性保驾护航。鉴别资料是一项复杂的工作，需要从事的人员具有专门的知识和技术。作为历史研究者掌握一定的鉴别资料的知识和技术是一项重要的基本功，它对研究的严谨性、可信性和权威性是一个重要的保障。

(四)分析解释资料

整理和鉴别资料是历史研究的必要环节，但要想实现资料本身的价值和意义，下一步就要对资料进行分析和解释，形成研究的立论和证据，这样才能使资料活起来，才能为研究者表达出研究之所在。

分析解释资料，一是研究者在依据对研究问题的理解基础上，运用相关知识解释资料的价值意义。二是按照资料本身的时间顺序推导前后关系，形成因果关系的推论。三是从细微处挖掘资料的潜在价值，生成资料的真正作用。四是在分辨资料准确、真实、可信的基础上对资料进行评鉴，把研究目的和自身的理解有效地加以结合。

(五)撰写历史研究报告

历史性研究报告的写作没有完全统一的标准格式。所研究的具体问题以及研究者的学科方向决定了描述研究成果的组织方法。

一种组织方法是按时间顺序描述历史事实。这样，论文的每章可以讨论个人生活、机构史或教育运动中的一个独立的时间段。另一种组织方法是根据课题或主题描述历史事实。例如，如果研究的目的是考察不同学校所在的学区如何制订建立幼儿园的规划的情况，论文可以用独立的一章来描述该研究涉及的每一个学区。

还有一种结合的方法是将按时间顺序组织的方法与按主题组织的方法结合起来。每一章讨论一个独立的时间段，但各章之间的内在联系则可以是根据主题安排的。总之，决定使用什么样的方法组织论文取决于历史研究者所选择研究的问题。

研究报告的内容主要包括讨论研究者对从最初、间接、一手材料中获得的资料数据所做的诠释，以及研究者可能希望用一个独立的章节评述其他历史学家对相同或相似的现象所做的诠释。另外研究中运用的方法，即历史研究方法，可能会在一个独立的章节中得到描述，尤其是当历史资料引起了非同寻常的外部或内部批评问题或当历史学家运用了非同寻常或有争议的史学研究方法的时候。

还需要注意的是，写论文时必须仔细考虑措辞，因为研究者的措辞反映了他的框架。研究者在描述时应该认真考虑使用一定特殊词语的理由。不需回避带有情感内涵或价值内涵的概念或描绘词语，但是，使用这些概念和词语要有根据，应该说明是基于哪些资料而使用，研究者根据什么推理使用了这些概念和词语。在此基础上，丰富多彩的语言可以使历史研究论文避免索然无味，并能帮助它完成重构历史，使其重现于读者眼前的任务。

三、历史研究中的注意事项

本章前面谈到了一些历史研究的具体方法和步骤，这些方法和步骤在具体应用中还要给予足够的注意。因为历史研究法是一种严谨的、类似于科学研究的方法，在教育研究中使用历史研究法时，研究者只有理解了这一方法具体使用的要求，才能更好地提高研究的效果，得出比较准确的结论。但是不少教育研究者对于历史研究法的具体使用存在着简单化、格式化等认识偏差，致使许多教育研究没有多少价值。如何合理地使用历史研究法，发挥历史研究法的应有作用，这就需要研究者在一些相关问题的认识上进行把握和注意。

(一)历史研究中研究者一定要广泛收集材料，尤其要重视原始材料的收集，仔细核查材料的真实性

历史研究法特别注重对材料的收集、分析和考证。面对丰富的、浩如烟海的材料内容，研究者一方面需要重视对材料的收集、辨别；另一方面，对于材料的选择，研究者一定要注意尽可能不受政治、宗教、种族、文化与个人世界观上的偏见的影响。

对于教育研究来说，一手材料相当重要，转手引用翻译作品或者二手材料，材

料的重要性将会大打折扣。翻译者由于水平或者理解层次不同，对作品的翻译可能会出现某些不准确的理解。例如，联合国教科文组织曾经发表的*Learning：The Treasure Within*大家都很熟悉。华东师范大学的学者将其翻译成《教育——财富蕴藏其中》，并由教育科学出版社出版。奇怪的是，这里learning一词本是“学习”的意思，被故意翻译成“教育”一词。该报告探讨了学习的阶段及沟通这些阶段的桥梁，认为终身学习将是迎接21世纪挑战的钥匙之一，教育必须考虑4种学习能力：学会认知、学会做事、学会共同生活、学会生存。但是，我国的许多教师看了该报告后，认为未来的教育是终身教育，教育的四大支柱是通过教育使学生学会认知、学会做事、学会共同生活、学会生存；教师在教学中应把学生置于主体地位，调动学生的学习积极性，为学生的终身学习打下基础。这种解读似乎与原文的含义差不多，实际上，原报告侧重于“学习”的作用，而中文版则强调“教育”的作用，这一翻译令人容易误读该研究报告的主旨。所以，研究他国教育问题或者进行中外教育比较时，查看原文资料或者一手材料至关重要。研究者需要谨慎使用翻译的文本材料或者二手材料，一旦感觉材料中前后逻辑不同或者文本令人费解，最好查找原文或者一手材料。

历史研究法强调研究时采用归纳法、演绎法、类推法等基本的研究方法，但这些方法的使用建立在材料充分的基础上。我国有些学者在获得少许材料信息的情况下，就进行问题研究，并以为自己的研究揭示了问题的真谛，这实际上违背了历史研究法的基本要求。我们以中美德育比较研究为例进行说明。对于中国与美国等发达国家的德育教育的方式、效果的论证，虽然研究者很多，论文数量颇丰，但在材料的征引上，有的学者仅利用少数美国中小学教材或者美国联邦政府教育部文件，有的甚至没有标注所引材料的出处，而且论文中材料互相抄袭的现象比较严重，多数论文价值不大，只是在人云亦云。

研究界的一些研究者有一种偏好，就是不问材料的年代、真伪、价值，凡是符合自己论点的东西，一律不加区别地使用。这种做法常常会严重歪曲事实，产生错误的结论。在使用材料时，研究者应尽可能用一手材料。材料能否真实地反映教育问题或事实，与多种因素有关，如作者对该现象或问题所持的立场、写作的目的和态度等。研究要多使用一手材料，并不是说一手材料就一定可靠。需要注意的是，使用回忆录、调查材料、新闻报道等类材料时要谨慎。这些材料往往内容比较具体、生动，但主观性很强，夹杂着作者个人的夸张或主观情感，相当一部分内容真实性较差，故研究者使用时应谨慎从事。这类材料要与其他一手材料相对照，以更好地鉴别其中具体的内容。在选择材料时，研究者要具体内容具体分析，既不要轻信，也不可轻率否定。

(二)历史研究中研究者要能够深入具体的社会情境，进行辨析与考量

进行教育研究不仅要注意事物之间的可比性，而且要从本质上进行比较，而不

是简单地从形式上来进行类比。

教育研究也和历史研究一样，面对信息材料，要求研究者进行解释分析，得出结论。在解释过程中，历史研究法强调根据一定的价值观、哲学认识观对材料进行批判地分析，强调解释的取向，要求不能简单地凭借材料文本表面的语言文字进行理解。例如，《论语》开篇说："学而时习之，不亦乐乎？"对于"习"我们总是习惯理解成"复习"，但仔细想一下，有多少学生在复习时感到快乐无比？"习"字繁体书写是"習"，根据说文解字，其本义是小鸟反复地试飞。所以，将"习"理解成"实践""运用"之意，可以很好地理解《论语》这句话。而且，从生活经验出发，一个人能够将学到的东西应用于生活，总是感到很快乐的。

历史现象复杂多变，教育问题同样如此。教育研究需要科学地阐明教育现象相同或相异的原因，而不是单纯罗列这些现象。研究者应从具体的实际出发，对具有可比性的各种教育现象进行纵向和横向的异同比较，从而探求出相同或相异的教育现象的具体原因，及其与社会发展原因的联系，进一步加深对教育发展规律的认识。

当前，我国不少运用历史研究法进行研究的教育论著质量不高，从某种程度上来说，这是研究者缺乏足够的对教育现象背后所蕴含的思想的理解与反思所致。进行教育研究，需要研究者对研究现象或问题所处时期的政治、法律制度等有非常清楚的了解。教育现象实质上是某一时期的一种思想、文化、认识在教育中的反映，而历史上的思想、文化、认识又是与当时社会发展的政治、经济分不开的。所以，进行教育研究需要研究者具有历史的眼光。如果不对一个时代的政治、法律制度，甚至是社会经济制度有一个基本的了解，我们就很难理解一个国家的教育体制、教育思想的特征。深入了解具体的社会背景下的政治、制度、文化、思想、观念等内涵，我们才能对一个时代的教育状况做出综合的判断，才能更好地将一个教育问题或现象放在当时的历史背景下或与其他事情的关联中来理解。例如，对中国古代女子教育的研究，我们要结合历史上不同时期人们的思想观念的变化。有些人总以为古代妇女地位非常低下，饱受夫权和父权的压迫等，其实这些只是明清时期的现象，与那时候道学的传播有很大的关系。我们不能以"古代妇女地位非常低下"的有色眼镜来看待整个古代妇女教育问题，这容易造成我们在选择材料时的以偏概全或盲目性。思想、文化是我们进行教育研究必须要掌握的东西，而这些恰恰是许多教育研究者的软肋。

（三）历史研究中要求研究者有意识地关注材料的地域性和时间性

研究材料出自什么地点、哪个时期，决定着论著引用的材料说明的地区和时间。不少教育研究者往往忽视这些问题，习惯于无视材料的时间性或夸大研究的地域性。例如，美国的政治体制属于分权制，教育权归各州所有。可以说，美国每个州的教育制度、水平都不完全一样。但是，不少研究者习惯于根据一两个州的教育情况，就认为美国整个国家的教育都是如此。在期刊网中，有美国或者中美比较字眼的教育类论文不计其数，多数没有副标题加以说明，只是根据少数几个州或几所学校的教育情况，来断言美国教育状况。这样的论文由于夸大了地域性，其成果价值大打折扣。再如，近年来在我国畅销的一本美国专著《老师的谎言：美国历史教科书中的错误》，主要评价与分析了美国 20 世纪历史教科书中存在的种种问题。但是，我国有些学者并没有注意到时间性，误以为现在的美国历史教科书依然如此，仅借这本书来批评美国的历史教育，认为美国的历史教育并没有多少值得中国借鉴的东西。实际上，21 世纪以来，美国各地的历史教科书变化很大，以过时的材料论证说明今天的美国历史教科书问题，显然犯了无视时间性的错误。

(四)历史研究中要求研究者综合地看待材料所具有的价值

研究材料能反映出那个时期的教育问题或教育现象，由于材料本身具有主观性，所以材料的可信性也要通过其他材料来进行判断。历史研究法要求研究者综合看待材料的价值。研究者在查找与分析材料时，一定要重视反证材料。一旦出现反例，研究者就不能视而不见，而需要反思为什么会出现这些相反的材料？它们说明了什么？只有将这些材料放到一个变化过程中通盘理解，我们才可能分析出反证材料的真实价值，通过材料对比，对研究问题有一个比较准确的认识。研究者不能因为自己研究的需要，就不顾忌选取材料的缺陷，任意使用材料。如果材料观点分歧甚大，研究者又难以判别谁对谁错，此时只能求同存异，选择使用材料中的相同部分。

使用历史研究法研究问题，不能全靠逻辑推理。逻辑上合理的原因不一定是真实的原因，关键是要根据材料进行综合判断。研究者必须对材料进行分析和解释，才能从中破译与提取其中的各种信息，正视所研究的教育现象或者问题。

对待材料有两种倾向值得注意。一种倾向是研究者不愿做细致的材料收集工作，并没有掌握一手材料，而是采用二、三手材料进行立论，甚至从他人的文章中转引材料。这种研究态度很不严肃。历史研究法使用的基础是首先要收集和整理资料。另一种倾向是只谈材料，不谈所研究问题的背景、思想、理论。由于某一教育现象背后所蕴含的因素相当复杂，研究者要善于以辩证的研究方法全面地看待问题和材料，对问题与材料的观察分析，要放在一定的时间、地点、条件之内。即使是同一种教育思想，在不同的历史条件下，也可能产生不同的历史作用。研究者应将微观分析和宏观分析结合起来，先进行整体的综合研究，通过对一定时代社会经济、政治、文化、民族、宗教、思想等诸方面的综合研究，全面揭示教育的本来面目和发展规律，然后进入微观分析，对具体教育问题或现象进行分析与比较，概括出结论，认识教育的本质。研究者只有避免上述两种错误的倾向，才能科学地运用历史研究法。

总之，在教育研究中使用历史研究法，我们要特别注意以上的问题。托马斯·库恩曾深刻地批评道，认为“科学方法其实就是收集科学材料的技巧，再加上对材料进行理论概括的逻辑推理方法”，这是一种误解，它“造成了对科学本质和科学发展的一种纠缠不清的科学观”。教育研究者必须遵循历史研究方法的基本运用要求，才有可能提高研究成果的质量。

本章小结

本章共分两节内容。第一节通过阐述历史研究的含义、历史研究的主要作用和特点，以及应用范围对历史研究进行了概述；第二节通过阐述历史研究的方法、历史研究的步骤和研究中要注意的问题，对历史研究进行了具体描述。学习者可以通过这些内容，对历史研究方法进行把握，并通过与其他教育研究方法的比较来认识历史研究方法的特殊性。

关键术语

历史研究的含义，考据法，历史比较法，马克思主义的历史研究法，统计分析法，计量史学研究方法，分类收集法，追踪搜寻法

思考题

1. 什么是历史研究，它有哪些特点？
2. 历史研究有哪些具体方法？
3. 历史研究的步骤有哪些？

案例探究

考试研究

(一)考试研究概述

认识考试活动的规律自然需要通过历史研究来进行。历史研究法在考试科学研究中占有十分重要的地位。

考试研究，可以从不同角度进行不同的层次划分。在各个层面上都需要进行历史研究，但其意义却不完全相同。

比如，从研究范围的角度，考试研究可划分为宏观、中观和微观 3 个层次。无疑，微观层面的科举的考场规则、阅卷方法、试题形式等演进过程的研究，对于今天的考试不乏借鉴意义，中观层面的考区管理、选拔体制等的研究其作用可能更大一些，而宏观层面的考试制度、考试与社会、政治、经济、文化的关系研究，其意义则更加巨大。一般地说，越是宏观的考试研究，历史法的用武之地也就越广阔。

再比如，从研究的目的角度，考试研究可以划分为理论研究、应用研究、发展

研究、(技术)开发研究等层次。稍加分析可以发现，越是远离实际功用、越是强调理论(反映本质和规律越深刻)的研究，越能体现历史研究的价值和意义。

再比如，从研究的内容角度，考试研究可以划分为物质和技术层面、心理和认知层面、管理和制度层面、社会(考试的外部关系)层面、文化层面、哲学层面。粗略分析一下同样会发现，研究内容涉及的范围越广泛，抽象的程度越高，反映的规律越深刻，越需要历史研究的支持。

自20世纪80年代以来，我国的各类考试都进入了以内容和形式改革为主要议题的新时期。无疑，微观层面的考试技术研究、考场管理研究、命题和阅卷规范研究、考生应考的心理调适研究，对于考试的改革与发展都具有重要意义。但是，全社会更加关注的、决定考试事业走向的并不是这些较为细碎的技术和规则问题，而是考试制度，考试系统与社会、政治、经济、文化系统的关系，考试公平和效率，考试对于一代代青少年成长的影响等更为宏观的问题。因而历史研究对于考试的改革与发展具有更加紧迫、更加重要的意义。

历史研究法在考试研究中的应用，大约有下述两种情况：一是为探求考试活动规律(内部规律和外部规律)而进行考试发展史研究，其中包括中国考试史研究和外国考试史研究，通史研究和断代史研究，某一类别考试(如选拔性的招生考试、诊断与成绩评定性的校内考试、官员选拔与职业资格鉴定的人事考试、自学考试)的产生与发展研究，考试活动某个方面(如考试制度、考试内容、考试方法)的历史研究等；二是为解决现实问题而把历史研究作为多种方法之一所进行的综合研究，如为设计多元招生、多次考试的高考改革方案而研究中外高校招生考试相关体制的演变，为探讨当前条件下的自学考试制度创新而研究科举制度的几次变革和自学考试制度产生与完善的历程等。两相比较，第一种情况带有基础研究的性质，第二种情况则属于应用研究。

总之，为适应各类考试改革与发展的需要，应当大力提倡考试史的研究；在以推进考试改革与发展为目标的各类课题研究中，应当大力提倡历史研究法的运用。

(二)历史研究和历史方法的三个层次

有人提出史学的总体结构包括3个层次：史料、历史文献为基础层次；历史过程、本质规律为完成层次；史学理论与方法为历史哲学层次。相应地，历史研究也有3个层次，每个层次都有相适应的方法要求。

1. 史料的发掘、收集和鉴别

发掘、收集和鉴别史料，是历史研究的第一个层次，同时也是历史研究的基础。

中国是考试的故乡。传说中的尧选舜为接班人的过程，就含有考试的萌芽。公元前178年汉文帝首次策试贤良方正，是中外历史上有文字记载的用“考试”的方法(根据被试回答问题的水平推断其知识和能力等素质)评价和选拔人员的第一例。公元605年隋炀帝始设进士科，而后经唐宋元明而逐步完善起来的科举制度，延续1300年之久，是古代考试的集大成，是近代世界文官考试制度和中国自学考试制度的源头。仔细发掘这些考试乃至近现代各类考试的史料(文字的、实物的和口传的史料)，采用辑佚、校勘、训诂等方法，收集、分析、鉴别和整理，是考试历史研究的基础性工作。

20世纪80年代后期以来，杨学为研究员主持、一大批史学专家参与，整理出版了数千万字的《中国考试史资料辑成》，并持续进行实物史料和遗迹的搜寻，为考试史的研究和各类考试研究中运用历史的方法奠定了初步的基础。现在的问题，一是如何吸引、动员更多的史学界人士关注并参与考试史料的发掘、收集、鉴别和整理工作；二是普及历史研究方法，使更多的人员学会采用历史法研究考试，充分发挥各类史料在考试研究中的作用。

2. 历史事件和历史过程的规律研究

在收集、鉴别史料的基础上，采用历史的、逻辑的、比较的分析方法，揭示历史事件的真相和历史过程的规律，以说明过去、解释现在并预测未来，是历史研究的第二个层次，也是研究历史的真正目的。

在这一层次，考试的历史研究主要有以下几个方面的内容或任务：一是考试通史和断代史；二是各类考试的产生与发展史；三是考试领域某些基本理论与实践的专题史，如考试制度史，考试技术史；四是学派及其代表人物思想研究。

近年来，在考试通史和科举考试的研究中所取得的重要成果，是值得称道的。但是，其他方面的研究或者还没有完全展开，或者远不够深入，与前面提到的第一个层次研究所提供的史料丰富程度相比，显得较为薄弱；而相对于考试改革和发展关于各类考试历史研究的需求来说，更显得单薄而滞后。

如果说发掘、收集、鉴别史料主要方法是辑佚、校勘、训诂的话，那么历史事件和历史过程的规律研究则需要采用历史、逻辑和比较的分析方法。要想在这一层次的研究中取得较大的突破，研究人员除了要提高对于考试历史研究的重要性和急迫性的认识之外，还应学习相关的研究方法，进一步提高研究能力和水平。

3. 坚持唯物史观和科学方法论

至少现在看来，考试的历史研究并不需要建立自己的史学理论和方法，但是，无论在什么时候，这种研究都需要在科学的史学理论和方法论的指导下进行。马克思主义的唯物史观是社会科学研究的一般方法论，考试的历史研究应当坚持历史唯物主义的基本观点。

(三)采用历史法研究现实问题应注意防止的两种倾向

考试科研立项课题采用历史研究方法，从研究目的和内容方面说，有两种情况，一种是考察整个考试活动或者某一种考试现象的产生和发展的历史过程，探讨其活动的内部规律和外部关系，如考试通史和断代史研究，科举考试发展史研究，大学入学考试史研究等，其研究内容就是考试历史，研究目的就是揭示考试历史规律，这是本来意义的考试的历史研究；另一种是为了研究现实问题(理论问题或实际问题)而采用历史的方法，如为了研究自学考试的教育性质，或者为了设计高考改革方案，除使用调查法、比较法等方法之外，也采用了历史研究的方法，这是采用历史方法研究非历史性的考试课题(如“自学考试的教育性质”和“高考改革”都是现实课题，而非历史性课题)。

从“七五”“十一五”教育考试立项课题情况看，采用历史法研究考试现实问题远多于考试的历史研究。研究现实问题采用历史方法，需要注意两个方面的问题，防止两种倾向。

第一，要遵守历史研究的规范，防止从历史上随便选取若干事例来说明实现的倾向。历史研究方法，从本质上说，就是人类在长时间的历史研究中所形成的、并被实践反复证明是有效的程序和规范，无论是纯粹的考试历史研究，还是为现实问题而研究历史上的某一段或某一种考试活动，都必须遵守这一程序和规范。不经过真正意义上的“历史研究”，而是简单地摘取历史上的某个片段或某些事例，来说明关于现实的某些思考或做法的正确性，严格地说，这够不上采用历史方法的考试研究。

第二，要研究现实问题，防止用历史对现实的启示代替现实问题研究的倾向。用历史法研究现实问题，既要研究历史，又要研究现实问题，其中前一个“研究”是为后一个“研究”服务的。对现实问题不做深入研究，仅仅根据历史研究的成果指出今天工作中应该注意的问题，那只是历史问题的现代启示，也称不上采用历史方法的现实问题研究。

(资料来源：http：//blog. sina. com. cn/s/blog _ 5cd605e20100aujs. html)

拓展阅读

1. [美]梅瑞迪斯·高尔，乔伊斯·高尔，沃尔特·博格. 教育研究方法(第六版)[M]. 徐文彬，侯定凯，范皑皑，等，译. 北京：北京大学出版社，2016。

该书除了对教育研究方法进行了系统的介绍之外，更加突出内容上的与时俱进，通过丰富的实例，帮助读者增进对历史研究等教育研究方法的了解和把握。

2. [美]阿诺德·汤因比. 历史研究[M]. 郭小凌，等，译. 上海：上海人民出版社，2010。

该书系统地探讨了历史研究在不同时代的表现形式和内容，对宏观了解和把握历史研究方法有很大裨益。

第九章　教育行动研究

【本章要点】

在教育科学研究中，行动研究是教育研究的一个重要方法。如今在教育领域，行动研究已经成为一项声势浩大的国际性运动，而在我国，随着基础教育课程改革的深入开展，行动研究也成为大家广泛重视的一种方法。本章主要概括介绍教育行动研究的产生与发展、含义、特点、意义与基本类型，教育行动研究的主要模式、步骤以及如何撰写并公开研究报告。

学习目标

1. 明确教育行动研究的含义和特点。
2. 了解教育行动研究的意义。
3. 掌握教育行动研究的步骤。
4. 学会发现可以进行行动研究的问题，制订简单的行动研究计划。

导入案例

许多教师可能都有这样的体会：参加工作以后，发现在师范院校所学的教育理论好像起不到什么作用，久而久之，那些知识也几乎全部还给了以前的学校，而自己的教育教学工作不过就是“跟着感觉走”而已。事实上，大多数教师在走上工作岗位两三年后，随着对教育教学工作的熟悉，就会进入一个“程式化”的状态，每年都使用同样的教学方法来重复几乎相同的内容，因此逐渐失去了工作激情，也不再有任何创新，当然也就没有特别优秀的业绩。同时，也有一些勤奋上进的教师发现，那些高深的教育和心理学理论不仅晦涩难懂，而且很难派上用场。

为什么会出现这种情况？怎样才能避免教育教学的“程式化”“平庸化”，使自己成为一个激情充沛、不断进行教学创新的优秀教师？如何从理论中汲取营养，提高自己的教育教学水平，甚至自己也可以做出一些研究成果？要解决这些问题和疑问，教师们可以尝试进行教育行动研究。为了对教育行动研究有一个较直观的认识，下面先展示一个案例。

精选数学作业，提高教学质量的行动研究

江老师去年秋任某年级两个班的数学课，其中一个班的数学平均分在全年级倒数第一。江老师决心改变这个班数学成绩差的现状，一方面改进课堂教学，另一方面加大作业量，除了课本上的习题一律全做以外，还要做其他的练习。一学期结束后，这个班数学成绩仍是倒数第一。江老师深感这个成绩与学生做作业所付出的心力相比，相差甚远。于是他打算在现有教学条件下对作业加以改进。

他阅读了有关学习理论及数学作业改革实验的文献资料，请教科所研究人员指导，经认真研究，确定以改进数学作业的质和量，提高练习效果作为研究主题。确定研究主题后，他广泛深入地收集有关改进数学作业练习的各种资料，从中获知数学作业的目的、形式、作业量与练习效果的关系等理论。根据文献及对问题的分析，确定以这个班为实验班，采用观察法、实验法和测验法进行改进数学作业的研究。他根据研究设计，收集整理学生对数学作业的意见，发现学生对数学作业兴趣低落的原因是重复练习多，缺乏有一定难度的习题，题型单调。根据分析研究，他推出行动假设——对数学作业题的结构进行调整，即每次作业模仿性练习和创造性练习的比例为7∶3或8∶2，以提高作业的练习效果。

根据行动方案，江老师开始进行数学作业的实验，及时观察并记录学生作业的正确率。发现中等以下学生完成创造性练习有一定困难，就及时调整题的难度。在实验过程中，通过各章单元测验，发现该班数学成绩逐渐上升，第二学期期末年级统一测试，实验班平均分超过其他班7分多，位于年级第二。这表明实验确有成效。江老师决定在今后的数学教学中扩大实验成果，精选作业，减轻学生学习负担，不断提高教学效率。

第一节 教育行动研究概述

长期以来，人们总是将“行动”和“研究”看作两个不同领域的概念。“行动”主要指实践者、实际工作者的实践活动和实际工作；“研究”主要指专业学者、专家的科学探讨。在教育研究领域中，两者长期处于分离状态，而行动研究让两者有机地结合起来，克服以研究假设为研究出发点的缺陷，使研究真正回归实践。

对于中国读者来说，行动研究的确是一个舶来品，是对“action research”的中文翻译。但是从中我们可以看出它的主要含义就是要把行动和研究结合起来，从产生的来源来说这也是它的主旨意思。

一、教育行动研究的产生与发展

“行动研究”的兴起，始见于20世纪三四十年代的美国。这个词语基本上有两个来源。

一是1933—1945年，柯立尔(J. Coller)等人在研究如何改善印第安人与非印第安人之间的关系时提出的。他们发现，研究人员专门研究，执行人员却是另一批，研究的结果没有被执行，行动的人没有研究，问题就得不到解决。他们认为，研究的结果必须能为实践者付诸实施，并利用自己的经验进行检验，因而他鼓励实践者参与研究，在行动中解决自身的问题。他把这种实践者在行动中为解决自身问题而进行的研究，称为“行动研究”。

二是20世纪40年代，美国社会心理学家科特·勒温与其学生在对不同人种之间的人际关系进行研究时提出来的。科特·勒温曾与他的学生一道，试图深入地研究人际关系，以提高人际关系的质量。勒温工作的一个重要方面，是关注社会冲突的实践背景，其很多工作是与犹太人或黑人合作进行的。这些实践者以研究者的姿态，在研究中积极地反思和改变自己的境遇，力图改变自己的现状。1946年，勒温将这种结合了实践者智慧和能力的研究称为“行动研究”。

行动研究是诞生于社会活动领域的，它对于社会活动具有极为独特的价值。教育活动是一项重要的社会活动，因而，在行动研究方面，得到了教育研究的很大关注。20世纪50年代，经哥伦比亚大学师范学院院长科利(S. N. Corey)等人首倡，行动研究进入教育研究领域，其运用范围日益扩大，他在1953年出版的《改进学校实践的行动研究》一书中，第一次系统地将行动研究定义到教育中来，提出“所有教育上的研究工作，经由应用研究成果的人来担任，其研究结果才不会白费。同时，只有教师、学生、辅导人员、行政人员及家长、支持者能不断地检讨学校措施，学校才能适应现代生活之要求。故此等人员必须个别及集体采取积极态度，创造思考，指出应该改变之措施，并勇敢地加以试验；且须讲求方法，有系统地收集证据，以决定新措施之价值。这种方法就是行动研究法”。自此，行动研究很快影响到教育实践。

但到20世纪60年代中期，因实证主义在社会科学领域十分兴盛而使得行动研究在人们心目中的地位动摇了。至20世纪70年代，经行动研究的积极倡导者、英国学者艾略特等人的努力，行动研究再度崛起，逐步成为教育研究中的一个重要词汇，并且其内涵也更加充实了。

20世纪80年代以来，行动研究盛行于西方发达国家，在发展中国家中也得到推广，并且发挥了很大作用。英国的“课堂教学行动研究网络”、美国教育协会的分会“辅导及课程发展协会”、法国的“现代学校合作组织”都积极倡导教师参加教育行动研究。此外，如奥地利、澳大利亚、南非、泰国、马来西亚、意大利等都能举出教育行动研究的范例。我国的台湾也有类似的研究。同时从20世纪80年代开始，教育行动研究被介绍到大陆，在上海和北京等地得到开展，并取得突出成就。

进入20世纪90年代，行动研究的主张和方法日益受到人们的重视。许多国家都开展了各种各样的行动研究，学者们提出了“教师即研究者”“反思的实践者”等思想。这为行动研究增添了新的见解，也为广大学校教师参与到教育科研中来提供了理论基础和方法条件。

如今在教育领域，行动研究已经成为一项声势浩大的国际性运动：澳大利亚、英国、德国、奥地利、西班牙、印度、尼泊尔、菲律宾、斯里兰卡、泰国等地，都开展了各种形式的“行动研究”，理论上的研究也如火如荼，不但每年都有大量的行动研究的文献出现，而且还出现了行动研究的专利，许多杂志也出版了行动研究的专号。在我国，随着基础教育课程改革的深入开展，行动研究也成为大家广泛重视的一种方法，这是因为基础教育课程改革对每一位教师而言都是前所未有的挑战。我们没有现成的模式可以参照，人人都只能摸着石头过河，在实践工作中遇到问题是在所难免的，遇到问题就要求教师能够与专家合作，通过自己的行动来解决它。这既是教师自身工作的需要，也是基础教育课程改革真正深入贯彻落实的根本保证。因此，教师熟练掌握并运用教育行动研究来开展自己的教育教学工作，在当前形势下具有重要意义。

二、教育行动研究的含义及特点

(一)教育行动研究的含义

目前对行动研究的认识颇不一致，如当今行动研究的主要倡导者、英国的艾略特认为：“行动研究旨在提供社会具体情境中的行动质量，是对该社会情境的研究。”《国际教育百科全书》中把行动研究定义为：“由社会情景的参与者，为提高对所从事的社会活教育实践的理性认识，为加深对实践活动及其依赖的背景的理解，所进行的反思研究。"澳大利亚学者卡尔和凯米斯认为："行动研究是由实践工作者在社会情境下开展的自我反思的探究，目的是提高他们自己的实践、他们对这些实践的理解、这些实践得以展开的背景的合理和公正。"

可以说，行动研究法的定义许多研究者均有一定的阐述，但比较全面、系统地揭示这一研究方法的本质内涵的还是其创始人勒温 1944 年的定义："研究课题来自实际工作者的需要，研究在实际工作中进行，研究由实际工作者和研究者共同参与完成，研究成果为实际工作者理解、掌握和实施，研究以解决实际问题、改善社会行动为目的。"

各种定义虽有所不同，但我们也可以从中看出，行动研究法的核心是研究和行动的结合，行动研究就是在行动中进行研究，以研究促进行动的改善。行动研究不是一般意义上专家进行的"纯研究"。

综合各种看法，我们可以将教育行动研究定义为教育实际工作者在教育教学实践中，基于解决实际问题的需要，为了改进自己的实践而与专家合作，将问题发展成研究主题，在自己的行动中亲自展开，进行系统的研究，以解决问题为目的的一种研究方法。也就是说，教育行动研究的研究对象是当前发生的教育实践，研究者本身就是实践活动的参与者，研究目的旨在提高行动质量，增进行动效果。这是行动研究在研究的范围、主体和目的方面与其他形式研究的区别所在。

（二）教育行动研究的特点

1. 从研究目的看，是"为行动而研究"

传统上的研究目的在于发现普遍规律，是"为理论而研究"。这种研究目的一方面使教育第一线中对教育最有发言权的广大教师望而却步，另一方面又使美好的教育理论仅仅停留于文字记载。尽管有人试图让教师成为使教育理论变成教育实践的中转站，但这种观点把教育理论与实践的关系估计得过于简单了。理论与实践的最好结合要求行动与研究的密切结合。

行动研究的精义在于：它是这样一种革新的过程，这个过程的目的在于某个人或某团体自己的而不是他人的实践之改善。从此意义上来说，行动研究打破了传统研究在研究目的上的局限性，它的根本目的不是为了理论上的产出和普遍规律的发现，而是为了改进行动质量。"改进"是行动研究的主要功能，它既指解决教育实践中产生的问题，也指提高教师的教育教学质量和研究水平。

2. 从研究对象看，是"对行动进行研究"

行动研究是抓住行动中值得关注的对象作为研究问题。在教育领域中，行动研究关注的不是学科中的"纯理论研究者认定的'理论'问题"，而是教育决策者、学校校长、教师们日常遇到和亟待解决的实践问题。例如，合作学习，教师关注的并不是合作学习的相关理论，而是怎样组织合作学习，兴奋点集中在合作学习的操作方面。所以行动研究不囿于某一学科的主张或某一种理论知识，而主动容纳和利用各种有利于解决实际问题与提高行动质量的经验、知识、方法、技术和理论，特别重视实际工作者对实践问题的认识、感受和经验。它要分析问题之所在，提出解决问题的策略、方法，并最后解决问题。可以说，行动研究是一条龙服务，它把研究问题和解决问题结合起来。

3. 从研究环境看，是“在行动中研究”

长期以来，由于社会分工的影响，社会科学研究已逐渐蜕变为一群特定的人所从事的特定的事情，一种与实际生活毫不相干的“学术游戏”，科学研究与实际生活脱离，研究者与实际工作者脱离，已经成为教育理论研究中的一大痼疾。行动研究则通过要求实际工作者系统地反思或与他人共同研究自己的工作过程、环境和问题，通过要求专业研究者深入现场，直接参与从计划到评价实际工作的过程，与实际工作者一起研究他们面临的问题，使实际工作过程本身变成一个研究过程，使研究过程又变成一个理智的工作过程。从这个意义上说，行动研究既不是在实验室里进行，更不是在图书馆里开展。行动研究的环境是教师工作于其中的实际环境。教师在自身的教育教学行动中发现问题、分析和研究问题、解决问题，从而改进自身工作。这把教育研究和教育行动结合起来。

4. 从研究人员看，是“行动者进行研究”

行动研究要求行动者参与研究，对自己从事的实际工作进行反思。反思是一名专业化教师应该具有的重要品质之一，也是行动研究所必需的要素之一。缺乏反思，教师就不能很好地深入开展行动研究，因为反思是行动研究中一个承上启下的重要环节。行动研究要求教师积极反思，参与研究，将行动和研究融为一体。因此开展行动研究的人就是学校的教育行动者——广大学校教育工作者。他们一边工作，一边研究，研究的结果又运用于改进自己的工作，从而把探索研究结果和运用研究结果结合起来。研究结果的产出者和应用者集于一身，这比起其他种类的研究来说是绝无仅有的。

当然，虽然教育行动研究的主体是一线教师，但它并不排除与专家的合作或接受专家指导。不过，在教育行动研究中，教师即使与专家协同进行研究，专家也只是起咨询、协助的作用，教师作为教育行动者在教育行动研究中的主体地位和主体作用是不变的。教育行动研究的这一特点，使“教师成为研究者”的理想成为现实。

5. 从研究范围看，是研究者行动所涉及的范围

行动研究是一种在实际社会环境中、在自然状态下进行的研究，问题总是在千变万化的实际情境中发生，问题的解决也总是在实际情境中。因此，行动研究者不是去研究工作范围之外的对象，他研究的是自己工作中涉及的具体人、事、物。其研究结果(问题的解决)及由此得到的经验只限于在特定的工作范围内有效，不一定能普遍应用。

6. 从研究进程和方法看，是边行动边调整

行动研究要通过研究者行动上的干预来达到对对象的改变。行动干预的进程和

方法没有一个严格的程序，也无法预先完整地设定。它具有弹性或动态性，由研究者根据情况边实践边修改。因此它要求教师有对实践问题的敏感能力、适时调节研究方法或侧重点的应变能力。这类似于中医治病，通过病人吃药后的反应和变化，多次调整处方，最后达到治愈的目的。

由于教育教学过程是一个复杂、多变的动态过程，因此，教师要经常反思行动过程中的问题，专业人员亦须深入教育实践和课堂教学和教学实际，与教师一起共同研究出现的新问题。研究者应依据行动的实际情况，随时调整计划，完善行动，在良性的变革之中实现问题的解决，使教育教学的工作过程成为一个研究过程，使研究过程成为一个理智的工作过程，达到研究和行动的完美结合。行动研究的结合策略弥补了教育研究中理论与实践相脱离的缺陷，使研究能收到立竿见影的实效。

7. 从研究结果看，是行动的改进、发展

行动的改进和发展具有双重含义。一是学生行动的改进和发展：学习行为、品德行为、社会性行为。二是教师行动的改进和发展：教师获得专业知识和能力的提高。所以，近年来行动研究作为一种教师“专业发展”的途径越来越受到人们的重视。

三、教育行动研究的意义

教育行动研究要求研究的参与者即研究的实践者，主要目的在于解决当前的具体问题，而不是在于建立一套系统性的理论知识体系，通过这种研究方法的运用，可以跨越理论与实践的鸿沟，帮助教师探究教学问题，感知与领悟，并将教学知识与技能付诸教学实践，从而提高学校的教育教学质量，提高教师的专业素质，促进学校的可持续发展。

(一)有利于解决教育教学实际问题，提高教育教学的质量

课程与教学是教师所面对的最大的教育实践问题，也是教育的核心因素，一切教育活动无不围绕着课程与教学展开。许多刚从师范院校毕业的教师往往会发现，以前在师范院校中所学习的教育理论和教学方法离具体的教学情境太远，几乎无法在现实中发挥作用。同时，他们在对学生的了解、对课程的把握、对教学的构思和与同事的协作等方面也存在很多困惑，如何把理论和实践结合起来，解决种种困惑？在学校实践中，没有与教师日常生活紧密结合在一起的问题，就不会有教师研究的冲动；而没有研究的冲动，也常常难以产生持续性的研究行动。在进行行动研究的过程中，需要中小学教师借助自身和研究团队已有的知识和经验，在掌握一定相关文献和对现实问题全面分析的基础上，提出一些解决问题的方案，并不断观察、反思这些方案的效果，做出相应的调整、改进。这个过程，不仅有助于提高教师的理论修养，更有助于改进自身乃至研究团队的教学实践，提高教育教学的质量。行动研究还可以促使教师进行深入的反思，并积极寻找解决问题的方法，久而久之，教师的教育教学水平和思考的深度就会得到很大的提高。

案例

全面提高北京市初中教学质量的课题研究

1998年，首都师范大学的21名教师，深入北京市8个县区共23所中学，与500名教师共同承担了这项教育行动研究，通过3年的努力取得了丰硕的成果。参与研究的5所薄弱初中，学校面貌有了根本改变。116中在区教育教学综合评价中跃居初中学校的首位；和平里中学与181中均被评为“教育科研示范校”；北方交通大学第二附属中学被评为区“教育科研先进校”；新街口中学被评为“教学管理达标学校”。谈起3年的研究，中学校长们深有感触地说：“是课题研究把我们从终日忙于应付学校事务的状态中解放出来，使我们确立了明确的办学方向，形成了清晰的办学思路，提高了管理能力和决策水平。同时也把师生从苦教苦学的死胡同中领出来，使我们走上了靠科学研究提高教育质量的正路。”中学教师们充满感情地说：“是学校的科研氛围‘逼你学习，逼你成功’；是‘科研兴校’使我们的生命更有意义，有价值，生活更加充实，更加充满青春的活力。”校长们谈起教师的变化则说：“教师们最大的收获是学会了反思、学会了研究、学会了在研究状态下工作。过去说基础薄弱校的教师是‘教书匠’，我觉得评价还是高了，只能说是‘教书的’，通过课题研究，使我们从‘教书的’‘教书匠’向研究型教师迈出了可喜的一步。”

（资料来源：突破基础教育的瓶颈．中国教育报，2001-09-24）

（二）有利于提高教师的专业素质，促进教师专业的发展

20世纪70年代以来，“教师即研究者”“反思的实践者”等概念越来越多地出现在教育理论界的各种文献中。这意味着，在传统上对教师专业性的界定——对学科的掌握，在很大程度上已经不能适应教育发展的需要。除必要的教学技能之外，教师还必须拥有一种扩展的专业性。小学教育科研的一个至关重要的目的，就是通过科研转变教师的教学理念和行为，汇总教师教学经验，积聚教师的教育教学智慧，将教师从繁重的机械性工作状态中解放出来，让教师真正成为教育智慧的创造者。而教育行动研究能使我们的教师学会反思、学会研究、学会在研究状态下工作，能使中小学教师从“教书匠”向“研究型”教师迈进。从此意义上说，教育行动研究不失为提升教师理论水平、促进教师专业化的一剂良方。

（三）有利于促进学校的可持续发展

教育行动研究可以为学校发展提供后劲，在解决学校问题的同时，提出后续努力的方向，进一步明确后续科研要探索的路径，通过持续不断的科研，使学校步入良性发展的轨道。学校的问题是层出不穷的，常常是一个问题解决了，新的更难以解决的问题又冒出来了，而教育行动研究正是在一轮又一轮地解决一个个问题的过程中，促进了学校的可持续发展。

四、教育行动研究的优点、局限性和基本类型

(一)教育行动研究的优点

第一，教育行动研究是解决教育研究中理论脱离实际问题的良好途径。理论与实践脱节，是我国教育研究中长期存在的一个问题。有人认为，中国没有出现真正的教育家，没有自己的教育学，这是其中一个主要原因。而教育行动研究却较好地解决了这个问题。一方面，它的实践性是非常明显的。无论是研究的出发点、目的、主体还是研究过程，都离不开实践，教育研究紧紧围绕着学校的实际问题进行分析、研究和行动。另一方面，行动研究也重视理论的作用。它强调理论工作者和实际工作者的结合，使两者相互合作、平等对话、共同提高，教师可以从专家那里获得必要的专业理论知识和研究技能，理论工作者也可以从真实教育实践中获得第一手资料，发现新问题和新课题，甚至发现和创造新的理论，使研究成果更容易为广大中小学教师所接受。从此意义上说，教育行动研究是一种适合于小范围内教育改革的探索性的研究方法，其目的不在于建立理论、归纳规律，而是针对教育实践中的问题，在研究中不断探索、改进以解决实际问题。

第二，教育行动研究具有适应性和灵活性，简便易行，容易被中小学教师掌握。思辨的和实证的方法都不适合一线教师。思辨研究要采用大量理论推导和资料引证，实证主义为了研究追求量化、客观化和精确化，往往想方设法控制某些变量，力图使研究模仿自然科学实验。这些方法虽然有一定的指导意义，但对于承担着繁重任务的中小学教师来说，思辨研究方法既有一定难度，又缺乏现实的运用价值。教育科研有其自身的特点，它以人为对象，面对环境的千变万化，因果关系相当复杂，因此，不能简单模仿、照搬自然科学的实验方法。而教育行动研究简便易行，较适合于没有接受严格的教育测量和教育实验训练的中小学教师采用。它从实际出发而非从理论出发，可边研究，边改进，正好能避免上述两种研究方法的局限，容易在中小学教育中开展。

第三，行动研究较好地解决了日常工作和科研的矛盾，使日常工作、改革、科研同步进行。许多中小学教师认为自己的任务是以“教学为中心”，繁重的教学工作几乎没有为教育研究留下空间，有些人甚至认为“研究将挤占教学时间”。行动研究能够将教学与研究有机地统一起来，克服教研矛盾。教育行动研究的课题可大可小。它可以是针对个别学生、特定事件的研究，也可以是班集体内或整个学校内某个突出问题的研究，还可以是一个城镇、区县、地市乃至一个省的范围内带有普遍性的问题的研究。教师可以根据自己的情况有所选择。先从小课题开始，逐步向中、大课题发展。

第四，教育行动研究可以实现多种研究方法的综合使用。在较成功的行动研究中，可汇集多种研究方法。理想的教育行动研究应是多种科学研究方法的灵活和合理的并用。

案 例

霍姆林斯基的教育行动研究

苏联的著名教育家苏霍姆林斯基所走的教育研究路子，就是一条理论与实践相结合的路子。作为帕夫雷什中学的校长，他从1948年到1970年，分别跟踪观察和研究了29个班级共700余名学生从入学到毕业10年学习期间的生活。根据大量的实际材料，他分析了这些学生的童年、少年和青年时期在德、智、体、美、劳诸方面的成长过程，揭示了他们的知觉、情感、兴趣、需要、意志的心理发展和言语的不同特点，写出了41部专著和小册子，600多篇论文以及约1200篇文艺作品。其中许多著作被译成30多种文字在国内外出版。苏霍姆林斯基堪称理论与实践结合的典范，用今天的眼光看，在一定的意义上，他也可以说是教育行动研究的楷模。

（资料来源：突破基础教育的瓶颈．中国教育报，2001-09-24）

(二)教育行动研究的局限性

教育行动研究的局限性主要表现为：研究只是遵循日常生活解决问题的方式，过于自然；所有方法都可以拿来用，没有形成自己独立的研究方法；研究过程松散、随意，缺乏系统性，影响研究的可靠性；研究样本受具体情境的限制，缺少控制，影响研究的代表性；受研究者自身观念、能力的影响，研究往往缺乏客观性；研究效果自行应验，难于将结果推广应用。

(三)教育行动研究的基本类型

1. 教例研究

即教师把重心转向对自身教育工作经验教训的回顾与反思上，围绕大量鲜活的教育实例展开研究。教师通过对教育实例开展研究，改进自己的工作，增强对教育理论的认识，把行动与研究有机地结合起来。

2. 问题研究

教师工作中每天都会遇到疑难问题，这些问题都可能成为教育的研究对象或课题。教师从事教育研究，从工作中的实际问题出发，以解决实际问题为目的，这种旨在改进教育和教学工作的行动研究被称为“问题研究”。

3. 合作研究

“合作研究”在行动研究领域一般指教师与教育理论工作者之间的合作研究，当然也不排除教师相互间的合作研究。

第二节 教育行动研究的基本步骤

任何一种理论，如果它无法被人们运用于实践，无法指导人们的实践活动，那么它注定是没有生命力的。所以自 20 世纪 80 年代以来，西方教育学者围绕着如何落实行动研究的问题，提出了不同的行动研究过程模式，试图为教育实践者提供更为直观的操作程序。

一、教育行动研究的主要模式

(一)勒温与考瑞的模式

作为行动研究的创始人，勒温早在 20 世纪 40 年代就提出过实施行动研究的程序问题。他认为，行动研究包含计划、行动、观察和评价、修正 4 个环节。这 4 个环节构成一个完整的循环过程，但研究没有就此终止，第一个循环的结束意味着第二个循环的开始。下一步的研究又是由计划、行动、观察和评价、修正的循环构成的。这一循环有助于评价第二步的结果，为第三步的计划奠定合理的基础，也可能会再次修正总体计划。勒温是行动研究的一位重要先驱，他的行动研究模式构建了行动研究操作的基本框架，但直到 20 世纪 80 年代，他的设计才重新引起人们的关注。

如果说，勒温主要是从一般社会科学的角度来勾勒行动研究的总体图景，那么，考瑞主要是结合自己的实践，为教育行动研究设计了一个推进的步骤。这个连续的步骤包括 5 个步子。

①明确问题，即要澄清教师在实践过程中遇到的问题是什么，用尽量清晰的语言对这些问题进行界定。

②确立解决这个问题的行动目的与过程。问题澄清之后，教师可以根据自己的或其他教师的经验，根据一定的教育理论，凭借自己对问题的理解，设计出可能解决这一问题的行动步骤，明确这些行动所要达到的目标。

③按设计好的行动步骤，对行动做记录，收集证据以确认目标实现到什么程度。

④对有关材料进行整理，概括出关于行动与目标之间关系的一些一般性的原则。

⑤在实践情境中进一步检验这些原则。

(二)凯米斯的模式

勒温与考瑞都属于行动研究的早期开拓者。尽管他们也设计了行动研究的操作步骤，但直到 20 世纪 80 年代，这些设计才重新引起人们的重视。凯米斯进一步拓展了勒温的行动研究程序，认为行动研究的核心就在于：由计划、行动、观察与反思等环节构成的、螺旋式推进的循环程序。

1. 计划

计划是行动研究的第一个环节。他要求，以大量的事实发现和调查研究作为前提，从解决问题的需要和设想出发，设想各种有关的知识、理论、方法、技术、条件，以便使行动研究者加深对问题的认识并掌握问题的策略。计划包括研究的总体设计和每一个具体的行动步骤。

2. 行动

行动指实施计划或者按照目的和计划行动。他要求，按照目的实施计划，行动应该是灵活的、能动的，包含行动者的认识和决策。行动研究者在研究过程中应该逐步加深对特定情境的认识，可以邀请其他研究者和参与者一起参与监督和评议，并根据实际情况不断调整行动。

3. 观察

这一环节要求，对行动的过程、结果、背景和行动者特点进行观察。为了使观察系统、全面和客观，鼓励研究者使用各种有效的手段、方法和技术。

4. 反思

反思是行动研究前一个螺旋圈的结束，又是过渡到下一个螺旋圈的中介，它要求，对观察、感受到的各种与制订、实施计划有关的现象进行归纳，描述出本循环的过程和结果并对过程和结果进行批判，对现象和原因分析解释，指出计划和结果之间的不一致性，形成基本设想、总体计划和下一步行动的具体计划。

二、教育行动研究的步骤

由于行动研究是在动态执行过程中进行的研究，因此行动研究的应用程序是由“计划—行动—考察—反思—修正后的计划—行动—考察—反思”构成一个螺旋圈，反思是一个螺旋圈的终结，又是过渡到另一个螺旋圈的中介。下面就从这几个环节入手，对行动研究的实施做具体的分析和介绍。

1. 计划

行动研究的第一个环节是计划。它的任务主要是提出研究问题、收集信息、分析问题、制订行动计划。提出问题是行动研究的起点，这里的问题是指在教育教学情境中发生的问题。当教师在自己的教育教学过程中遇到问题时，正确的做法就是迎难而上，想方设法解决它。值得注意的是，教育行动研究的目的不仅仅是要改善教育实际工作，更重要的是要通过解决问题的历程，增进教育工作者对教育实践工作的深层理解。这就需要对研究的问题进行进一步的分析，在分析的基础上制订出周密的计划。一般情况下，行动研究计划阶段应以所发现的事实和现状调研为前提，考虑的内容主要有：问题解决到什么程度？要达到什么效果？拟采用哪些策略和方法来解决问题？行动研究的大致步骤和时间等。有的研究者认为计划阶段要弄清楚：第一，问题的现状如何？为什么会如此？第二，存在哪些问题？从什么意义上讲有问题？第三，关键问题是什么？它的解决受哪些因素的制约？第四，众多的制约因素中哪些虽然重要，但一时改变不了？哪些虽然可以改变，但不重要？哪些是重要的，而且可以创造条件改变？第五，创造怎样的条件，采取哪些方法才能有所改进？第六，什么样的设想是最佳的？计划是一幅研究的“蓝图”，它不仅为教师提供了比较详尽的研究步骤，确保整个行动研究过程的有序开展，而且为行动研究过程和结果的评价提供了参考的框架。当然，计划必须要有充分的灵活性和开放性，要为不断地修正计划留有余地。

2. 行动

行动研究的第二个环节是行动。行动研究是行动者为了更好地开展行动而在行动过程中进行的研究，是“为行动而研究”“在行动中研究”“由行动者研究”，离开了教师的行动(实践)，行动研究也就失去了存在的基础。如果从行动研究的整个过程来看，教师的行动(实践)具有实质性的意义，它既是问题解决的实际操作过程，是研究计划付诸实施的过程，也是后续的观察和反思的实践基础。这里的行动是指实施、执行计划，主要是实施行动项目、对行动的监控、调整。首先，行动应该是有目的、有系统、按计划进行的；其次，行动又是灵活的、能动的，涉及行动者的认识和决策。由于行动研究是一个动态生成的研究过程，因此研究者并非一定要按原定计划行事，而是根据实际情况的变化，逐步认识问题，不断修正计划，调整行动。

3. 考察

行动研究的第三个环节是考察。在实际情境中，由于教育教学受到多种因素的影响和制约，而且许多因素又非事先可以确定、预测和控制的，因此须借助考察不断发现问题，获得反馈信息，为反思提供依据。从这个意义上说，考察阶段在行动研究中的地位显得格外重要。考察主要是观察、记录、访谈、问卷、收集背景资料，为获得研究效果提供材料和依据。由于考察是对行动过程、行为结果、行动者特点的观察，它可以由行动者本人来进行，也可以借助他人的视角来进行，这样更有利于全面、深刻地认识问题，认识行动的过程。考察应该是系统、全面、客观的，是对行动过程、结果、背景以及行动者特点的考察。

4. 反思

行动研究的第四个环节是反思。反思主要是整理描述结果、分析解释原因、评价行动、构想纠正失误与克服困难的新行动计划。反思是在行动和考察之后做出的，它既是一个螺旋过程的结束，又是下一个过程的开始，因为下一个过程的启动必须建立在它的基础之上，反思的任务是对行动实施的效果和全过程进行总结、评价，并在此基础上计划好下一步的行动。反思的目的在于寻求教师行动或实践的合理性。

从计划到反思这 4 个环节为一螺旋式循环，然后再过渡到下一个螺旋式循环。正是在这种从反思到问题到制订计划到采取行动到考察再到反思的螺旋式上升中，所研究的问题不断得到改进，教师的专业化程度得以提升，实践质量得以提高。

案例

如何解决合作学习中的话语霸权现象

第一循环

问题：基础教育课程改革强调学生学习方式的改变，提倡合作学习，所以教师常常创设一些情境让学生以小组讨论的方式开展学习活动，但在小组中往往好学生拥有话语霸权，一般学生缺少发言机会。

计划：针对这一情况，要创设条件让每名学生都有发言机会。

行动：在开展小组讨论时规定每个人都必须发言，先陈述自己对问题的看法，而后大家自由讨论。

考察：考察小组合作学习时的情况，并进行记录。

反思：话语霸权的现象有所改善，小组内的一般学生也可以参与讨论学习，但仍有个别学生(特别是学习成绩很差的学生)采取消极态度，我行我素，很难投入活动。

第二循环

修改后的计划：对参与小组活动的成员进行明确的职责分工，如主持人、计时员、记录员等，确保小组内所有的成员都能参与活动。

行动：进行小组学习时，让不积极投入的成员承担记录员等职责，促使其将注意力转移到小组讨论活动中来。

考察：再观察小组合作学习情况。

反思：现在小组内的成员似乎都能参与活动，但在自由讨论时太过吵闹，彼此不会倾听别人的意见，固执己见，不会与人合作，怎样才能让学生通过小组讨论的方式真正实现合作学习呢?

三、撰写并公开研究报告

(一)撰写并公开研究报告的意义

进行教育行动研究的目的，一方面是为了解决教育实践的问题，另一方面也是为了拓展教育知识。撰写并公开研究报告，从实践方面来看，一方面是为了促进教育经验的分享，让读者从中领悟到一些有利于改进教育实践的东西；另一方面，通过报告可以和有关人士进行交流，就所提出的问题与所采用的问题解决途径进行对话和理性辩论，以更好地澄清自己的研究问题与研究策略。从知识的拓展方面来看，公开研究报告一方面是对自我所创造的知识点的辩护过程，通过这个过程让听者明白这些知识来源于真实的实践，有着自身的合理性；另一方面也通过交流和论辩进一步拓展知识的深度。

(二)研究报告的主要内容和注意事项

行动研究报告的主要内容包括：描述真实的行动研究，呈现行动研究的要点，解释教育行动，为自己的研究辩护。描述真实的行动研究是说研究报告要把行动研究历程的真实面目呈现出来，而不是一些空洞的描述。此外，对行动研究的报告也不是平铺直叙的流水账，而是要呈现研究的要点，以便读者或者听众能够很好地把握整个研究。这些研究重点包括以下几方面。

①问题的提出。比如，研究者遇到一个问题：学生不喜欢学英语，英语成绩低下。

②简短的文献综述。已有的研究对这个问题是如何解决的，已经解决到了什么程度，还有哪些有待进一步研究的问题。

③研究的假设。研究者借鉴他人的研究思路，形成自己的研究计划或研究假设。比如，将传统的"听说领先"英语教学变为"听领先"的英语教学，这样做的假设是"听领先"有利于提高学生的学习成绩和学习兴趣。于是，行动研究的主题就显示为"听领先对学生英语成绩和英语学习兴趣的影响的行动研究"。

④所拟定的行动方案的实际实施情况和影响范围如何，教育行动研究者如何因地制宜地处理实施的相关问题。

⑤所拟定的行动方案的预期与未预期的效果如何，并解释其原因。

⑥说明教育行动研究者所选择的有关收集信息的技术和工具等。

报告的另一个内容是对参与者在教育实践层面所采取的行动进行解释，解释必须包含理论和实践工作的叙述和评论，并通过这些解释来说明自己采取这些行动的原因。此外，报告还要对自己的行动以及研究过程进行辩护。比如，自己研究目的和动机的合理性，研究策略和步骤的适切性，所收集资料的真实性和深刻性，对研究结果的满意度等。最终让读者和听众相信这确实是一个尽心尽力、有着理论和实践依据的教育行动研究。

当然，就中小学教师而言，部分教师之所以愿意做研究而不愿意撰写研究报告，主要是因为他们没有掌握撰写研究报告的基本规范和基本套路，以至于他们感到畏难、退缩。对于这些教师而言，他们需要专门的关于如何撰写教育行动研究报告的训练。掌握撰写教育行动研究报告的技术并不困难，对某些教师来说，也许只需要花费少量的时间就可以掌握撰写教育行动研究报告的技巧。

教师研究最好先严格练习行动研究报告的经典格式，等到熟练掌握了行动研究报告的经典格式之后，再逐步自由写作、自由发挥。否则，教师很可能因为不知道如何撰写行动研究报告而丧失行动研究的信心，也可能因不知道如何撰写行动研究报告而败坏行动研究的名声。

也就是说，当行动研究者不知道如何撰写行动研究报告时，最好先阅读和参考教育实验研究报告的规范格式，然后，通过对教育实验研究的规范格式的模仿，逐步掌握撰写教育行动研究报告的基本要求。

在这一节的最后，需要指出的是，不要把行动研究看得太难，前面之所以说这么多，是为了提供更多的信息，其实在真正做的时候并没有那么复杂。况且，很多事情是你做了以后才会发现其奥妙的，所以中小学教师完全可以按照一些简单的方法开始自己的研究。

补充阅读

教师行动研究的要求

①教师应掌握一些简单的研究方法。

②教师要有较强的问题意识。

③有效控制研究过程。

④慎重分析和解释资料。

⑤教师要善于反思行动。

⑥教师要有合作意识。

⑦养成读书学习的习惯。

⑧着眼于解决自身亲历的真实问题。

本章小结

教育行动研究既是一种比较独特的教育研究方式，也是一种具有鲜明个性的研究理念，它突破了传统教育研究所秉持的“理论”与“实践”决然分立的观念，不以“产出理论”为旨趣，而以“改善教育实践”为目的。教育行动研究的特点可以概括为：为行动而研究、在行动中研究、由行动者研究和对行动的研究。教育行动研究具有非常重要的现实意义，具体表现在可以提高学校的教育教学质量，提高教师的专业素质，促进学校的可持续发展。对于教育行动研究的基本步骤，西方比较经典的有勒温模式、考瑞模式和凯米斯模式等，但现在大家一般都认可行动研究的应用程序是由计划、行动、考察与反思等环节构成的、螺旋式推进的循环程序。

关键术语

行动，研究，教育行动研究，计划—行动—考察—反思模式

思考题

1. 行动研究是行动和研究二者的有机结合，设想你是一位教师，你在自己的日常工作中如何界定问题？

2. 持久地研究一名学生，并按照行动研究的基本程序撰写一份教育行动研究

报告。

3. 按照行动研究的基本程序，选择你熟悉的领域实施一项教学改革，并就此提交一份教育行动研究报告。

4. 假如你在听课的时候，发现这样一个现象：被教师叫起来回答问题的总是那三五名学生。为什么会形成这种情况呢？就这个问题设计一个行动研究方案。

案例探究

案例一

改善小学自然课教学的行动研究

发现问题：某小学五年级自然课的李老师，开学两个月以来组织了两次小测验，发现所教班级同学的学习效果不佳。因此，他想通过对自己教学的研究来了解问题所在，从而改善定学生的学习状况。

初步的文献探讨：李老师发现问题后，开始查阅有关书籍，了解有关影响学生学习效果的因素。结果发现教师自身的知识水平、人格、期望等因素和学生的学习态度、动机，以及教学方法、教学设备和教学时数的多寡等都会影响到学习的效果。

确定合作对象与研究计划：李老师与同年级的其他两位自然课教师合作，通过多次商讨，确定了研究的计划，即通过对彼此课堂教学进行观察来发现问题。

执行研究计划和考察：3位教师运用他们自己设计的观察表并结合田野笔记的方式对彼此的课堂进行观察，并在观察之后对记录进行比较和讨论。同时李老师还设计了问卷对学生进行了调查。

反思：综合观察和调查的结果，合作小组将李老师班学习效果不佳的原因初步归结为教学方法单一。

拟订新行动方案：两位教师帮助李老师一起制订了行动计划，即每周至少进行一次实验，开展一节课堂讨论，每两周带领学生进行一次户外活动。

实施新行动方案：依照上述计划，李老师开始进行新的自然课教学活动。

评价结果：一个月后通过测验，了解学生的学习效果是否有改进。

修正方案：如果结果有效，则继续实施行动方案，否则必须再与合作者一同分析与诊断。

案例二

a、b两套教学方案的比较研究

一所小学的领导认为，究竟怎样的课才是实施素质教育的课，许多教师模糊不清。认识上的模糊必然导致素质教育教学行为的缺失，进而阻碍语文素质教育的实施进程。因此，开展“语文课堂如何实施素质教育”的行动研究就显得十分必要。

他们设想，通过对一篇课文的不同教学行动的解剖，让教师在看得见、摸得着的教学过程中，把握语文课堂实施素质教育的行动轨迹，以达到澄清教师认识上的模糊性，转变教学观念，自觉在课堂教学中实施素质教育的目的；同时，提高教师理解处理教材、设计和实施语文素质教育的能力，力争使语文课堂教学有所突破和创新。

为此，他们特选课文《坐井观天》(寓言)，让一位有9年教龄的市级小学语文学科带头人执教。他们首先采用集体备课的方式备课，设计了两套教学方案，然后再让这位教师在某实验小学二(1)班和二(2)班(普通平行班)，用两种教法教学。同时，他们组织教师观摩、教师讨论、评课，对两种教法进行对比分析，最后撰写行动研究报告。其中部分结果如下。

对比两种教学行动所产生的教学效果

教学 a	教学 b
课堂气氛严肃、较沉闷	课堂气氛和谐、生动、较活泼
学生的课堂负担重，尤其是心理负担	学生课堂负担轻，心情是愉悦的
读书面不宽，读书量不大，参与朗读的人不多，兴趣不高	与教学 a 相反
教师提问为主，学生很少提问，思维不活跃，想象不丰富	教师不提关于内容理解方面的问题，学生质疑问难，思维活跃，想象丰富
侧重理解内容，学生语感没有得到训练	重在指导学生朗读，在读中培养了语感
学生只是机械地记住了课文寓意	学生在感知课文寓意的同时，还发表了许多新的见解
听、说、读、写、识、知识、能力、情感等教学效率的整体综合性不强，有的学生无收获	与教学 a 相反，学生人人有收获，个个有提高

讨论：为什么两种教学行动会产生截然不同的教学效果？比较两种教学活动过程。

教学 a	教学 b
以“教”为中心设计教学，教学设计是程式化的、固定的	以“学”为中心设计教学，教学设计是灵活的、变化的
理解内容为主，教师的教主要侧重于“理解”“分析”层面上	引导读书为主，教师的教主要侧重于“感悟”“积累”层面
学生的学主要是接受式的、静坐式的，没有自主权，主体地位不突出	学生的学主要是参与式的、活动式的，享有自主权，主体地位突出
强迫学生接受教参所规定的寓意	不给统一答案，允许学生对课文寓意有自己新的见解

从对比中可以看出：

第一，教学 a 所代表的是传统的讲读教学方法。从教学设计来看，是从课文的开头讲到结尾，没有对教材进行创新处理；从教学活动形式来看，是以教师讲为主，学生静坐接受；从教学内容上看，教师注重内容的理解分析，强迫学生接受教参规定的内容；从教学关系来看，师生是“授—受”关系，学生完全没有学习的自主权，更谈不上发挥学生的主体作用。在这样的教学活动中，学生的学习兴趣受到压抑，心理负担沉重，机械地按“师嘱”学习，学习的效率不高。教学 b 打破了传统的“逐段串讲、烦琐分析”的教学条框，它尊重学生的主体地位，充分发挥了学生的主体作用，根据学生学习语言的规律，以及学生的阅读过程，设计教学并及时调整教学。在这样的教学活动中，学生主动参与阅读，参与语文的实践活动，各种语文能力得到了明显的发展。

第二，对低年级阅读教学来说，传统的讲读教学明显偏重于内容的理解分析，低年级阅读教学“高年级化”的现象十分严重，这无疑加重了学生的学习负担，不符合儿童学习语言的规律。低年级阅读教学应该以朗读为主，注重感知和积累。在教学 a 中，由于教师把主要的精力集中在课文内容的分析讲解上，无形之中“挤”掉了学生读的时间，学生的读书是不够充分的。而教学 b 中，教师以读为主，让学生充分地读，先是读顺，接着是读熟，然后是读出味，最后读懂，学生在读中感知了内容，也积累了语言。此外，对课文内容的理解应该允许学生有自己的看法和见解，这样更利于培养学生的创新精神和创新能力。

本次的行动研究，使教师们清楚地看到了传统教学的弊端，转变了教学观念，深刻地领悟到了新修订大纲的改革精神，为课堂教学实践指明了方向。

[资料来源：向爱平.《坐井观天》一课教学的行动研究案例. 教学与管理，2002(05)]

拓展阅读

1. 陈向明. 什么是“行动研究”[J]. 教育研究与实验，1999(02).

该文在介绍国内外研究的基础上，阐述了行动研究的由来、定义、类型、特点和理念基础，介绍了行动研究成果的步骤、方法和检验方法。

2. 王建军，黄显华. 校本课程发展与教育行动研究[J]. 华东师范大学学报(教育科学报)，2001(02).

该文主要探究了校本课程发展与教育行动研究的关系，指出校本课程发展中遇到的问题可以通过教育行动研究的引进得到较好的解决。

3. 宁虹，刘秀江. 教师成为研究者：教师专业化发展的一个重要趋势[J]. 教育研究，2000(07).

该文分析了教师学术地位不高的原因，论证了教师成为研究者的必要性和可能性，指出了教师成为研究者的趋势和意义。

第十章　资料的分析与处理

【本章要点】

本章主要介绍针对收集到的数据资料(量化资料和定性资料)如何进行分析与整理。在量化资料的基础上，介绍了两种常用的统计方法：量化资料的描述统计和推断统计。同时，本章对SPSS的操作过程也进行了简单的描述。通过学习本章，一方面学习者应该了解量化资料的统计分析过程，掌握量化资料的统计方法，并能对教育研究中收集到的量化资料进行相关的描述统计和推断统计分析；另一方面，学习者应该了解定性研究资料的整理与分析方法，并能对教育研究中收集到的定性资料进行整理与分析。

学习目标

1. 了解描述统计的含义，掌握常用的描述统计的计算方法及SPSS的操作过程。

2. 了解推断统计的含义，掌握常用的推断统计的计算方法。

3. 了解质性分析的含义，掌握常用的质性分析的方法。

导入案例

假如你是一名小学一年级的语文教师，你想了解任教班级学生的成绩，经过测试，全班 50 名学生的成绩见表 10-1。

表 10-1　50 名小学生语文成绩(单位：分)

67	87	65	78	88	99	77	66	55	66
78	89	68	63	65	63	71	71	72	86
89	87	69	82	83	87	84	85	88	67
76	67	98	89	98	97	91	92	93	78
65	65	97	76	67	98	89	98	97	76

当面对这些数据的时候，你想要知道：

①大部分孩子的语文成绩是好还是坏？

②大多数学生的成绩位于哪个分数？

③这个班的成绩和其他班相比怎么样？

④男生和女生在语文成绩上是否有差别？

仅凭直接观察这些数据，我们是很难回答上述这些问题的，而且很可能会把自己搞得头昏脑涨。想要解决这些问题，就需要依靠统计方法来解决，如描述统计和推断统计等。

第一节　描述统计

描述统计就是通过图表或数字方法，对数据资料进行整理、分析，并对数据的分布状态、数字特征和随机变量之间的关系进行估计和描述的方法。在教育研究中，描述统计通常包括数据初步整理、集中量数、差异量数和相关系数等。

一、量化资料的初步整理

研究者通过各种方法收集到的原始资料往往是杂乱无章的，在对这些资料进行定量分析之前，研究者需要对这些原始数据进行初步整理，主要是运用统计分组、统计表和统计图来整理数据，使这些数据系统化和条理化。

(一)量化资料的统计分组

研究者可以根据原始资料中观测值的多少确定是否分组，一般而言，当原始数据资料中的观测值小于 30 时，不必对其分组，可直接进行统计分组；但当原始资料中观测值较多时，即观测值的数量大于 30 时，需要将观测值分成若干组，以便进行统计分析。研究者对原始数据进行分组之后，需要编制次数分布表，以便更为清晰地了解原始数据资料的集中和变异情况。

对连续数据资料的整理，需要先确定全距、组数、组距、组中值以及组限，然后将其全部观测值计数归组。

第一步：求全距。全距是原始数据资料中的最大值与最小值之差，又称为极差，通常用 R 表示，其计算公式为：R=最大值－最小值。

第二步：确定组数。将全距分为若干组，在教育研究中，组数的多少没有严格规定，研究者可视原始数据资料的性质、样本容量及数据资料的变动范围大小而定，一般以达到既简化资料又不影响反映资料的规律性为原则。组数要适当，不宜太多，亦不宜过少。通常分组以 10～20 组为宜。

第三步：求组距。组距是指每组数据中的最大值与最小值之差，通常用 i 表示。研究者在对原始数据资料进行分组时，需要注意保持各组的组距相等。组距的大小由全距与组数确定，其计算公式为：组距 i=(全距+1)/组数。

第四步：确定组限及组中值。组限是指每组数据中的最大值与最小值。其中最大值称为上限，最小值称为下限。而组中值则是指每一组数据的中点值，它是该组数据的代表值。组中值与组限、组距的关系可表述为：组中值=(组下限+组上限)/2。当组距确定后，首先要确定第一组的组中值，然后一次确定其余各组的组中值。

第五步：归组计数，制作次数分布表。分组结束后，将资料中的每一观测值逐一归组，统计每组内所包含的观测值个数，即次数，然后制作次数分布表。需要指出的是，对于恰好等于前一组上限和后一组下限的数据，通常将其归到后一组。

例如，以 37 名小学生的语文阅读水平测试的原始数据资料为例，其语文成绩见表 10-2，请根据这些原始数据编制次数分布表。

表 10-2　37 名学生的语文阅读水平测试成绩(单位：分)

76	82	93	87	78	80	70	70	87	80
82	73	97	67	98	85	95	64	85	75
76	80	85	90	78	80	72	76	77	84
70	82	60	67	80	57	88			

第一步，全距 R=41。

第二步，N=37，R=41，根据分组规则可初步确定组数为 9 组。

第三步，组距 i=(41+1)/9=4.6。

第四步，确定组限，第一组确定为 56～60 分，第二组为 61～65 分，依此类推。由此可以求出各组相应的组中值。第一组的组中值=(56+60)/2=58；第二组的组中值为 63，同样依此类推。

第五步，统计分组，制作次数分布表。37 名学生的语文阅读成绩的次数分布见表 10-3。

表 10-3　37 名学生的语文阅读成绩的次数分布

组别	组中值	次数	百分比
96～100	98	2	0.05
91～95	93	2	0.05
86～90	88	4	0.11
81～85	83	7	0.19
76～80	78	11	0.30
71～75	73	3	0.08
66～70	68	5	0.14
61～65	63	1	0.03
56～60	58	2	0.05
合计		37	

(二)统计表和统计图

1. 统计表

统计表是运用纵横交叉的线条所绘制的表格来系统描述和表现原始数据的一种资料整理形式。根据教育研究的实际需要，研究人员常常需要把收集来的杂乱无章的原始数据按照一定的要求进行整理、归类，并依据一定的顺序把这些数据资料排列起来，编织成表格，让研究者对原始资料一目了然，并能清晰地发现和把握研究对象之间的变化规律和差异，易于分析和研究教育问题。通常按照项目的多少分为简单表和复合表。

简单表是由一组横项目和一组纵项目组成的统计表。一般来说，简单表只列出调查的名称、地点、时序或统计指标等，如表 10-4。

表 10-4　某市 5 所小学的学校规模(单位：人)

学校	A 小学	B 小学	C 小学	D 小学	E 小学
人数	500	1500	1000	900	750

复合表是由两组以及两组以上的横项目和纵项目结合起来或一组横项目和两组以及两组以上纵项目结合起来以表达它们之间关系的统计表，如表 10-5。

表 10-5　某小学双语教学的学生学习成绩(单位：人)

科目	班级	优	良	中	差	合计
汉语	一班	4	18	20	3	45
	二班	6	20	15	4	45
英语	一班	5	16	20	4	45
	二班	3	18	21	3	45

2. 统计图

统计图是将统计资料形象化，利用点、线、面等不同形式来直观说明研究事物的特征以及事物之间的数量关系的图形。常用的统计图有直方图、长条图、圆形图和散点图等。研究者可以根据研究的实际需要和数据类型选择适宜的图形来整理分析资料。

(1)直方图

以矩形的面积表示连续性随机变量次数分布的图形。它以不同的矩形面积代表数量，各直方形面积与各组的数量成正比关系。(见图 10-1)

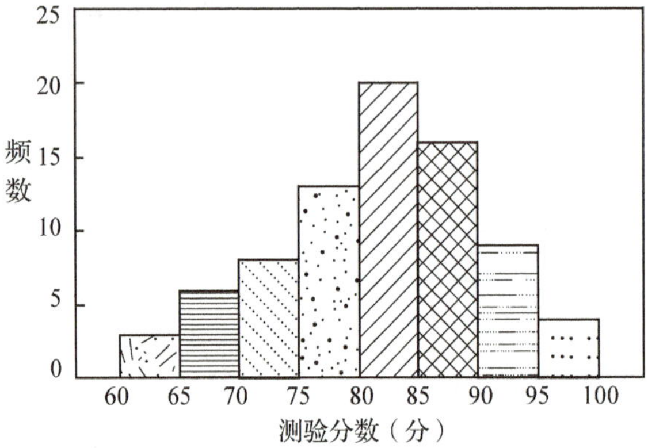

图 10-1 某小学二年级学生数学测验分数

研究者在制作直方图时，需要注意两点要求：一是用纵轴表示被观察现象的次数(或频数)，横轴表示连续变量，以组距为底边，以分组区间的精确上下限为底边的端点，以每组的次数为高绘制矩形；二是直方图的各直条间不能有空隙。

(2)长条图

长条图是以条形长短表示数量的大小不一和显示个数之间的差异，适用于间断性的资料统计。研究者在绘制长条图时，需要注意：第一，横轴表示各个类别，纵轴表示按性质分类资料各类别的数值大小；第二，每一组间断性数值对应的长条间存有间隙，但各长条之间的间隙应该相等，宽度也应该相等。(见图 10-2)

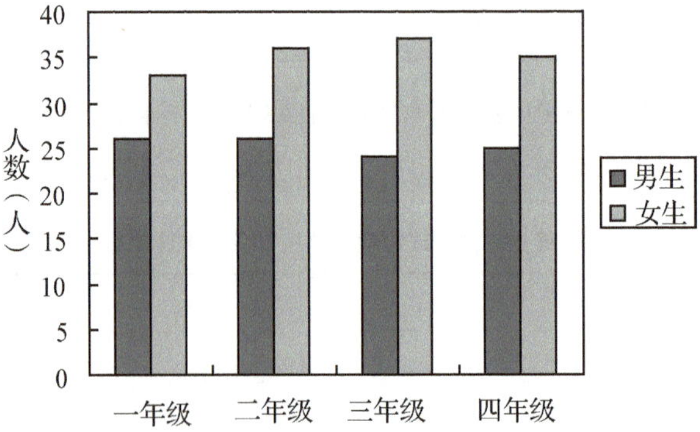

图 10-2 某小学各年级男女生的语文平均成绩

(3)圆形图

圆形图主要是用来表示事物各组成部分所占的比重或构成，它以圆形的总面积代表 100%，然后把面积按比例分成若干部分，以角度大小来表示各部分所占的比重。圆形图适用于间断性资料的统计，并常以百分数显示。(见图 10-3)

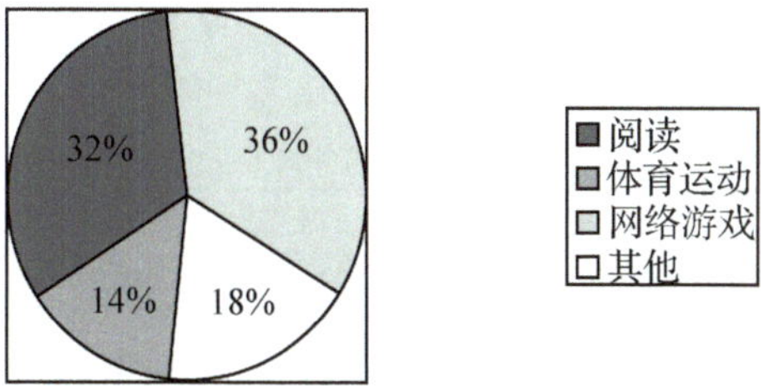

图 10-3　某校小学生课外活动类型所占比例

研究者在制作圆形图时，需要注意：第一，绘制大小适当的圆形；第二，每一组数据对应的扇形都应用不同的阴影或颜色区分开来，并标记上相应的百分数。

(4)散点图

散点图是以直角坐标系中各点的密集程度和趋势来表示两个变量间的关系的图形。根据点的散落情况，推测两种变量间有无关系，通常用于对数据资料进相关分析。(见图 10-4)

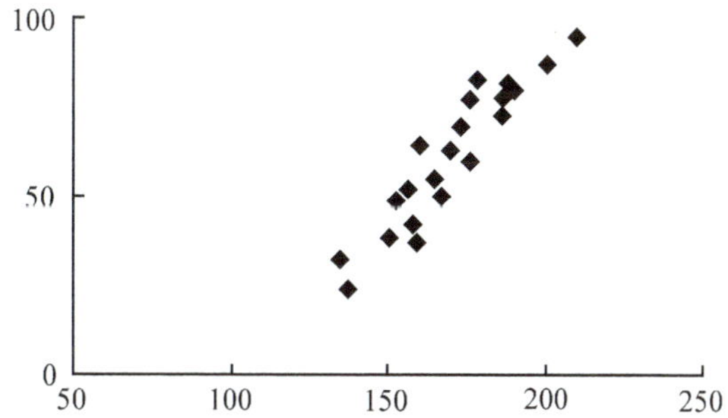

图 10-4　小学生识字量和语文成绩

二、集中量数

一组数据中大部分数据都趋向于中间的某一点，这种向某一点集中的趋势称为集中趋势，而描述一组数据集中趋势的量数就叫集中量数。在教育研究资料的统计分析中，常用的集中趋势量数有算术平均数、中位数和众数等。

(一)集中量数的常见类型

1. 算术平均数

算术平均数通常称为平均数、均值或均数，它表示一组数据的平均水平，是最常用的统计量之一。一组数据的算术平均数是该组所有数据之和除以该组数据的个数所得之商。算术平均数在统计学中一般用 $\overline{X}$ 表示，求和用 $\sum$ 表示，X 表示各个分数，N 表示人数或者次数，其计算公式为：

$$\overline{\overline{X}} = \frac{\sum_{i=1}^{N} X_i}{N}$$

例如，某小组 10 名学生的数学测验分数为：79、62、84、90、71、76、83、98、77、78，其算术平均数为：

$$\overline{X}=\frac{79+62+84+90+71+76+83+98+77+78}{10}=79.8$$

算数平均数是使用最广泛的集中量数，由于它是根据全部原始数据资料计算得来的，故能代表全体，受抽样变动的影响最小，其概念简明易懂，计算方法简单，适合代数运算。此外，算数平均数反应灵敏，一组数据中任何一个数据发生变化，算数平均数都随之改变。因此，算术平均数也有缺点：它极易受极端数据的影响而失去代表性；算数平均数的精确计算需要每一个数据的确切存在，否则无法计算。

2. 中位数

中位数是指一组数据按照大小顺序排列，位置居于数列正中的那个数值，简称中数，用符号 Md 或者 Mdn 表示，它是划分一组数据中较大的一半和较小的一半的数目界限，需要指出的是，中位数只是将一组数据的个数分为相等的两部分，而不是将一组数据的数值分为两个部分，因此，中位数可以不是一个实际观测到的数值，而是一个经过计算得到的值。

其计算方法，首先，要排列数据，将所有的数据按照从小到大，或者从大到小的顺序排列；其次，确定中数的位置及中数，若数据的总个数 n 为奇数，则第$\frac{n+1}{2}$个数就是中数；如果数据的个数是偶数，则取第$\frac{n}{2}$个数与第$\frac{n}{2}+1$个数的平均数。

中位数的优点在于：它不受极端数值的影响；意义明确，简明易懂；计算简便，对于有极端数据出现的数列，用中位数作为集中趋势的代表值比算术平均数更为合适。其缺点表现为：缺乏灵活性；较易受抽样偏差的影响；不适合代数运算，较难做进一步的统计分析。

3. 众数

众数是指一组数据中出现次数最多的那个数值，常用符号 Mo 表示。在理解和运用众数时，需要注意以下几点：第一，众数是出现次数最多的那个数值，而非它所对应的次数。第二，在一组数据中，如果某个数据是众数，那就意味着这个数值至少应当出现两次。第三，如果同时出现两个数值都具有最高的并且相同的次数，那么这组数据就有两个众数。第四，并不是每一组数据都有众数。如果一组数据中全部数值出现的次数都不超过 1 次，那么该组数据就不存在众数。

众数作为描述一组数据分布的集中趋势的重要统计指标，具有形象、简明易懂，计算简便等优点，并且有助于分析判断具有多个集中点的分布，不易受到极端数据的影响。它尤其适用于粗略估计。但是，众数同时也具有计算结果不精确、不稳定等缺点，不能参加进一步代数运算。

(二)集中量数的 SPSS 操作

例如，某学校欲改进和优化本校师资结构，需要对全校 60 多名教师的年龄、教龄等基本情况进行统计分析。以分析该校教师的年龄状态为例，如何才能反映 60 多位教师的总体年龄特征？

本例需要反映该校教师的总体年龄特征就需要计算集中量数，下面以计算该校教师年龄的算术平均数、中位数和众数为例，说明如何运用 SPSS 进行教育统计和分析。

第一步：录入数据并保存数据文件。

第二步：在 SPSS 数据编辑状态下，依次点击工具栏中的分析　描述统计　频率，打开频率对话框。(见图 10-5)

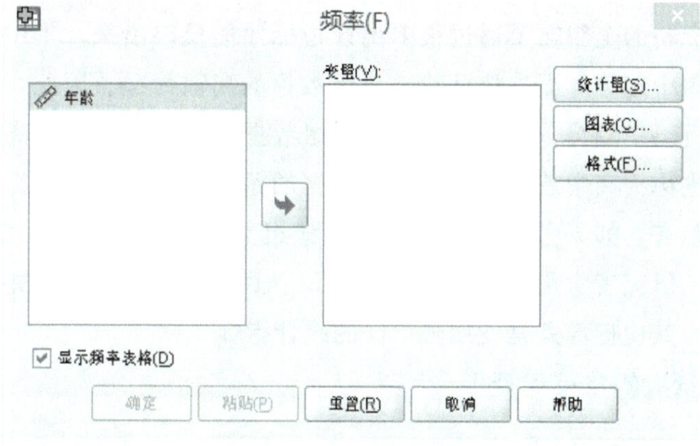

图 10-5　频率对话框

第三步：将“年龄”选入右侧变量列表中，点击“统计量”按钮，进入统计量对话框，在集中趋势下面选择均值、中位数和众数。(见图 10-6)

图 10-6　频率统计对话框

第四步：单击 OK 按钮，即可输出统计结果。(见表 10-6)

表 10-6　集中量数输出表

N	M	Md	Mo
65	32.52	32	32

从表中可以很清晰明了地看出，该校 65 名教师的平均年龄为 32.52 岁，中间值为 32 岁，32 岁这一年龄的教师数量最多。

三、差异量数

一组数据资料的全貌需要通过很多统计指标才能反映出来，集中量数仅仅描述了一组数据的集中趋势，而未能反映出该组数据的离散情况。因此，研究者还需要对该组数据进行离中趋势分析。用来描述一组数据离中差异情况和离散程度的量数即差异量数，也称为离中趋势量数。一组数据的差异量大，表示该组数据分布的范围广，而且不整齐，如果差异量小，则表示该组数据分布得集中，变动范围较小。在教育研究中，研究者常用的差异量数有全距、百分位差、四分位差、平均差、方差和标准差等。其中标准差是使用最广泛的统计指标。

(一)差异量数的常见类型

1. 全距

全距是一组数据中最大值与最小值之差，通常用 R 表示。其计算公式为：

$$R=最大值-最小值$$

其优点是易于了解和计算，但极易受到数据分布中极端量数变化的影响，而且全距只能反映分布两端的差异，不能描述一组数据全部的差异情况。

例如，有两个学习小组的考试成绩分别为：

第一组：50，80，80，90，100。

第二组：75，78，80，82，85。

通过计算得知，两个小组的考试成绩平均分一样，都是 80 分，但是，这并不能说明这两个小组的考试成绩完全一样。事实上，他们还存在一定的差异。如果我们用全距指标进一步计算，则可得到以下结果。

第一组的全距：$R=100-50=50$

第二组的全距：$R=85-75=10$

可见，两个小组的考试成绩存在一定的差异，与第一组相比，第二组的考试成绩相对比较集中，差异相对较小，明显优于第一小组。

2. 百分位差

如果将一组数据从大到小排序，并计算相应的累计百分位，则某一百分位所对应数据的值就称为这一百分位的百分位数。可表示为：一组 n 个观测值按数值大小排列，处于 p%位置的值称为第 p 百分位数。中位数是第 50 百分位数。第 25 百分位数又称第一个四分位数，通常用 Q1 表示；第 50 百分位数又称第二个四分位数，通常用 Q2 表示；第 75 百分位数又称第三个四分位数，通常用 Q3 表示。

百分位数是用于衡量数据位置的量度，但它所衡量的不一定是中心位置。百分位数提供了有关各数据如何在最小值与最大值之间分布的信息。对于无大量重复的数据，第 p 百分位数将它分为两个部分。大约有 p%的数据项的数值比第 p 百分位数小；而大约有(100－p)%的数据项的值比第 p 百分位数大。

高等院校的入学考试成绩经常以百分位数的形式报告。比如，假设某个考生在入学考试中的语文部分的原始分数为 54 分。相对于参加统一考试的其他学生来说，他的成绩如何很难清楚掌握。但是如果原始分数 54 恰好对应的是第 70 百分位数，我们就能知道大约 70%的学生考分比他低，而约 30%的学生考分比他高。

百分位差是指两个百分位数之差。其计算简单，就是数值大的百分位数减去数值小的百分位数。虽然很少受极端数值的影响，但仍不能很好地反映中间数值的分布情况。

3. 四分位差

四分位差即利用四分位数与中数的平均差来表示数列离中趋势大小的统计量。它意义明确，计算简便，不受两极量数的影响，但不能反映分布中全部熟知的差异情况，不适合代数方法处理，易受抽样变动的影响。

4. 平均差

平均差是每一个数据与该组数据的中位数(或算术平均数)离差的绝对值的算术平均数。它容易理解和计算，能说明分布中全部数值的差异情况，但会受两极量数的影响，不适合代数方法的处理。

5. 方差

方差是度量数据变异程度最常用的指标之一。它是一组数据中每一个数据与这组数据的算术平均数的离差平方和除以该组数据的个数所得到的平均数，通常用 $S2$ 表示。方差的计算公式如下：

$$S2=\frac{\sum_{i=1}^{n}(X_i-\overline{X})^2}{N}$$

例如，5 名小学教师某次教育理论知识的测验成绩为 45、42、48、32、30，求其方差。

解：①先求 $\overline{X}$。将数据代入公式，得：

$$\overline{X}=\frac{X_1+X_2+X_3+\cdots+X_5}{N}=\frac{45+42+48+32+30}{5}=39.4$$

②将已知数据代入公式：

$$S2=\frac{\sum_{i=1}^{n}(X_i-\overline{X})^2}{N}=\frac{(45-39.4)^2+(42-39.4)^2+\cdots+(30-39.4)^2}{5}=51.04$$

6. 标准差

由于方差的计算结果常常过大，而且其计算单位不便于进行意义解释，所以在实际的教育研究资料统计工作中常用标准差作为差异量数，来衡量教育数据资料的差异程度。

标准差又称为均方差，它是方差的算术平方根，一般用 S 表示。标准差是最重要和最完善的差异量数，它是根据全部数值计算出来的，适合于代数运算，受抽样变动的影响较小，但是其运算比较烦琐，受极端数据影响比较大。其计算公式如下：

$$S=\sqrt{\frac{\sum_{i=1}^{n}(X_i-\overline{X})^2}{N}}$$

根据这一公式，我们可以计算出上述方差实例中 5 名小学教师某次教育理论知识测验成绩的标准差。

将已知数据代入公式：

$$S=\sqrt{\frac{\sum_{i=1}^{n}(X_i-\overline{X})^2}{N}}=\sqrt{\frac{(45-39.4)^2+(42-39.4)^2+\cdots+(30-39.4)^2}{5}}=7.14$$

方差和标准差都是根据全部数据计算的，它反映了每个数据与均值相比平均相差的数值，因此它能准确地反映出数据的离散程度。方差和标准差是实际中应用最广泛的离散程度测度值。

(二)差异量数如何在 SPSS 中计算

例如，某英语教师进行教学改革实验，他选择三年级 3 个平行班作为实验对象，并对 3 个班的英语成绩进行了前测，前测结果见表 10-7。要了解 3 个班在实验之前学生成绩的差异程度，就需要计算各班测验成绩的平均分、标准差、最小值、最大值等各个描述统计量。

表 10-7　3 个平行班英语初测成绩

1 班	87	78	80	89	86	88	89	91	92	76	…
2 班	88	77	86	77	84	92	78	87	89	88	…
3 班	90	89	78	94	70	89	70	98	92	69	…

第一步：录入数据并保存文件。将班级命名为“*bj*”变量，将成绩命名为“*cj*”，然后将 3 个班的成绩录入并保存文件。

第二步：依次点击分析　比较均值　均值，打开均值对话框。(见图 10-7)

在该对话框中，将源变量框中的“*cj*”变量移至因变量列表，将“*bj*”变量移至自变量列表中。

第三步：点击对话框右上角的“选项”按钮进入设定对话框。在该对话框中，点击需要计算的统计量，最小值、最大值、全距、方差、平均数和标准差，并将这些

统计量移至“单元格统计量”框中，点击“继续”按钮回到选项对话框。（见图 10-8）

第四步：点击 OK 按钮，即可输出统计结果。（见表 10-8）

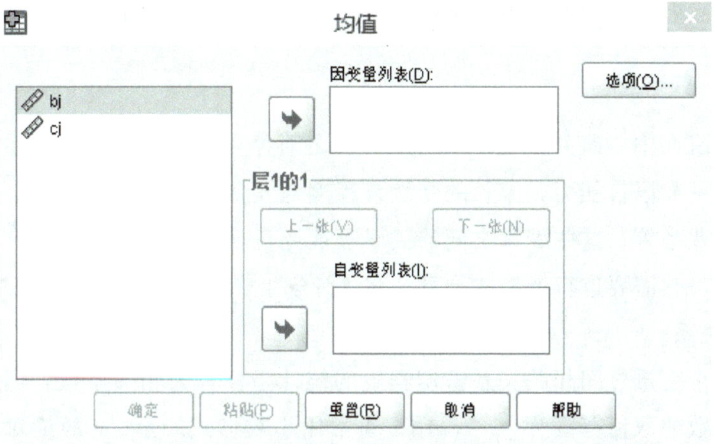

图 10-7 均值对话框

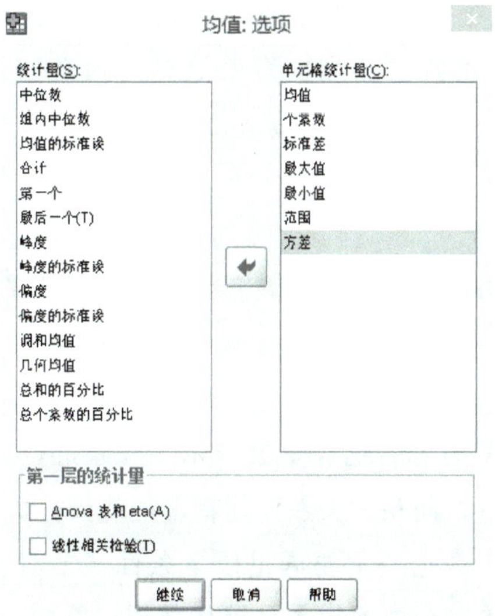

图 10-8 选项对话框

表 10-8 输出结果

bj	M	Min	Max	R	SD	Variance
1	83.07	66	96	30	8.964	80.352
2	85.27	77	92	15	4.093	16.754
3	84.78	69	99	30	10.212	104.292
Total	84.41	66	99	33	8.293	68.776

通过处理结果，可以看出各样本以及全样本的数据分布特征。2 班数据分布最集中，全距跨度为 15 分，平均分为 85.27，标准差为 4.093，在 3 个班中，3 班的标准差最大，所以成绩分布最分散。

四、相关系数

在教育研究中，研究者会常常发现因素之间存在着非常密切的关系。比如，儿童的智力水平和语言能力，家长的受教育程度与儿童道德社会化水平，高校学生的职业观与就业率等。这些因素之间的关联程度究竟如何，不能仅凭已有的经验进行臆测，同样，它需要进行严格的推算。在统计学上，通常用相关系数来描述因素(变量)之间的关系。

描述两个变量之间相关关系密切程度的统计指标称为相关系数，通常用 r 来表示。相关系数的取值范围为[－1，1]，通常用小数形式表示。r 的绝对值越大，即越接近于 1，变量之间的线性相关程度越高；r 的绝对值越小，说明变量之间的线性相关程度越低。当 r 的取值为 0 时，说明两个变量之间无直线关系，亦称为零相关。通常当 r 的绝对值大于 0.8 时，认为两个变量有很强的线性相关性。当 r 为正值时，表示两个变量呈正相关；当 r 为负值时，两个变量呈负相关；当 r 的取值等于 1 时，称两个变量为完全正相关；当 r 的取值为－1 时，称两个变量为完全负相关。

(一)相关分析类型

计算相关系数的方法有很多种。在教育研究中，常用的计算方法有积差相关和等级相关。

1. 积差相关

积差相关系数是由英国著名统计学家卡尔·皮尔逊(K. Pearson)发现的统计指标，是用于说明两个变量之间相关关系密切程度的统计分析指标。

在使用积差相关时，数据一定要满足以下条件：①两个变量必须是连续变量，换言之，变量数值必须是等距数据或者是等比数据；②两个变量呈线性相关；③两个变量为正态分布，或者接近正态分布，但至少是单峰对称的分布；④测量数据必须是成对数据，并且每对数据之间相互独立；⑤需要排除共同因素的影响，如果两个变量都随着一个共同因素在变化，即使算出的积差相关系数很高，也难以判断两个变量之间存在高度相关关系；⑥只有样本容量大于 30 时，计算出来的积差相关系数才有意义。

积差相关系数的计算公式为：

$$r=\frac{\sum XY}{NS_XS_Y}$$

式中：$X=X_i-\overline{X}$

$$Y=Y_i-\bar{Y}$$

N 为成对数据的数目。

S_x 为 X 变量的标准差。

S_y 为 Y 变量的标准差。

如果统计数据为原始数据，则可用下面的公式计算积差相关系数：

$$r=\frac{\sum XY-\frac{\sum X\sum Y}{N}}{\sqrt{\sum X^2-\frac{(\sum X)^2}{N}}\sqrt{\sum Y^2-\frac{(\sum Y)^2}{N}}}$$

2. 等级相关

在某些情况下，研究者收集到的数据资料并不是等距数值或者等比数值，而是顺序数值，即等级数值，不满足积差相关系数的条件，这就需要选择另一种相关系数的计算方法，即等级相关。

等级相关是将两变量的样本值按数据的大小顺序进行排序，以各变量样本值的位次代替实际数据而求得的一种统计量。等级相关的适用条件为：①两列变量为等级变量；②两个相应的样本并不一定呈正态分布或者总体分布未知；③样本容量不一定大于 30。

等级相关分析的方法有多种，在此仅介绍斯皮尔曼(Spearman)等级相关，它用等级相关系数 r_s 来说明两个变量间相关关系的密切程度与相关方向。

$$r_s-1-\frac{6\sum d^2}{n(n^2-1)}$$

其中，r_s表示等级相关系数，d 表示两个变量数值排序后每对数据之差，n 表示成对数据的个数。r_s 值介于-1 到 1 其意义同积差相关系数 r。

(二)相关分析在 SPSS 中的操作

1. 积差相关

例如，为了研究学生的人际关系、焦虑情绪和学业成绩三者之间的关系，研究者运用焦虑量表、人际关系量表对 30 名被试进行了测验，并对这 30 名被试进行了学业成绩测试，测试结果见表 10-9。

表 10-9　人际、焦虑和学业测试表

人际交往	28	20	24	18	8	9	7	10	13	…
焦虑情绪	50	45	44	20	12	32	28	29	31	…
学业成绩	70	79	88	95	97	87	79	88	90	…

本例中 3 个变量都是正态连续变量，要分析其相关程度应该选用积差相关，在 SPSS 中的具体操作步骤如下。

第一步：录入数据保存数据文件。定义“rj”“jl”和“xy”3 个变量分别表示被试的人际关系、焦虑情绪和学业成绩。

第二步：依次点击分析　相关　双变量命令，进入相关分析的双变量相关对话框。(见图 10-9)

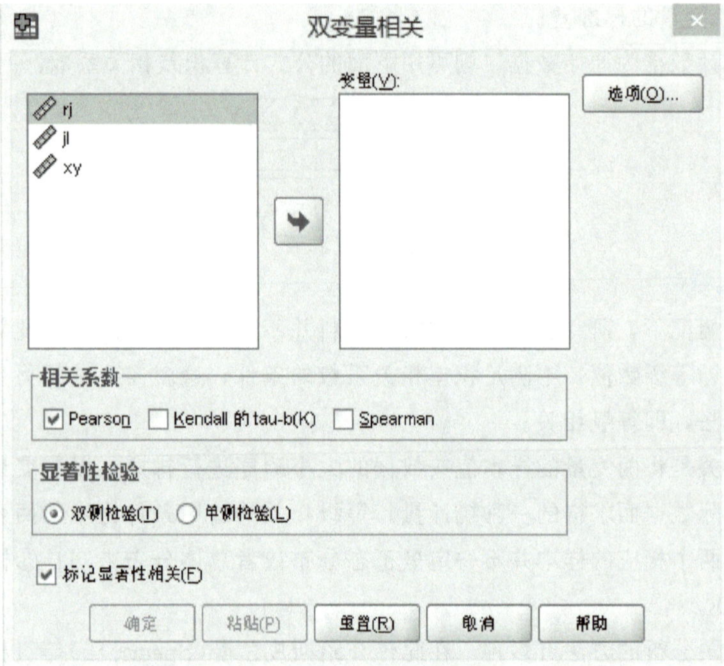

图 10-9　双变量相关对话框

在该对话框中选中 3 个变量，将 3 个变量移至“变量”框中，进行两两相关分析；在相关系数栏中选择 Pearson 选项，表示使用皮尔逊积差相关系数来反映 3 个变量所代表的样本间的相关系数。

第三步：点击 OK 按钮完成操作，即可输出相关分析的结果。(见表 10-10)

表 10-10　积差相关分析结果

		rj	*jl*	*xy*
rj	Pearson 相关性	1	0.695**	−0.522**
	显著性(双侧)		0.000	0.003
	N	30	30	30
jl	Pearson 相关性	0.695**	1	−0.624**
	显著性(双侧)	0.000		0.000
	N	30	30	30
xy	Pearson 相关性	−0.522**	−0.624**	1
	显著性(双侧)	0.003	0.000	
	N	30	30	30

2. 斯皮尔曼等级相关分析

例如，某中学教师想考查学生的语言理解能力和英语阅读能力之间的关系，选取 30 名九年级学生，对其语言理解能力进行等级评定，然后测试学生的英语阅读能力，计算并检验二者之间是否存在相关关系。

本例中语言理解能力是等级变量，要分析其相关程度应该选用斯皮尔曼等级相关，在 SPSS 中的具体操作步骤如下。

第一步：录入数据保存数据文件。定义“x”“y”分别表示被试的语言理解等级和英语阅读能力。

第二步：依次点击分析 相关 双变量命令，进入双变量相关对话框。（见图 10-10）

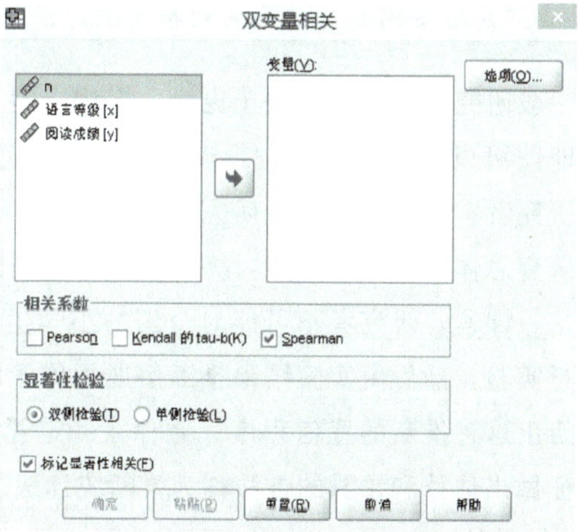

图 10-10 双变量相关对话框

在该对话框中选中两个变量，将其移至“变量”框中，进行两两相关分析；在相关系数栏中选择 Spearman 选项，表示使用斯皮尔曼等级相关系数来反映两个变量所代表的样本间的相关系数。

第三步：点击 OK 按钮完成操作，即可输出相关分析的结果。（见表 10-11）

表 10-11 等级相关分析结果

			语言等级	阅读成绩
Spearman 的 rho	语言等级	相关系数	1.000	0.936**
		Sig.（双侧）	0.000	0.000
		N	15	15
	阅读成绩	相关系数	0.936**	1.000
		Sig.（双侧）	0.000	
		N	15	15

第二节 推论统计

案例

从某市随机抽取40名中学生，测得他们的平均身高为145cm，那么能否就此认为该市中学生的平均身高为145cm？如果从某校高三英语模拟考试中随机抽取20份试卷得其平均成绩为98分，那么能否推断出该校高三学生的平均英语成绩是多少？如果市教委在教学评估中，从甲乙两所学校各抽取50名学生进行语文测试，测试结果是甲校平均分80分，乙校平均分84分，能否就此推断两校的语文成绩存在显著差异？要解决这些问题就需要用到推断统计。

在教育研究中，一般研究对象的总体过于庞大，客观上对全部个体进行观察和检验的可能性极小，即使可以对全部个体进行逐一研究，但仍需付出巨大的财力、物力和时间。因此，研究者常常选取一部分研究对象作为样本进行研究，通过对样本的研究结果来推论研究总体的特征。例如，为了研究解题思维策略训练对提高小学生解题能力的影响这一课题，研究者不可能对全国的小学生进行实验，只能从中抽取一小部分学生进行实验，然后由实验结果推断解题思维策略训练对所有小学生解题能力的影响，并给出这种推断的置信程度。这种在一定置信程度下，根据样本资料的特征对总体特征做出估计和预测的方法称为推断统计法。

推断统计是现代统计学的基本方法，在教育研究中的应用越来越广泛。它既可以用于对总体参数的估计，也可以用作对总体某些分布特征的假设检验。虽然由于整体的不均匀性和样本的随机性，利用分析样本得到的数据来推断总体的情况必然会产生偏差，但是，在大多数情况下这种估计误差的存在是合理的，也是可以容忍的。因为不同的问题有不同的精确要求，并不是所有问题都需要一个绝对准确的估量，也不是一切问题都能得到一个非常精确的结果，所以推断统计是不可缺少的研究手段。

如果说描述统计是简化、整理和汇总样本资料的话，推断统计则是在概率论的基础上根据样本的有关数据和信息，对未知总体的质量特征参数做出合理的判断和估计的过程。

一、参数估计

在教育统计学中，这种根据样本来估计和推断总体分布的未知参数的推断统计过程也称为参数估计。常用的参数估计有两种基本形式：点估计和区间估计。

(一)点估计

用样本的统计量去估计总体相应未知参数称为点估计。任意抽取一个样本，该样本的均值和方差便已知。对于同一总体，随着抽取样本的不同，就可得到不同的样本均值和方差，通过计算，同一总体分布未知参数就可产生多个估计值。这样，就存在对众多点估计优良性的评价问题。研究者通常用无偏性、一致性、有效性和充分性作为评价点估计优良性的标准。即如果所有估计量的均值 $E(\hat{\theta})=\theta$，称这些估计量 $\hat{\theta}$ 为参数 θ 的无偏估计，在多个无偏估计量中方差小的估计量则更为有效。

点估计是根据样本估计总体分布中所含的未知参数或未知参数的函数。通常它们是总体的某个特征值，如方差和相关系数等。例如，关于集中识字在提高小学生识字能力效果方面的研究中，设定其后测成绩的及格率为 θ。为估计 θ，从所有参加此实验的小学生中随机抽取 n 个学生进行检查，以 X 标记其中的及格人数，用 X/n 估计 θ，这就是一个点估计。

(二)区间估计

在有些情况下，根据研究需要，研究者需要给出参数估计的精确度。但是，点估计仅仅给出了未知参数的一个具体估计值，没有给出估计的精确度。而区间估计却体现了估计的精度。所谓区间估计是指依据抽取的样本，根据一定的正确度与精确度的要求，构造出适当的区间，作为总体分布的未知参数或参数的函数的真值所在的范围的估计。

研究者根据抽取的样本和一定的精确度所构造出来的区间，称为置信区间，即由样本统计所构造的总体参数的估计区间。在统计学中，一个概率样本的置信区间是对这个样本的某个总体参数的区间估计，该区间以一定的置信度(概率)包含该参数的真值。置信区间展现的正是这个参数的真实值是在一定概率上落在测量结果的周围的程度。置信区间给出的是被测量参数的测量值的可信程度，即所要求的“一定概率”。这个概率被称为置信水平。人们常说的有百分之多少的把握保证某值在某个范围内，即区间估计的最简单的应用。例如，在有关某学校校长的民意调查中，其支持率为55％，而置信水平 0.95 上的置信区间是(50％，60％)，那么他的真实支持率有 95％的概率落在 50％和 60％之间，换言之，他的真实支持率不足一半的可能性小于 5％。

在教育研究中，研究者一般用百分比表示置信水平，因此置信水平 0.95 上的置信区间也可以表达为 95％置信区间。置信区间的两端被称为置信极限。对一个给定情形的估计来说，置信水平越高，所对应的置信区间就会越大。

置信区间的计算步骤如下。

第一步：求一个样本的均值。

第二步：计算出抽样误差。

第三步：用第一步求出的“样本均值”加、减第二步计算的“抽样误差”，得出置信区间的两个端点。

二、假设检验

教育研究的量化资料通常需要比较才能显示其意义，尤其是对某些样本统计量进行一定的统计检验，才能确定这一差异是否为总体上的差异。统计学上把这种检验称为假设检验，即研究者事先对总体(随机变量)的参数或总体分布形式做出一个假设，然后利用样本信息来判断这个假设(原假设)是否合理，即判断总体的真实情况与原假设是否显著地存在差异。或者说，假设检验要判断样本与我们对总体所做的假设之间的差异是由随机误差造成的，还是由我们所做的假设与总体真实情况之间不一致所引起的。

(一)假设检验的含义

假设检验是针对我们对总体所做的假设进行检验，其原理就是“小概率事件在一次试验中不可能发生”的原理来接受或否定原假设。把一个要检验的假设称为原假设，也称为零假设或虚无假设，即对总体所进行的推断或推测，指观察到的差异只反映随机变异，记作 H0。与 H0 对立的假设称为备择假设，它是指观察到的差异是真实的，记作 H1。原假设和备择假设合在一起应涵盖所研究的总体特征的所有可能性。在原假设为真时，决定放弃原假设，称为第一类错误，其出现的概率通常记作 α；在原假设不为真时，决定接受原假设，称为第二类错误，其出现的概率通常记为 β。通常只限定第一类错误的最大概率 α。这样的假设检验又称为显著性检验，概率 α 称为显著性水平。最常用的 α 值为 0.01、0.05 等。

(二)假设检验的基本原理

假设检验的基本原理是提出“虚无假设”和检验“虚无假设”成立的概率水平的选择。所谓“虚无假设”，就是当比较实验处理组与对照组的结果时，假设两组结果间差异不显著，即实验处理对结果没有影响。经统计分析后，如发现两组间差异是由抽样引起的，则“虚无假设”成立，可认为这种差异为不显著(实验处理无效)。若两组间差异不是由抽样引起的，则“虚无假设”不成立，可认为这种差异是显著的(实验处理有效)。

检验“虚无假设”成立的概率水平一般定为 5%(常写为 $p<0.05$)，其含义是将同一实验重复 100 次，两者结果间的差异有 5 次以上是由抽样误差造成的，则“虚无假设”成立，则可认为两组间的差异不显著，常记为 $p>0.05$。若两组结果间的差异 5 次以下是由抽样误差造成的，则“虚无假设”不成立，可认为两组间的差异为显著，常记为 $p<0.05$。如果 $p<0.01$，则认为两组间的差异非常显著。统计学上规定的 p 值意义见表 10-12。

表 10-12　显著性水平

p 值	概率	虚无假设	统计意义
$p>0.05$	碰巧出现的可能性大于 5%	不能否定虚无假设	两组差异不显著
$p<0.05$	碰巧出现的可能性小于 5%	可以否定虚无假设	两组差异显著
$p<0.01$	碰巧出现的可能性小于 1%	可以否定虚无假设	两组差异非常显著

理解 p 值，下述几点必须注意。

①p 的意义不表示两组差异的大小。p 反映两组差异有无统计学意义，并不表示差别大小。

②$p>0.05$ 时，差异无显著意义，根据统计学原理可知，不能否认虚无假设，但并不认为虚无假设肯定成立。

③统计学主要用上述 3 种 p 值表示，也可以计算出确切的 p 值。

④假设检验的结果只是统计结论，它只能呈现差异是否在事实上存在，而不能回答差异产生的原因，也不能评价差异的大小和重要性，更不能检验对实验所进行的设计是否有缺陷。

(三)假设检验的基本步骤

根据假设检验的基本思想，其检验过程可按以下 4 个步骤进行。

第一步：提出原假设和备择假设。

第二步：选择适当的检验统计量。

第三步：选择显著性水平，确定临界值，决定检验方式。

第四步：做出统计决断。

把检验统计量的样本观察值和临界值比较，或者把观察到的显著性水平与显著性标准比较；最后按检验规则做出检验决策。当样本值落入拒绝域时，表述成“拒绝原假设”，显著表明差异存在；当样本值落入接受域时，表述成“没有充足的理由拒绝原假设”“没有充足的理由表明真实的差异存在”。另外，在表述结论之后应当注明所用的显著水平。

(四)假设检验的常用类型

根据不同的划分维度，可以将假设检验分为不同的类型。根据研究者对总体分布形式的掌握程度可以将假设检验分为参数检验和非参数检验，当总体的分布形态已知时，用参数检验；当总体分布情况不清楚时则选择非参数检验，本书只介绍常用的参数检验方法。

根据选择的检验统计量可以将假设检验分为 Z 检验、T 检验、F 检验和χ^2 检验等。当总体服从正态分布并且总体方差已知时，选择 Z 检验；当总体服从正态分布但总体方差未知时，选择 T 检验；当样本足够大时不管总体分布如何也都可以选择 Z 检验或者 T 检验；F 检验用于方差分析、方差齐性检验以及多元分析；χ^2 检验用于非参数检验。

在教育研究中，从实际应用的角度考虑，也由于篇幅的限制，在本书中仅就常用的两种统计方法 T 检验和方差分析进行介绍。

1. T 检验

T 检验适用于计量资料、正态分布、方差具有齐性的两组间小样本比较，主要包括单样本 T 检验、相关样本 T 检验和独立样本 T 检验 3 种。三者的计算公式不能混淆。

(1)单样本 T 检验

单样本 T 检验适用于比较样本平均数与总体平均数或某个已知值的比较，推断这个样本相应的总体均值是否等于、大于或者小于某个已知的总体均数或某个值。其适用条件要求样本来自的总体符合正态分布；总体方差未知；观测到的数据类型为连续数据。其计算公式如下：

$$t=\frac{\overline{X}-\mu_0}{SE_{\overline{X}}}$$

$$SE_{\overline{X}}=\frac{S_n}{\sqrt{n-1}}=\frac{S_{n-1}}{\sqrt{n}}$$

例如，某市高三年级全体学生在一次英语模拟考试中的平均分为 78 分，第二次模拟考试后，随机抽取了 30 名学生的英语成绩。问该市高三学生的英语测验成绩有没有显著性进步？

运用 SPSS 进行单样本 T 检验的具体操作过程如下。

第一步：提出原假设 H0，即该市高三年级学生的英语测验成绩没有显著性进步。

第二步：运行 SPSS，定义变量名“cj”，输入 30 名学生的英语成绩。

第三步：依次点击分析　比较均值　单样本 T 检验，打开对话框。(见图 10-11)

在该对话框中，选中变量“cj”并点击前进按钮，将其移至检验变量框中，然后再检验值框中填入要检验的值，本例中即为高三学生的英语平均成绩 78。

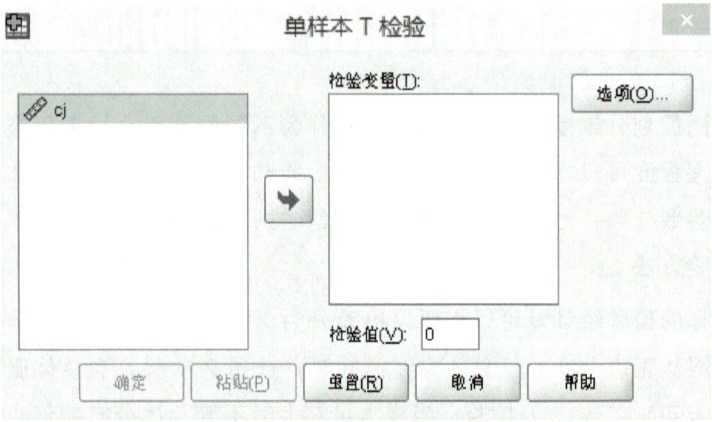

图 10-11　单样本 *T* 检验对话框

第四步：点击 OK 按钮，即可输出单样本 T 检验单结果。(见表 10-13 和表 10-14)

表 10-13　单个样本统计量

	N	均值	标准差	均值的标准误
cj	25	75.8400	15.31796	3.06359

表 10-14　单个样本检验

	检验值=78					
	t	df	$Sig.$(双侧)	均值差值	差分的 95% 置信区间	
					下限	上限
cj	−0.705	24	0.488	−2.16000	−8.4829	4.1629

(2)相关样本 T 检验

如果需要比较两个样本平均数之间的差异，当两个样本之间的关系不相互独立时，需要用到相关样本 T 检验的方法。其适用条件主要有两个样本来自的总体方差均未知；两总体正态分布；两个样本的观测数据是连续数据；两个样本之间有关联。在教育研究中，通常见到的相关样本有同一组被试前后测的数据；配对的两组被试接受两种不同的实验处理。计算公式如下所示：

$$t=\frac{\overline{X}_1-\overline{X}_2}{SE_{D\overline{X}}}$$

$$SE_{D_{\overline{X}}}=\sqrt{\frac{\sigma_1^2+\sigma_2^2-2r\sigma_1\sigma_2}{n}}$$

例如，某教师推出新的教学方法之前随机抽取 10 名学生进行数学测试；经过一个学期的教学方法改革实践，仍然抽取该 10 名学生进行数学测试，问两次测验成绩是否有显著差异？

在 SPSS 中具体的操作步骤如下。

第一步：提出原假设 H0，即经过教学方法的改革，学生的测验成绩没有显著进步。

第二步：运行 SPSS，定义两个变量“*qc*”“*hc*”分别表示教学方法改革前和改革后学生的测验成绩，输入数据并保存数据文件。

第三步：依次点击分析　比较均值　配对样本 T 检验，进入配对样本 T 检验的对话框。(见图 10-12)

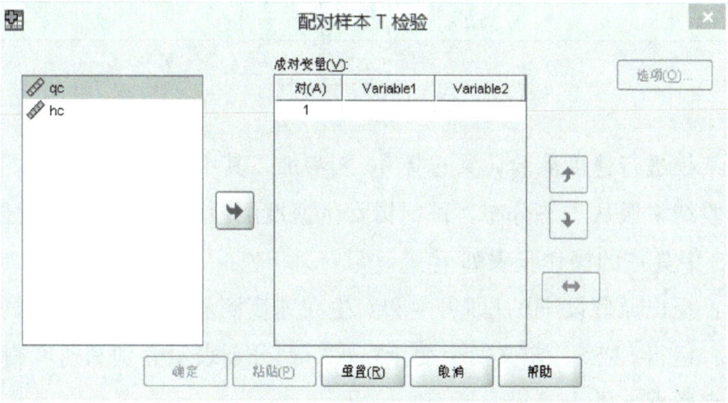

图 10-12　配对样本 T 检验对话框

在该对话框中，选择源变量“*qc*”和“*hc*”，将这两个变量移至成对变量框中，即完成配对。

第四步：点击 OK 按钮完成检验，即可输出统计结果。(见表 10-15、表 10-16 和表 10-17)

表 10-15　成对样本统计量

		均值	N	标准差	均值的标准误
对 1	*qc*	74.8636	22	16.11653	3.43605
	hc	80.1818	22	9.59482	2.04562

表 10-16　成对样本相关系数

		N	相关系数	*Sig.*
对 1	*qc* & *hc*	22	0.514	0.014

表 10-17　成对样本 *T* 检验

		成对差分					*T*	*df*	*Sig.*(双侧)
		均值	标准差	均值的标准误	差分的 95% 置信区间				
					下限	上限			
对 1	*qc*-*hc*	−5.31818	13.88863	2.96107	−11.47605	0.83969	−1.796	21	0.087

(3)独立样本 *T* 检验

当两个样本相互独立时，两总体方差未知，两总体正态分布，测量数据为连续变量，这时对两个样本平均数的差异比较需要用到独立样本 *T* 检验。其公式如下所示。

$$t=\frac{\overline{X}_1-\overline{X}_2}{SE_{D\overline{X}}}(df=n_1+n_2-2)$$

$$SE_{D_{\overline{X}}}=\sqrt{S_p^2\left(\frac{1}{n_1}+\frac{1}{n_2}\right)}$$

$$S_p^2=\frac{n_1S_1^2+n_2S_2^2}{n_1+n_2-2}$$

例如，某校进行速度测验，共选择 40 人参加，其中男生 22 人，女生 18 人。已知该速度测验结果服从正态分布，试问男女生速度测验的平均结果有无显著性差异。

在 SPSS 中具体的操作步骤如下。

第一步：提出原假设 H0，即男生和女生在速度测验的成绩上没有显著差异。

第二步：运行 SPSS，定义两个变量“*xb*”“*sd*”分别表示性别和速度测验成绩。输入数据并保存数据文件。

第三步：依次点击分析　比较均值　独立样本 *T* 检验，进入独立样本 *T* 检验的

对话框。(见图 10-13)

在该对话框中，选择源变量“*sd*”到检验变量；将“*xb*”移至分组变量，点击定义组，分别输入 1 和 2。

第四步：点击 OK 按钮完成检验，即可输出统计结果。(见表 10-18 和表 10-19)。

图 10-13 独立样本 *T* 检验对话框

表 10-18 组统计量

xb		N	均值	标准差	均值的标准误
sd	1.00	22	68.0000	17.32051	3.69274
	2.00	8	65.3750	14.73516	5.20967

表 10-19 独立样本检验

		方差方程的 Levene 检验		均值方程的 *T* 检验						
									差分的 95%置信区间	
		F	*Sig.*	*T*	*df*	*Sig.*(双侧)	均值差值	标准误差值	下限	上限
sd	假设方差相等	0.344	0.562	0.380	28	0.706	2.62500	6.89962	−11.50823	16.75823
	假设方差不相等			0.411	14.575	0.687	2.62500	6.38569	−11.02044	16.27044

2. 方差分析

方差分析用于处理多个样本平均数差异是否具有统计意义的一种假设检验方法。其功能在于分析实验数据中不同来源的变异对总变异的贡献大小，从而确定实验中的自变量是否对因变量有重要影响，又称作变异数分析。和 *T* 检验相比，相同点都是检验总体平均数是否存在差异的一种方法；不同点在于二者的思路不同，*T* 检验是根据某一差值在差异样本中发生的概率再推论总体平均数是否存在差异，而方差分析则是从因变量的变异中将不同来源带来的变异分离出来，将它们分别与随机变量带来的变异进行比较，求出一个或几个 F 比值，分析 F 比值在 F 分布中所发生的概率，检验是否存在由实验的不同处理所带来的变异，间接地说明各个总体平均数之间是否存在差异。如何对方差分析和 T 检验两种假设检验进行选择，一般而言，当检验两个总体平均数是否存在差异时，方差分析和 T 检验效果一致；当进行多个总体平均数差异的检验时，只能用方差分析。

在进行方差分析时，需要满足 3 个基本条件：总体服从正态分布；变异的可加性；变异的同质性。其计算过程如下。

①求平方和，其计算公式如下。

总平方和：$SS_T = \sum\sum X^2 - \frac{(\sum\sum X)^2}{nk}$

组间平方和：$SS_B = \frac{\sum(\sum X)^2}{n} - \frac{(\sum\sum X)^2}{nk}$

组内平方和：$SS_W = SS_T - SS_B = \sum\sum X^2 - \sum \frac{(\sum X)^2}{n}$

②计算自由度，其计算公式如下。

总自由度：$df_T = N-1$

组间自由度：$df_B = k-1$

组内自由度：$df_W = N-k-2$

③计算均方，其计算公式如下。

组间均方：$MS_B = \frac{SS_B}{df_B}$

组内均方：$MS_W = \frac{SS_W}{df_W}$

④计算 F 比值。

$F = \frac{组间均方}{组内均方} = \frac{MS_B}{MS_W}$

⑤查 F 值分布表，进行 F 检验，做出决策。

⑥陈列方差分析表。

由于篇幅的关系就不再详细阐述方差分析的具体计算过程，如果想详细了解方差分析的计算过程可以查阅相关的教育统计方面的图书。下面仅就例题来演示在教育统计中常用的单因素方差分析在 SPSS 中的操作过程。

例如，某项研究要比较一年级、三年级、五年级小学生识生字量的年级差异。从小学 3 个年级中分别随机抽取 30 名被试，先让他们识记 15 个生字，然后对他们识记过的生字进行回忆测验，并对测验所得分数的 3 组均值进行显著性差异检验。

在 SPSS 中具体的操作步骤如下。

第一步：提出原假设 H0，即年级在识字量的成绩上没有显著差异。

第二步：运行 SPSS，定义两个变量“*nj*”“*szl*”分别表示年级和识字量的测验成绩。输入数据并保存数据文件。

第三步：依次点击分析　一般线性模型　单变量，进入单变量对话框。(图 10-14)

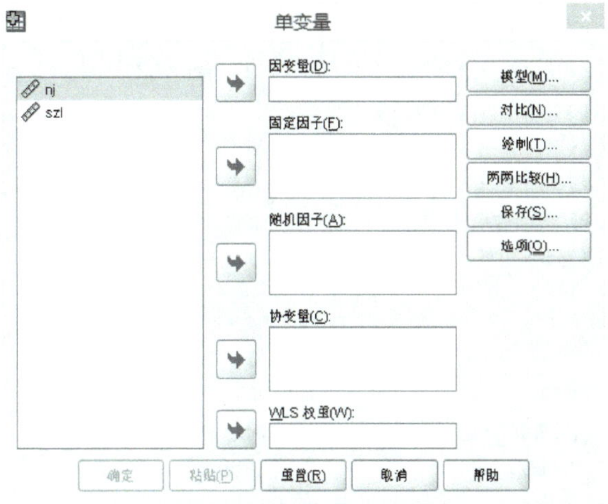

图 10-14　单变量对话框

在该对话框中，选择源变量“*szl*”到因变量；将“*nj*”移至固定因子。

第四步：点击两两比较，进入两两比较对话框。(见图 10-15)

将变量“*nj*”移至两两比较检验，并根据是否方差齐性，在对应的列表下选择一种计算事后比较的方法。单击继续回到单变量的主对话框。

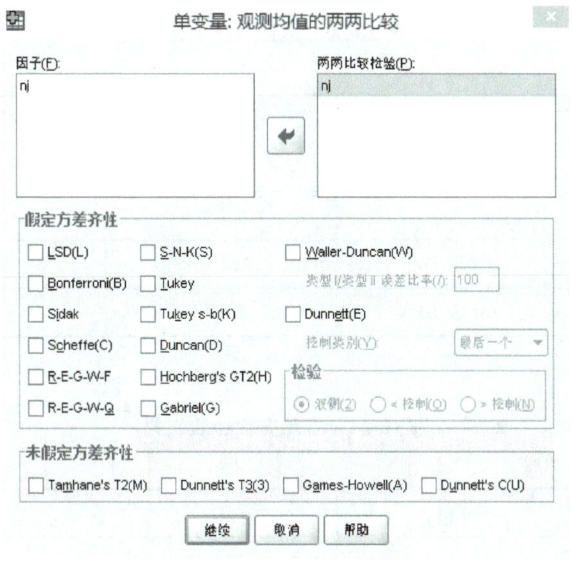

图 10-15　两两比较对话框

第五步：点击选项，进入选项对话框。(见图 10-16)

在输出中勾选描述统计和方差齐性检验。点击继续回到单变量的选项对话框。

第六步：点击 OK 按钮完成检验，即可输出统计结果。(见表 10-20、表 10-21、表 10-22 和表 10-23)

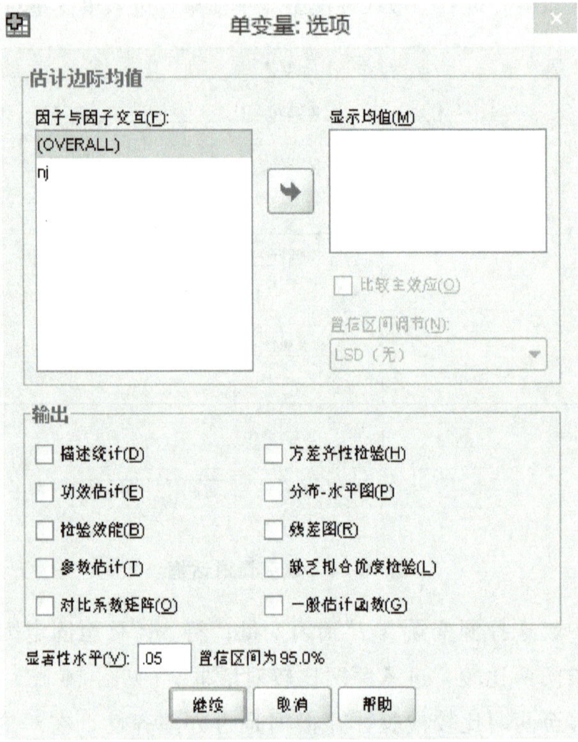

图 10-16 单变量的选项对话框

表 10-20 描述性统计量

因变量：*szl*

nj	均值	标准 偏差	N
1	6.43	3.002	30
3	8.13	2.662	30
5	9.73	2.318	30
总计	8.10	2.972	90

表 10-21 方差齐性检验结果

因变量：*szl*

F	*df*1	*df*2	*Sig.*
0.901	2	87	0.410

表 10-22　方差分析结果

因变量：*szl*

源	III 型平方和	*df*	均方	*F*	*Sig.*
校正模型	163.400[a]	2	81.700	11.415	0.000
截距	5904.900	1	5904.900	824.998	0.000
nj	163.400	2	81.700	11.415	0.000
误差	622.700	87	7.157		
总计	6691.000	90			
校正的总计	786.100	89			

表 10-23　事后两两比较结果

(I) *nj*	(J) *nj*	均值差值 (I—J)	标准 误差	*Sig.*	95%置信区间	
					下限	上限
1	3	−1.70	0.691	0.054	−3.42	0.02
	5	−3.30*	0.691	0.000	−5.02	−1.58
3	1	1.70	0.691	0.054	−0.02	3.42
	5	−1.60	0.691	0.074	−3.32	0.12
5	1	3.30*	0.691	0.000	1.58	5.02
	3	1.60	0.691	0.074	−0.12	3.32

第三节　定性资料的分析与处理

本节的内容主要讨论在质的研究中如何对(运用访谈、观察、收集实物等方式)所收集的资料进行整理和分析，使其逐步趋于系统化和条理化。好的定性分析需要仔细思量、试验、对话、反省与学习。定性研究资料的形式通常是文字，而不是数字。文字具有一种具体的、生动的、有意义的力量，尤其是我们将文字组成事件或故事以后，更能让他人信服——而这种效果并不是一堆简化的数字所能产生的。所以，定性资料的分析与整理就显得特别重要。通过本节的学习，学习者应该能够通过其中的方法介绍与实例操作了解和初步把握定性资料整理与分析(资料的初步整理与初步分析、资料的归类和深入分析)的要义和步骤，更重要的是必须给自己亲自实践的机会，真正开展一项定性研究，经历收集与分析资料的全过程。

“面对收集上来的堆积如山的资料，我该如何处理？我要从哪里入手开始分析这些资料？”无论是对于定性研究的新手，还是那些已经做过一项定性研究而开始另一项的熟手而言如何整理与分析资料都是一个棘手、复杂的问题。凌乱、麻烦、挑战性、主观性、费时费力通常是这个过程的修饰语。还有一个问题值得提出来，即何时开始整理与分析资料？——从资料刚刚收集上来就开始！大多数研究者都在资料收集的早期就进行整理和分析了。早早地开始整理与分析资料可以使研究者进一步明确下一步收集资料的方向，使资料收集工作建立在真正需要的基础之上，并为后面的研究工作打下更加扎实的基础。

一、定性资料的整理和初步分析

(一)资料的整理

质的研究对资料整理的要求比较严格，通常需要将资料的内容一字不漏地记录下来，包括被访谈者的语气语调、停顿延长、手势表情等。这些内容有时可以作为分析过程中非常重要的线索。把事实笔记与个人笔记分开的观察表本身就是整理资料的极佳方式。对非干扰资料则进行编号，贴标签归档，以方便研究分析。

质的研究之所以要求所有的资料都进行整理，是因为这种研究认为，“所有的事情都是资料”，你所看到的、听到的、意识到的，都是“资料”。有时，在整理资料时我们认为不重要的资料可能在后来的分析中被发现有非常重要的价值。所以，必须一开始就有意识地对所有收集到的资料进行整理。最基本的整理工作是为每一份资料编号，建立一个编号系统。编号系统通常包括以下几方面的信息。

①资料的类型(如访谈资料、观察资料、非干扰性资料)。

②资料提供者的姓名、性别、职业等有关信息。

③收集资料的时间、地点和情境。

④研究者的姓名、性别和职业等相关信息。

⑤资料本身的序号(如对某某的第二次访谈、对现场的第一次观察)。

(二)初步分析资料

资料分析就是研究者从资料中系统地寻找意义，从而能够把自己熟悉的东西传达给他人。分析意味着组织并拷问资料，简单来说就是对资料进行提问。这个过程通常涉及综合、评价、解释、分类、假设、比较等，研究者运用智慧从堆积如山的资料中发现问题、找出关系、提出解释、进行说明、生成理论。

初步分析资料主要有如下步骤：阅读原始资料，资料登录，编码和归档。

1. 阅读原始资料

这一步是好的资料分析的起始点。通过认真阅读原始资料，熟悉资料的内容，仔细琢磨其中的意义和相关关系，以便把握资料的整体与局部，并为下面的登录工作做准备。在阅读过程中，注意要先把自己的个人观点搁置起来，客观地加工原始资料。

2. 资料登录

登录是资料分析中的一项工作，是将收集的资料打乱，找到有意义的词、短语、句子或段落，以新的方式重新组合在一起。到底要登录哪些资料呢？最基本的原则就是登录能够回答研究问题的资料。

登录的一个十分具体的工作就是找到有意义的代码，即给资料打标签，它们表示的是资料分析中最基础的意义单位。寻找代码最常用的标准就是有关词语或内容出现的频率。如果某些词语在资料中反复出现，说明这些词语是被研究者关注的焦点，需要进行重点登录。比如，在一项对小学生学习兴趣的调查中，学生们反复谈到“没劲”。不仅同一受访者在不同的访谈中反复提到，而且不同的受访者也多次提到这个概念。因此，研究者便可以选择这个概念作为代码，在资料中注意寻找这方面的内容，重点对其进行登录。此外，有些概念虽然出现频率不高，但是每次在被使用时都伴随着强烈的情感色彩和情绪表达，表明它们对被研究者来说是非常重要的。某研究者在跟踪访谈一位新手教师时，发现“没有人帮你”这个句子虽然只出现了两次，但这位新手教师第一次使用时，语调明显缓慢和低落下来，在第二次说出它来时，竟然沉默了 6 秒钟之多，有落泪的迹象。所以研究者把这个句子作为一个重要的概念进行编码。

3. 编码和归档

第一轮登录完成以后，可以将所有的代码都汇集起来，组成一个新的文本即编码本。编码的使用非常显著，它可以把零散的代码系统地排列起来，让研究者明了现有代码的数量、类型、代码间的意义关联，并为以后查找代码提供方便。（见表 10-24）

表 10-24 初始的代码清单(编码本)实例

改革性质		3.1
改革性质：目标	改性——目标	3.1.1
改革性质：组织	改性——组织/学区、当地学校	3.1.1
改革性质：隐含班级的改变	改性——改变/班级	3.1.4
改革性质：隐含组织的改变	改性——改变/组织	3.1.3
改革性质：方案发展	改性——发展	3.1.1，3.3.3，3.3.4，3.2.3，3.3.4
内部环境		
内部环境：特质	内环——特质	3.2.2，3.4，3.5
内部环境：规范与权威	内环——规范与权威	3.2.2，3.4.3，3.5
内部环境：改革历史	内环——改革历史	3.2.1
内部环境：组织程序	内环——组织程序	3.1.1，3.2.4，3.3
内部环境：组织一致性	内环——组织一致性	3.2.2，3.2，3.3

（注：表格中的第一栏是代码的说明，包括类别与个别代码的全程；第二栏是代码；第三栏是把代码和研究问题或子研究问题连接起来，代码是由这些问题发展出来的。）

通过编码和归档工作，经过登录的原始资料便得到了初步的整理与分析，在资料的分与合的反复过程中，研究者头脑中的分析模式也会逐渐清晰起来，这样就可以进行更加系统的整理与深入的分析工作了。

二、资料的归类和深入分析

在深入分析资料时常用到撰写备忘录、做接触摘要单和画图表3种手段。

(一)撰写备忘录

撰写备忘录又称分析报告、分析笔记，是一种记录研究者自己的发现、想法和初步结论的方式，它是质的研究中的最重要的分析手段，也是研究入门者必修的功课。作为研究日志的一种特殊形式，撰写备忘录有如下几个目的。

①将写作作为一种工具，通过写备忘录的方式将自己的想法写下来，对这些方法进行进一步的思考。

②将写作本身作为一个思考的过程，写作就是思考，通过写备忘录，对自己的这些想法进行分析和深入探究。

③把撰写备忘录当作最优先的事情来处理。当一个想法涌现，立刻停止手边任何事情把想法写下来。

④撰写备忘录要从进入研究就开始，一直写到报告出炉之时。

⑤要让备忘录可以分类编码。

⑥备忘录是要写想法的，只把资料中的实例再叙述一次是不够的。其中出现的人、事或互动，都是研究者做分析的指示物。

⑦不要把备忘录的格式或风格标准化，尤其是在团队研究中。

(二)做接触摘要单

每次与研究对象接触后，都要停下来想一想：这次接触我看到了什么主要的概念、主旨、话题与问题？给自己一个反思的时间和机会，否则，你会陷溺在细节里——这就是质的研究者写札记的一种形式：做接触摘要单。

写摘要单的目的是为了对收集到的信息进行简化，同时不丧失札记里任何基本的信息，掌握完整的印象并进行反思。所以，我们应该保持接触摘要单的简明扼要，突出基本概念、重要问题，即写下与某次现场接触有关的焦点问题或主要问题。

如何撰写接触摘要单？研究者需要依照写好的实地笔记，简要回答每项问题，发展出该次接触每一要点的完整摘要。

①此次接触涉及了哪些人、事、地点？

②此次接触中重要的主题/主旨或话题有哪些？

③此次接触中与初步的概念框架图中哪些研究问题和概念有关？

④此次接触提示了哪些新假设、思路、预感？

⑤下次再接触时的重点应放在哪里？应该收集哪类信息？

案例

接触摘要单实例(节录)

接触类型：　　　　　　地点：
会面：　　　　　　　　接触日期：
电话访谈：　　　　　　今天日期：
填表人：

1. 此次接触让你印象最深的主要议题或主题是什么？

自上而下研发的防范教师课程与教师自行研发的课程之间的互动。

行政人员、科组召集人与教师对工作重点看法的分歧。

学区课程协调人改变了学校对研究关系的接受度。

2. 就每一个研究问题看，简述此次接触你得到(或未得到)的资料。

由课程协调人、英文召集人及委员会主席先提基本概念；由教师在暑假写出。

下一暑假由教师现场检测资料予以修改。

校长及行政人员负责训导；科组召集人担任教务负责人。

20 世纪 60 年代后期有种族冲突；60％黑人学生；强调训导，防止非学区学生混入。

开始时觉得严格、有结构；现在他们说喜欢。

很好，并未要求教师必须合作。

3. 此次接触中有任何冲击你的东西吗？——突出的、有趣的、示例的或重要的东西？

改革发展与训练之彻底。

将改革置入学区课程中。

执行改革的人提到初期对改革的反对，与现在的接受与同意形成对比。

4. 下次拜访此处时，你应该考虑哪些新(或旧)的问题？

执行改革的人究竟如何看待改革？如果他们真的拥抱它，如何说明初期反对至今日的改变？

执行改革者之间的联络网的性质与质量如何？

“顽强”的数学教师们，他们的想法开始未被听到——他们是谁？具体实例？解决方式？

追踪英文教师赖利(Reilly)。

追踪一个小组一整天。

(资料来源：[美]迈尔斯，休伯曼. 定性研究资料分析[M]. 张芬芬，译. 台北：双叶书廊，2006)

（三）画图表

相对于平面的文字而言，图表可以一种立体的方式浓缩呈现资料中蕴含的意义关联。画图表既是一种分析资料的具体手段，也是展示资料的方式，研究者或分析者可以根据自己的想象，设计各类图或表。质的研究中常见的图表主要是矩阵表、脉络图、检核表等。其中矩阵表是很多研究者强调使用的一种分析和展示资料的绝佳方式。一张矩阵表基本上是两种清单交叉而成的，以行与列的形式出现，即将收集到的资料按照两个(或多个)维度进行分类，然后将资料填入表格之中。填入图表的内容可以是短的文块、资料的引述、片语、缩写、贴上标签的线与箭头等。下面就是一个非常简单的矩阵表，它显示的是在执行一项新措施前，对“准备度”的评价。最左栏是分类排列的“准备”项目，即研究问题中提及的各支持条件；使用者和行政人员的“准备度”是不同的，所以分成了两栏填写，做出了较明晰的区分。这个表格对相关的原始资料进行了浓缩，并以一种非常清晰的方式予以呈现。表格中填了摘述片语、直接引述、分析者所做的概括判断等。

矩阵表举例：某学校为改革所做的支持性准备。(见表 10-25)

表 10-25　准备的情形

准备的项目	就使用者而言	就行政人员而言
承诺	强力(要让它产生作用)	学校层级行政人员承诺很弱，教育局只有各主事者承诺投入；其他人无
理解	就教师来看，“具有基本理解”，“觉得我可以做，可是不确定怎么做”；助理缺乏了解(“不了解要怎么弄到这些东西”)	学校层级行政人员与其他教师缺乏了解；教育局两位主事者有基本认识(“由方案设计者得到我们所需的所有协助”)；教育局其他人员缺乏了解
教材	不恰当：订购太晚，迷惑(“和以前用过的都不一样”)，弃置	

(注：引用时有删减)

(资料来源：迈尔斯，休伯曼．质性研究资料分析．张芬芬，译．台北：双叶书廊有限公司，2006)

以上是深入分析资料的 3 种主要手段，当然还有其他的分析方式，必须根据研究者的研究问题、实地情况、原始资料特点甚至研究者自身的偏好与特长来选择使用。无论用什么方式，目的都是为了建构自己的理论、得出研究结论，撰写一个“像样”的定性研究报告。

我们来总结一下本节的操作要点，以简化资料分析和明了资料分析与得出结论之间的关系。

①仔细阅读你的转录稿、实地笔记、实物资料(如从被研究者那里收集来的文件、档案、图片等)以及你对这些资料进行的编码和分析笔记，然后看你是否可以从中就你所研究的人、地点和事件发展出几个可能的分析体系、方向或者初步结论(如故事线、类属关系、主张或者假设等)。

②从这些可能的初步结论中选择一个你认为最有力和最重要的，再一次从原始资料中仔细寻找证据来支持这个结论。

③具体说明你是如何通过对原始资料进行分析而获得这个结论的。

④仔细地思考一下你的原始数据中是否存在与你的结论不相吻合的地方？

⑤有没有方法修改你的结论，使其更加符合资料的内容？

本章小结

本章主要介绍如何对收集到的数据资料（量化资料和定性资料）进行分析与整理。在量化资料的基础上，论述统计学知识在量化资料分析中的应用，介绍两种常用的统计方法：量化资料的描述统计和推断统计。描述统计主要包括集中量数、差异量数和相关系数，通过描述统计可以了解一组数据的全貌以及性质特点；推断统计主要介绍了参数估计和显著性检验，其中 T 检验和方差分析是教育研究中常用的两种方法。在定性资料的基础上，介绍如何对定性研究中的资料进行初步分析与深入分析。通过学习本章，一方面，学习者应该了解量化资料的统计分析过程，掌握量化资料的统计方法，并能对教育研究中收集到的量化资料进行相关的描述统计和推断统计分析；另一方面，学习者应该了解定性研究资料的整理与分析方法，并能对教育研究中收集到的定性资料进行整理与分析。

关键术语

描述统计，推断统计，质性分析，集中量数，差异量数，平均数，标准差，T 检验，方差分析，参数估计，显著性检验，点估计和区间估计，备忘录，接触摘要单，画图表

思考题

1. 集中量数的主要统计量包括什么？
2. 差异量数的主要统计量包括什么？
3. 假设检验的基本步骤是什么？
4. 点估计和区间估计是什么？
5. T 检验和方差分析的区别与联系？
6. T 检验和方差分析如何在 SPSS 中操作？
7. 质性分析的主要步骤以及需要注意的问题是什么？

实训练习

案例一

定量分析举例

（一）研究目的

某物理教师在教学中发现，课题物理教学中采用“先讲规则，再举例题讲解规则的具体应用”与采用“先讲例题，再概括出解题规则”这两种教学方法的教学效果似乎不同。为了验证他的这个经验性发现是否属实，他选择两个近似相同的班级进行教学实验。进行教学实验时的教学内容、教学时间和教学地点等无关变量他都做了严格的控制，分别采用“例—规”法和“规—例”法对两个班的学生进行物理教学，然后，两个班的被试都进行同样的物理知识测验。测验成绩按“5 分制”进行评定。请用 SPSS 通过适当的统计分析方法，检验这两种教学方法的教学效果是否存在实质性差别。

（二）结果分析

表 10-26　描述统计结果

教学方法		N	均值	标准差	均值的标准误
成绩	例规法	50	4.0120	0.059715	0.08445
	规例法	50	4.2960	0.52565	0.07434

表 10-27　推断统计结果（独立样本 *T* 检验）

		方差方程的 Levene 检验		均值方程的 *T* 检验						
									差分的 95% 置信区间	
		F	*Sig.*	*T*	*df*	*Sig.*（双侧）	均值差值	标准误差值	下限	上限
成绩	假设方差相等	3.129	0.080	−2.524	98	0.013	−0.28400	0.11251	−0.50727	−0.06073
	假设方差不相等			−2.524	96.448	0.013	−0.28400	0.11251	−0.50731	−0.06069

通过独立样本 *T* 检验，结果发现，“例—规”法与“规—例”法的教学效果之间存在显著差异（$t(98)=-2.524$，$p=0.013<0.05$），即“规—例”法的教学效果明显优于“例—规”法的教学效果。

（资料来源：张奇．SPSS for Windows 在心理学与教育学的应用．北京：北京大学出版社，2008）

案例二

青少年和父母对心理咨询认识的质性研究

（一）研究目的

用访谈法探讨 8 个已求助和 5 个未求助家庭的青少年和父母对心理咨询的认识，

比较已求助和未求助者、青少年和父母对心理咨询认识的差异。

（二）研究结果

表 10-28　对心理咨询功能的编码和频次

二级编码	一级编码	范　例	提及次数	提及人数
问题解决	解决问题	其实有些心理问题，很小的问题他马上就能给你解决，比如，心理障碍比较多的话也是通过几次咨询就能解决(F1 母亲)		
	指导建议	通过聊天慢慢地可以把心里的疙瘩解开(D4)	36	18
		就是你把心里的事儿跟心理咨询的老师说，她给你出主意开导你(D9)	18	12
	改善情绪	心理咨询就是一个人针对你心里的不愉快和想不开的问题帮你想开(D2)	8	5
	缓解压力	可能就是说遇到一些什么事儿，这样的话就缓解压力(E10)	3	2
个人成长	提高生活品质	这不是说有问题才来的，是为了预防问题，你是为了生活得更好，把品质提高才会做咨询(E2)	4	4
	预防问题	将来的就业、接触社会各方面遇到的问题特别多，他遇到问题的时候再去咨询，他就会承受不了(E7)	3	3
	促进个人发展	毕竟对一个人的发展，对一个人的奋斗目标，确确实实起到一个很好的作用(F2 父亲)	2	2

表 10-29　对心理咨询形式的编码和频次

二级编码	一级编码	范例	提及次数	提及人数
谈话法	聊天	就是聊聊天，帮你说一下，帮你开导一下(D3)	15	12
	倾诉	烦恼老憋着就出问题了，有个人说，有个人可以倾诉，那个人帮你解决(D1)	8	6

表 10-30　对心理咨询适用问题的编码和频次

二级编码	一级编码	范例	提及次数	提及人数
心理疾病	心理障碍 心理疾病 精神病 神经病* 心理问题 抑郁症 自闭症	心理上有障碍的那种(D7) 比如抑郁症什么的那种(D2)	26	12

续表

二级编码	一级编码	范例	提及次数	提及人数
心理困扰	负面情绪	心理比较郁闷，不知道如何解决，有烦恼的时候(D1)	15	10
	人际困扰	比如说跟同学之间有什么矛盾(D8)	12	10
	成长问题	在成长的过程中应该有一些没有遇到、没有经历的事情(D7)	12	8
	矛盾困惑	就是心里有疙瘩，想不开那种(D2)；想不开的事儿，心里有心结(D3)	11	8
	心理压力	心理上有压力(D7)；高三了，学习压力大了，名次之间的竞争，压力肯定非常大(F2青少年)	6	3
严重问题	严重问题	如果他们遇到实在不能解决的问题，或者说让他们觉得非常重要的问题(E2)	13	7

注：* 受访者所指的神经病是指疯疯癫癫，类似于精神病的概念。

［资料来源：刘朝莹，方晓义，林崇德．青少年和父母对心理咨询认识的质性研究[J]．应用心理学，2010，16(02)］

拓展阅读

1.［美］罗伯特·C. 波格丹，萨莉·诺普·比克伦．教育研究方法：定性研究的视角（第四版）[M]．钟周，李越，赵琳，等，译．北京：中国人民大学出版社，2008.

该书不仅阐述了定性研究的理论基础，而且提供了系统、详细的全程指导，从提出研究设想、确定研究问题，到设计概念框架、收集和分析研究数据，直至完成研究报告，一步步指导读者将理论转化为研究实践。

2. ［美］伯克·约翰逊，拉里·克里斯滕森．教育研究：定量、定性和混合方法（第 4 版）[M]．马健杰，等，译．重庆：重庆大学出版社，2015.

该书公平且客观地告诉读者每一种方法的长处及其适用情况，展示专家们如何进行高水平的研究，以及如何选择合适的研究方法。

3. ［美］威廉·劳伦斯·纽曼．社会研究方法：定性研究与定量研究（第 6 版）[M]．北京：人民邮电出版社，2010.

该书对定性研究和定量研究进行了全面而均衡的论述，强调了将各种方法综合运用的益处。书中收录了大量真实的社会研究案例，从而帮助学生和读者形象地理解和掌握概念和方法。

第十一章　教育研究论文的撰写

【本章要点】

本章首先介绍教育研究报告的种类，主要包括 5 种形式——教育学术论文、教育学位论文、教育调查研究报告、教育实验研究报告和教育经验总结报告。其次，介绍一般的教育研究论文的结构，以及分别讲述这 5 种教育研究论文的具体行文结构。最后，介绍如何撰写教育研究论文，包括撰写教育研究论文的意义、基本要求、基本程序和具体技巧，以及在撰写各类教育研究论文中应注意的问题等方面的内容。

学习目标

1. 了解教育研究论文的种类。
2. 了解教育研究论文的结构。
3. 掌握撰写教育研究报告的基本要求和方法。

导入案例▶

步入大四的第一学年，毕业班的同学们就开始撰写毕业论文。毕业生要重视论文写作，论文成绩不合格将无法如期毕业。学校有关部分的教师强调，撰写毕业论文不是办手续，更不是走过场，毕业论文也是专业学习的一部分，相当于一门特殊课程。毕业生想如期毕业必须取得合格成绩，只有符合毕业条件方可申办毕业。如果平时缺乏论文写作的训练，在毕业论文撰写中就会经常出现引用不规范以及格式不规范的问题。

那么，毕业的规范格式是什么？该如何撰写？除了毕业论文之外，还有哪些类型的教育研究论文？本节的知识将会回答这些问题。

第一节　教育研究论文的结构

一个完整的教育研究过程的最后一个环节是将研究的整个过程和结论用恰当的形式表述出来，这就是教育研究论文。教育研究论文的种类很多，包括教育学术论文、教育学位论文、教育调查研究报告、教育实验研究报告和教育经验总结报告等。只有运用恰当的形式，遵循一定的规范，把教育研究的结果呈现出来，才能实现人们对教育研究成果的分享、交流、理解、认同和应用，从而发挥出教育研究的价值。

一、教育研究论文的一般结构

论文的目的是报告研究的成果，所以需要清楚、准确。一般有结构上的要求，本节首先介绍教育研究论文的一般结构，然后分别介绍不同形式的论文和研究报告的具体结构。一般而言，教育研究论文包括 3 个部分，即前置部分、正文、参考文献。

(一)前置部分

论文前置部分即正文前的相关资料，一般包括题目和作者、摘要和关键词。

题目是一篇文章的窗口，最先为读者所关注，一个好的标题应该能够基本展示研究的问题。好的题目使人一目了然。题目下方是作者信息，包括作者姓名和工作单位，这样有助于研究者之间进一步交流和沟通，促进合作。此外，如果该研究具有项目基金、团体机构或个人的支持和帮助，应在题目页的下部以注脚的形式标明。

摘要是文章的内容提要，是论文中不可缺少的一部分，是对研究目的、方法、结果及结论的简要概述。摘要的行文具有独立性，它建立在对研究进行总结的基础上，用最简单、明确、易懂的语言对全文内容进行概括，提取最关键和主要的信息。研究的主要内容、成果、作者的观点和独到见解，都应该在摘要中体现出来。

关键词是从论文的题目、摘要和正文中提取出来的，是对概括论文的中心内容有实质意义的词汇。每篇论文一般选取3～5个词汇作为关键词，在摘要下方，另起一行。

案 例

从教师专业化视角看我国小学教师教育发展

李玉华　林崇德

（首都师范大学初等教育学院，北京师范大学心理学院）

摘　要　本文从教师专业化视角审视和反思小学教师教育的发展历史以及当前小学教育专业建设中的一些问题，指出：在教师专业化发展历史上，小学教师教育从未改变过重视“师范性”这一特色；当前小学教育专业建设中没能发挥自身优势且面临一些困惑，是因为小学教师教育在改革和发展进程中完全被原有高等师范教育所同化；小学教师教育升、并入高等师范教育体系应该是顺应的过程，小学教育专业自身的加入应该成为促动教师教育体系结构化重组的重要因素。

关键词　教师专业化；小学教师教育；小学教育

基金：教育部重点课题(DIA10302)

［资料来源：李玉华，林崇德．从教师专业化视角看我国小学教师教育发展[J]．教师教育研究，2006(03)］

(二)正文

正文部分一般包括引言、本论和结论。

引言，是学术论文的开场白，也可以写为问题的提出、前言或绪论。引言应以简洁的语言介绍写作背景和研究目的，以及相关领域前人所做的工作和研究的情况，目前研究的热点和存在的问题，即文献综述，以便读者了解该研究领域的概貌，起到导读的作用。同时还要说明本研究与前人工作的关系，也可以指出本研究的理论依据和研究方法，简单阐述其研究内容、结果、意义和前景。

本论，是展开论题、表达作者个人成果的部分，这部分占论文的绝大部分篇幅，处于极其重要的地位。通常这部分内容会很详细地介绍作者提出的创新性成果，这也是论文有无学术价值、学术水平高低的具体表现。该部分的论证遵循一定的逻辑顺序，论述的先后顺序、结构层次均遵循着思维的内在规律。在论证结构上有平列式、递进式和平列递进结合式3种形式。

结论，是对正文中分析论证的问题加以综合，概括出基本点。结论是研究结果和理论分析的逻辑发展，是问题解决的答案。结论的语言一般要求严谨、明确、简洁。

(三)参考文献

正文之后，应当列出研究报告中引用和提到的文献，包括作者、题目、发表时间、刊物/著作、页码。凡是文中提及的文献，都必须标出文献出处。参考文献的主要意义是支持、印证研究者的基本观点。

此外，在论文的最后，如果有必要还须加入附录。附录中主要包括不便在正文中呈现的计算程序、自编的测验或问卷等，目的是让读者了解研究的具体情况，以便对研究思路或方法等加深理解并做出评价。附录一般出现在学位论文中，而在发表的期刊文章中，除特殊说明之外，这部分内容一般被省略。

二、各类教育研究论文的具体结构要求

教育论文大体上可以分为5类，教育学术论文、教育学位论文、教育调查研究报告、教育实验研究报告和教育经验总结报告。

教育学术论文，通常是思辨性研究论文，文体结构灵活多变，主要依据研究者已有的知识经验和前人的文献资料来完成，不依赖于专门的系统的研究行动。目前我国教育学期刊上发表的大多是这类论文。

教育学位论文，可以采用任何文体，可以是教育实验研究报告，也可以是教育调查研究报告。我国目前大多数教育学位论文属于教育学术论文，但是在行文结构上与学术论文存在一定的差别。

后3种论文形式大多是实证性研究论文，文体有其独特的结构，在下面会一一详细介绍。

(一)教育学术论文的结构

教育学术论文是教育研究工作者对特定教育现象、教育问题、文献或理论进行比较系统、专门的理论研究和探讨，提出新观点、得出新结论，或站在新的角度做出新的解释和论证的一种理论性文章。对教育科学中的某个问题，通过收集文献资料，进行科学的探索或思考而写成的以论述为主的文章，是思辨性论文。思辨性论文的基本特征是以理论分析和逻辑证明为主要方法，在内容上注重观点创新、理论深度和学术研讨；在方法上常用因果分析、矛盾分析、历史分析、比较分析、结构功能分析、归纳与演绎、分析与综合、科学抽象等定质分析法；在行文上注重论述较少叙述，注重考证而非实证，注重文献注释较少使用图表统计，注重理论推理较少进行实践检验。

根据论文内容形式的不同，教育学术论文还可以分为3类。第一类，是基于文献整理的说明性论文，主要通过分析和梳理大量的教育文献与材料，表达作者针对具体教育理论或实践问题的新观点和新看法。第二类，是基于逻辑推演的论说性论文，研究者结合自身的理论积累，通过周密的逻辑推理，提出新颖独特的见解，深化拓展理论。第三类，是基于理论争议的争辩性论文，针对其他作者的相关论文或著作，展开问题商榷和观点争鸣，表达不同的学术观点。

任何论文通常都包含上述3个部分，只是在具体内容上各具特色。与教育研究论文的一般结构一致的内容在具体文体中不再赘述。

1. 前置部分

教育学术论文的前置内容只包括题目和作者、摘要和关键词，以及有基金支持

的研究项目需要标注相关的基金。

2. 正文

引言是教育学术论文的序言，这部分内容要简明扼要，开门见山地直接阐明研究的目的和意义。教育学术论文的引言的价值通常在于概述 3 个方面的内容：第一，提出课题，说明进行当前课题研究的理由和意义；第二，交代研究背景，提出需要论证的问题，即文献综述；第三，说明研究者在该课题中采用的论证方法和手段。其中，提出需要论证的问题是引言的核心部分，体现着整个研究的基本价值。这 3 个方面的内容可以全部概述，也可以选择其中某项进行阐述。

教育学术论文的本论环节须对研究内容进行全面的阐述和论证，包括对研究结构的描述、分析讨论，并做出结论。通常采用定质分析法，如因果分析、比较分析、矛盾分析、结构功能分析、归纳演绎、分析综合、科学抽象等。教育学术论文的论证方法通常有两种类型：一是实践证明，用实践结果的客观事实来检验和证实某种理论的可靠程度；二是逻辑证明，即用一个或几个真实判断来论证和确定另一个判断的真实性。

教育学术论文的结论是对全文的概括，是经过反复研究后形成的总体论点。结论中通常会指出所得的结果是否支持假设，或者已经解决了哪些问题，还需要进一步探讨什么问题。此外，有些教育学术论文省略专门的结论部分，把论点分散到整篇文章的各个部分中。还有些论文会在结尾部分不对全文进行概括，而是对研究成果进行简单的总结，或展开一些讨论，或者根据所研究的问题提出若干建议等。

3. 参考文献

这部分内容包括注释、参考文献、附录等，安排在论文的末尾。

(二)教育学位论文的结构

教育学位论文是指为了申请一定的学位而提交的论文。教育学位论文的文体比较灵活，既可以是学术性的理论文章，也可以是基于调查或实验而写成的研究报告。但是，教育学位论文也有其特定的质量规格和写作格式要求。相比于其他形式的论文，教育学位论文的要求较高一些，不同级别的教育学位论文要求也不尽相同。一般而言，学士学位论文更强调规范的研究方法和论文表达，硕士和博士论文在规范表达的基础上，更强调领域内的创新和理论贡献。

根据国家标准 GB/T 7713.1—2006 学位论文的编写规则规定，学位论文一般由前置部分、正文、参考文献、附录和结尾 5 个部分构成。结合专业要求，教育学位论文的结构体例如下。

1. 前置部分

硕士和博士学位论文一般有论文前列资料，通常包括以下 4 个部分。

(1)题目页

即论文的第一页，内容包括：学校代码，学号，中图分类号，密级(分为公开、内部、秘密、机密、绝密五级，涉密论文需要注明论文密级和保密年限)，学校会标，学校名称，论文题目(一般不超过 20 个汉字)，院系名称，专业学位类别，研究方向，年级，研究者姓名，导师姓名，提交论文的日期等。

(2)扉页

扉页内容包括：论文题目，专业名称，研究者姓名，导师姓名，答辩委员会主席、委员(签名)。

(3)论文内容目录

目录通常只包括章节两个层次，在章节的标题列出后，接着是用阿拉伯数字标明其页数。如果论文中有表格资料或插图的资料，也需要列出表格和插图的目录。

(4)摘要和关键词

摘要主要说明论文的目的、研究方法、研究成果和结论，要突出说明本论文的创造性成果及新方法和新见解，以便读者能循序了解论文的概貌。摘要最下方另起一行，注明本文的关键词(3～5 个)。关键词是反映论文主要内容的名词性术语，相互之间用分号或空格隔开，按照重要程度依次排列。论文摘要及关键词要有中英文对照、教育学位论文英文摘要和关键词要另起一页，内容与中文摘要需要相对应。

2. 正文

(1)引言

学位论文属于长篇论文，与一般发表的论文不同，所以引言部分可以更详细一些，甚至自成一章。一般而言，学位论文的引言部分有着较为固定的内容与格式，主要包括：问题的提出，研究的目的与意义，核心概念的界定，对相关领域的国内外研究动态的回顾，对研究范围的分析，对基本理论和原则的阐述，研究的内容，研究的思路与方法，研究的重点、难点和创新之处。

(2)本论

本论包括论点、论据和论述等内容。其中，通过学习、查阅文献、研究和调查过程中所获得的材料，以及经过加工整理、分析研究而成的论点，是展开论题、表达研究者个人成果的关键部分，这部分占全文的绝大部分篇幅，是论文的核心部分。论据则准确、完备、清晰、通顺地支持论点。论述过程则强调条理性，要做到逻辑严密、实事求是。这部分内容集中体现着作者的独到见解和创新性观点，是学位论文是否具备学术价值和较高学术水平的具体表现。

(3)结论

对正文中分析论证的全部问题加以综合，概括出基本点。结论和本论之间有着内在的联系，但又不是本论的简单重复。结论部分的语言一般严谨、明确、简洁、精练、完整、准确。

3. 参考文献

注释也包含在这部分中，是对论文写作过程中引用的相关文献或别人的研究成果和观点的说明。一般本科学位论文采用篇尾注，硕士与博士学位论文均采用脚注。

参考文献写在正文或注释后面，主要列出论文撰写过程中参考了哪些著作、期刊、报纸等文献资料，须按文献引用出现的顺序列全。

4. 附录

附录是对正文主题必要的补充项目，但不是必备部分。

5. 结尾部分

(1)后记(致谢)

对于研究工作或论文撰写提供帮助、指导或提供研究条件协助完成研究工作的单位、导师、协助人员等表示感谢。致谢的内容没有字数要求，可长可短，但一定要表达研究者的真实情感。

(2)声明

声明包括论文独创性声明和论文使用授权声明。

(三)教育调查研究报告的结构

教育调查研究报告是反映教育调查过程和结果的文章，旨在体现教育调查研究中取得的结果和观点，或者用一定的形式将某种理论表达出来。教育调查研究报告在一定教育思想的指导下，对教育调查材料进行整理和分析，是集事实、分析和理论观点于一身的论文形式。

教育调查研究报告又可以细分为许多种类，常见的包括：概况调查报告、专题调查报告、典型经验调查报告、新事物调查报告、揭露问题调查报告、历史考察调查报告和政策研究调查报告等。

各类教育调查研究报告最基本的组成部分包括前置部分、正文和参考文献。

1. 前置部分

教育调查研究报告的前置内容包括题目、作者、摘要和关键词。其题目通常有3种写法。第一种，用调查对象和主要问题作标题，如“我国小学六年级学生学业成就调查报告”。这种标题简明、客观、朴实，但缺乏吸引力，比较呆板。第二种，用一定的判断或评价作标题，如“从小学教育看‘南京高考之痛’”。这种标题能够较好地表明作者的态度，也能揭示主题，富有吸引力，缺点是调查对象不够明确。所以使用这种标题时，最好在主标题下加上副标题，如“农村小学教师工作满意度研究——以武汉市256名小学教师为例”。第三种，用问题作标题，如“基础教育的基础何在?”这类标题比较尖锐、鲜明，有较大的吸引力，常用于揭露问题的调查报告。

2. 正文

引言部分虽然在教育调查研究报告中所占篇幅较小，但作用十分重要，对整篇文章起到提纲挈领的作用。引言要简明扼要，紧扣主题，并能自然地引入下文。教育调查研究报告的引言，一般有4种形式。第一，直述目的。在引言中着重说明调查的主要目的和意图，在这种形式中读者比较容易具体把握调查报告的主要宗旨和基本精神。第二，交代过程。在引言中着重说明调查工作的具体情况和开展过程，有利于读者了解调查工作的具体条件和实施情况。第三，呈现结论。即开门见山地直接把调查结论写在开头，令读者一目了然，对该结论展开深入的思考。第四，提问设悬。即在文章开头提出问题，给读者留下悬念，增强文章的吸引力和可读性。

正文的最核心内容是调查报告的主干，是充分表达研究主题的重要环节。这部分内容直接决定着调查报告质量的高低和作用的大小。调查报告主干部分的结构，常见的有平列式结构、递进式结构和平列递进结合式结构。递进式结构是按照事物发展的脉络和历史顺序来叙述事实，阐明观点。这种结构有利于说清问题的来龙去脉，便于读者了解问题产生和发展的全过程。平列式结构就是把调查的事实和形成的观点，按照其性质类别分成几个部分，并列排放，分别叙述，从不同的方面共同说明主题。这种结构的优点是问题展得开、论述较集中，并且条理清楚、观点突出。平列递进结合式结构是平列式结构和递进式结构的结合使用，这种结构既有利于按照事件发展顺序讲清问题的来龙去脉，又有利于按问题的性质类别展开深入的论述。

最后，调查报告的结束部分不同于教育学术论文的结论，主要有 4 种形式。第一种，概括和深化主题。这种结尾概括地说明全篇研究报告的主要观点，进一步深化主题，增强说服力和感染力。第二种，总结经验并形成结论。即根据调查实际情况，总结出工作经验，得出结论。第三种，指出问题并提供建议。即根据调查的实况，指出目前存在的问题，提出改进工作的具体意见。第四种，展望未来、说明意义。即由此及彼，将研究内容进一步扩展，指出所调查问题的重要意义。

3. 参考文献

注释、参考文献和附录包含在这部分。

(四)教育实验研究报告的结构

教育实验报告是以书面形式呈现教育实验过程和结果的一种研究报告，其最大的特点是具备客观性。实验报告比其他研究报告的要求更严格，报告中所反映的实验结果完全是实验过程中真实获得的内容，不包含任何主观推断和其他外加的成分。实验报告对问题的阐释和对结果的表述，都十分准确、客观，没有过多的形容文字和富于情感性的描述。

教育实验研究报告主要包括两类：第一，控制情境中的实验报告，这种实验报告中定量分析比较多，对实验过程中所取得的全部资料进行分析研究，将各种数据和感性材料进行比较对照，找出研究变量之间的内在联系，发现教育现象发展变化的因果关系，进而对假设进行科学的检验；第二，自然情境中的实验报告，定性描述比较多，行文比较灵活。当前我国发表的许多教育改革实验报告多属于后者。

教育实验研究报告的组成部分一般包括题目和作者、摘要和关键词、引言、方法、结果、讨论与结论、参考文献。

1. 题目和作者

实验报告的题目一般是通报性的，让读者可以看出是关于哪一个方面的研究，并显示出研究的独创性。题目要简洁、鲜明、确切，避免笼统、抽象。

2. 摘要和关键词

教育实验研究报告的摘要中应当包括研究的目的、方法、结果和结论等内容。

3. 引言

引言包括对问题的性质及其重要性的介绍、研究综述、问题的提出、研究目的与假设，对重要名词进行诠释，以及本研究的工作和观点等。教育实验研究报告的引言部分一般言简意赅、重点突出、开门见山，不会像学位论文一样大篇幅地讲述历史渊源和研究立题的过程，同时会避免过多地叙述同行熟知的知识性内容，确实有必要提及他人的研究成果和基本理论时，只简要说明结论或观点，并以参考文献的形式标出。引言的内容不是摘要的重复和解释，但会与讨论和结论部分前后呼应，在引言中提出的问题在讨论中应有解答，同时也要避免与讨论雷同。

4. 方法

教育实验研究报告的方法客观、科学，在方法部分会详细说明用于检验假设的设计和程序，应该十分详细，使读者能够通过阅读获得足够的信息，可以重复试验。因此，其方法本身和结果都能够给人们提供参考。这部分一般分为研究对象、研究工具和研究步骤 3 个方面的内容。

教育实验的研究对象是人。作者需要说明研究对象的选取过程，包括选取方法和研究对象的基本情况，包括数量、主要人口学特征(如性别、年龄、来源等)，有些研究中还需说明被试的其他特征，如有无精神疾病等情况。

研究工具是指用来收集资料的量表、问卷、试卷等。研究工具大体上分为两类，其中一类是已经标准化了的而且已经众所周知的研究工具，作者只需列出名称，无须另外进行详细解释，如艾森克人格问卷(EPQ)。另一类是鲜为人知的或作者自行设计的研究工具，特别是作者自己编制或修订的测量题目、量表、问卷等，必须详加说明，还应当把它们列在文章最后的附录内，以供读者评价和参考。

研究步骤的叙述一般要说明该项实验研究是怎样进行的，或说明研究资料是如何收集的，还要对实验设计与实施过程进行详细说明。例如，怎样处理实验变量，怎样控制无关变量，怎样观察记录等。

5. 结果

实验研究的目的就是要达到一定的结果，所以关于实验结果的陈述是实验报告的重心所在。

结果的意义是总结研究的数据和有关的统计分析，简洁地说明每一结果与研究假设的关系。在实验研究报告的结果部分要求作者报告所有有关的结果，包括与研究假设不一致的结果。

在结果中，一般采用适当的统计图表对所得的数据资料进行补充。统计图表简洁、直观，能对研究中的假设加以直观的证实。在使用图表时，对于统一结果，要么用图表达，要么用表表达，不要混合使用。但是，在这一部分一般不会对结果的实际意义进行解释和深入的探讨，因为同行之间从数据的处理水平就可以显示出数据的真实含义。

6. 讨论与结论

讨论主要是对实验中观察、记录和测定的结果(各种数据、现象和事实等)做出理论的分析和解释，从广度和深度两方面来丰富和提高对实验结果的认识，把新的研究结果融入已有的知识和理论结构，将原有的知识和理论体系升级重建，为整个实验报告的结果提供理论和客观依据。讨论也是对研究结果合理化的过程，同时还应简短地论述假设之外研究结果出现的原因。

如果研究为应用性研究，还应指出结果的实践意义，并提出应用或推广研究结果的建议及具体实施过程等。

在研究报告中，如果用来解释研究结果的理论或假设不止一项，那么就需要指出未来的研究方向。同时，还应说明当前研究的不足之处，以便深入研究，促进理论知识的建构。

结论是研究报告正文的最后一个部分，结论主要是回答从实验结果本身概括或归纳出来的判断，是对研究的所有结果进行综合概括，应客观并具有适当的概括性。客观性直接关系到研究的科学性，因此要求研究结论必须是观测到的直接现象和测得的数据，不应主观臆想。概括性包括研究的内部信效度和推广时的外部信效度等内容，在进行推广时，结论概括性应当适中。

7. 参考文献

论文的末尾必须呈现参考文献，有时也包括注释和附录等内容。

(五)教育经验总结报告的结构

教育经验总结报告不如其他形式的教育论文的学术性强，但它最具有实践性。教育经验总结报告完全依据教育实践所提供的事实，深入地分析和总结教育实践中真实存在的教育现象，使之上升到教育理论的高度，进而揭示教育实践的客观规律。

教育经验总结报告的基本结构包括前置部分、正文和参考文献。

1. 前置部分

教育经验总结报告的常见题目有 4 种。第一种，在标题中说明总结的内容，如“新时期小学班主任工作经验总结”。第二种，以成果的经验作为标题，如“‘经历’走向‘经验’‘总结’——‘角的认识’中的教材再创造”。第三种，在题目中反映工作过程，如“合理调配教师资源，促进教学均衡发展”。第四种，以问题为题目，如“小学语文教师需要怎样的专业引领?”由此可见，经验报告的题目形式很多，多阅读，多总结，自己撰写文章时要根据总结的内容，灵活确定。

2. 正文

经验总结报告的引言部分力求简洁，大体上可以有两种结构：一种是引言部分简单地介绍当前工作的基本情况，多见于全面经验总结，如“班主任工作的全面总结”；另一种是在引言中说明总结课题的背景、目的和意义，这种写法多见于专题总结，如“英语教学经验总结”。

主体内容是经验总结报告的重点部分，要反映出工作过程和经验体会。有递进式和并列式两种结构。递进式结构的行文方式是分若干段落层次来表达某一事件或某种思想的发展过程，环环紧扣，步步深入展开。例如，先叙述工作的过程，接着介绍取得的成绩，然后总结经验体会，最后探讨存在的问题或建议。这种写法常见于全面经验总结报告中。并列式结构的总结报告会将工作过程和经验体会概括成若干个分问题来写，各分问题之间是并列关系，若干个分问题集中说明总题目。这种结构常见于教育专题经验总结报告。

大体而言，教育经验总结报告的主体部分的内容，一般以总结成功的先进经验为主。先进经验一般具有典型性、效益性、稳定性、现实性、创造性和群众性。典型性是指在一定范围内具有普遍的代表性，对教育教学实践活动有指导意义。效益性即教育教学经验的产生和形成已经在实际工作中引起了较强烈的反响，取得了一定的效果和良好的社会效益。稳定性指教育经验的形成与发展处在相对稳定的状态，经得起实践上的检验和理论上的辩驳。现实性是教育经验对于提高教育质量或推动教育改革有积极的促进作用。创造性即教育教学经验具有革新创造的活力，或独树一帜。群众性是指教育教学经验具有广泛的群众基础，易为广大教育实际工作者接受或采用。总结先进经验的目的是进一步推广先进经验，促进教育教学质量的提高，同时丰富教育理论。除了总结成绩和成功经验外，在必要的时候，作者还会适当地总结失败的经验教训。

结尾部分大概有 3 种结构：第一，一段总结性的语言；第二，提出一些问题或建议；第三，将结论分散在文章各个部分，即没有一段专门的结束文字。这部分的结构会根据正文部分的行文情况而定，不是千篇一律的。

相关链接

各类教育研究论文之间的区别和联系

本文中所提及的这 5 种教育研究论文——教育学术论文、教育学位论文、教育调查研究报告、教育实验研究报告和教育经验总结之间既有联系，又有区别。共同点是它们在结构上都大致包括论文前置部分、正文和参考文献等组成部分；

在内容上都必须以客观事实为依据，不允许有任何虚构的现象；在文字上都同样采用科学的语体，用客观的、说理的方式来叙事或论述。有很多学术论文就是在教育调查研究报告、教育实验研究报告和教育经验总结报告的基础上写成的，很高水平的教育调查研究报告、教育实验研究报告、教育经验总结报告本身就是一篇很好的学术论文。因此，它们之间并没有绝对的界限。

它们之间的区别主要在于，一般教育学术论文和教育学位论文以议论为主，即议论成分占主要篇幅。它通常用逻辑推理去论证观点，用充分的论据和严密的论证来证明理论，或推导结论。它写到的各个事实不必同属于一个范围、方面、领域，可以按照证明的需要从任何范围抽取事实，这些事实可以不是自成系统和相对完整的，可以是零散的、多领域的、多元的。教育调查研究报告、教育实验研究报告和教育经验总结报告中的议论部分虽然也很重要，可起到统率作用，但并不占主要篇幅，大部分篇幅是叙述情况、材料和事实，而且这些事实是属于同一范畴的，是自成体系和相对完整的。在撰写教育研究论文时，应注意它们之间的这些不同特点。

第二节　教育研究论文的撰写

整个研究过程的最后阶段是论文的撰写。论文是科学研究工作全过程的缩影，是研究成果的陈述、解释和集中体现。所以对于一个研究者而言，论文撰写规则和能力的掌握是其从事科学研究工作的基本素质之一。

一、撰写教育研究论文的意义

撰写论文的目的是科学地总结自己所进行的研究工作，在研究报告和论文中，研究者可以阐述对某些问题情况的介绍和认识，也可以说明研究所采用的最新的研究方法。研究成果的撰写和表达在教育研究过程中具有重要的意义。撰写研究报告，可以实现研究成果的呈现、交流、分享，进而发挥贡献理论、指导实践的价值。

(一)呈现研究工作

一项研究工作完成后，要以适当的形式把它表述出来，将研究的方法、内容、成果，以及研究中产生的问题用恰当的形式进行总结。只有通过对研究工作的总结和呈现，才能将自己的研究工作以恰当的形式展示给同行或需要了解自己研究工作的读者，让人们知道自己的认识和结论，便于旁人学习、掌握与传播。没有完成撰写的研究，就算不上是一项完整的研究。

(二)实现社会认可

教育研究是实践性很强的研究活动，其目的在于服务现实的教育教学活动。研究报告和学术论文是研究者之间交流研究成果的最基本形式，向教育界和社会提供教育科学研究的信息。及时、规范的研究报告，可以使研究成果为他人所知，教育研究成果只有被掌握和应用，才能有助于解决现实教育中的问题和困难，进而促成教育教学的变革，改善教育实践，丰富教育理论和推动教育实际工作。一般而言，教育研究成果经过总结会以适当的方式进行发表和出版，得以公开表达。无论对于个人、学术团体还是国家，研究成果数量和质量，都是衡量学术水平与科研地位高低的主要标志。只有通过公开表达，才能得到同行或社会的认可，研究的理论或实践成果也才可能取得一定的社会效益，被更多人进行理论引证或实践应用，最终实现其社会价值。

(三)发展教育理论

最后，教育研究报告的撰写有利于对某一领域的相关问题做出评价。研究者可以通过文献的检索和综合分析，进而对某一领域一定时间内的研究做出较为全面的了解、概括、评价，以促进相关研究工作的不断开展。同时，论文的撰写与发表使这些成果以一种固定的、可传承的方式定型并得以传播，成为人类共同的知识财富与智慧。

因此，研究报告的撰写，是教育科学研究工作中不可缺少的重要环节之一。论文写得如何，直接关系到教育研究成果质量的高低和产生社会作用的大小。

二、撰写教育研究论文的基本要求

教育研究成果无论以学术论文、研究报告，还是学位论文、专著的形式呈现，都必须逻辑科学、论点鲜明、论证严密、材料充分，同时论证过程及论述结构要客观、科学，特别是研究内容必须具备创新点，能体现出研究者独立思考后的认识和见解。一项教育研究成果是否具有意义和价值，以及长久的生命力，根本上取决于它的质量。而教育研究成果的质量，在一定程度上取决于研究者在科研论文撰写中的语言文字表达能力。要想提高论文撰写能力，研究者一方面需要努力提高自身的理论修养和语言文字使用的基本素质，另一方面也需要遵循一些基本的写作要求。

(一)研究的科学性

科学性是教育研究成果的最根本要求。科学性是指在教育研究论文中所使用的概念定义符合科学理论的正确阐释，同时强调客观性与真实性。相关研究成果应建立在实际研究工作的基础上，必须忠于客观事实和原始材料，客观地反映研究过程和研究结果，并且所列举的例子和数据都是真实的。研究者对自己研究过程和结果的陈述要以事实为依据，合乎逻辑；对他人的或自己的研究的评价应实事求是。结论是论文所必须阐明的内容，表述要有全面性和客观性，要如实地反映研究过程和结论，不能有丝毫的夸大和缩小，必须是科学的、正确的，并经得起实践的检验。

(二)方法的有效性

研究结果的价值是以研究方法的科学性和结果的有效性为条件的。在阅读一篇科研论文时，读者最关心也最想了解的是该项研究的意义是什么，即该研究解决了哪些问题，以及是如何解决的。研究者只有保障自己的研究方法是有效的、真实可靠的，才能取得读者对研究意义和价值的信任。因此，在写作过程中应该对研究方法和结果进行认真总结，做到表述完整正确。首先需要把研究方法详细地描述清楚，表述时既要深入又要有条理，使人感到该项研究方法确实真实有效，从而承认结果的可靠性。

(三)观点的创新性

判断教育研究质量高低的首要依据是其是否具有创新性，所以教育研究成果的表达比一般论文更强调创新，即该项研究中的新见解、新成果、新思想。在教育研究论文的撰写中，要特别重视这一点，必须浓墨重彩地阐明或指出本研究的特色与创新之处。别人没有提出过的概念、观点、教育教学新方案、新的实验方法、别人没有观察到的现象、在实验和调查中第一次获得的新数据等，都是创造性的研究成果，在表达观点和研究结论时要注意强调这一点。但是，需要注意的是在充分表述创新性时，要做到不夸大、不缩小、不绝对化、不以偏概全，在下结论时一定要注意前提和条件。

(四)论据的代表性

教育研究成果来自现实的教育实践。即使教育科学研究需要上升到理论和规律，但教育实践永远是它的坚实基础。因此，撰写教育研究论文时必须包含一些有代表性的论据来支持论点。例如，在采用质的研究方法进行研究的论文中，通常需要列举教育实践中的典型事例。所以在研究成果的撰写中，需要注意所列举的事例的典型性和代表性，即事例本身所提供的主要内容是否突出、是否具有广泛的群众基础、是否具有公认的实践效果、是否能让人有所借鉴。或者要注意事例能否起到典型示范的作用，在教育教学改革中的现实意义是否突出，能否发挥出以点带面、推动全局的作用，能否启迪思考、迁移运用。

(五)结构的规范性

虽然教育研究论文撰写的形式多样、文字灵活，但整体行文要根据研究的逻辑顺序和研究课题的内容，来考虑所要选择的撰写形式。无论是学术论文还是研究报告，它们在写作结构的安排上都有明确的规范格式。学术论文按照一定的论述顺序，层次分明，上下联系紧密，要求按照一定的结构形式和要素要求。研究报告要能反映出从工作开始准备到结束的全过程，对研究过程的描述要具有逻辑性。总之，在撰写教育研究论文时，不能忽视行文上最基本的要求和规范，即要素完整、结构严谨、思路清晰、框架合理。

(六)行文的准确性与可读性

教育研究论文的撰写，是为了检验和传递教育理论的新方法、新思路或新发展，所以要求研究者对所研究的课题必须具备一定的认识深度与理论高度，同时在语言文字表述的能力上也有着较高的标准。在研究成果的表述中，要正确运用有关概念，叙述和解释性的语言要精确，切忌把日常概念当作科学概念，所用概念的含义要符合科学的要求。例如，心理学中的“个性”概念指的是一个人具有一定倾向性的各种心理特征的总和，包括个性倾向性(需要、动机、兴趣、理想、信念和世界观)和个性心理特征(能力、气质和性格)。而日常生活中的“个性”多指一个人的性格，即人们在行为举止中表现出来的对现实及外界的态度。因此，如果我们的研究中涉及关于学生个性问题的探讨或解释，在撰写研究论文时需要阐明我们使用的这个概念涵盖了哪些范畴，以免产生理解上的分歧。语言阐述必须精确、通俗。在不违背规范地前提下，尽量使用简洁的语言。成果表达中的一切引述、引用和推论都必须恰如其分，用词力求准确，以免产生歧义。文字切忌带入个人色彩，一般不采用比喻、拟人、夸张等修辞手法。同时，为了便于传播和交流，撰写教育研究论文时还必须考虑到文章的可读性，一篇高质量的论文，不仅要有创见，还要讲究辞章，达到准确性与可读性的最佳结合与高度统一。

三、撰写教育研究论文的基本程序和具体技巧

(一)撰写教育研究论文的基本程序

撰写论文是一项有计划、有步骤的活动，需要清楚、准确、简练地表达科研成果。因此，写好一篇研究论文，有很多工作要做，一般来说，要经过几稿的修改和征求意见，并广泛地征求同行、专家的意见。

1. 确定主题

教育研究论文的主题就是该项研究的中心思想，是一篇论文的灵魂，是研究者在说明事物、阐明道理中表现出的基本思想和观点。

在确定论文的主题时，也有一定的步骤。首先，论文的主题必须与研究最初确定的主题基本一致，否则之前所准备的参考文献和资料可能会无法有效地发挥作用。但这并不意味着最初的主题是一成不变的，根据实际情况也要善于对其进行必要的修改、补充或深化。一般而言，论文的主题就是研究开始时所确立的主题。其次，主题要集中、突出重点，切忌同时确立多个主题或把主题设定得大而空。题目太多或过大容易使研究者注意力分散，因此对每个主题的思考都不够周密，易造成观点不成熟、材料不充分等问题。最后，研究者对于所确定的主题的理解和表达要深刻，科学研究要能够深入揭示事物的本质。

2. 筛选资料

筛选材料的过程是围绕着研究确定的主题，在大量来自已有文献、专著的理论或来自实践的事实经验中筛选出符合研究主题和研究规范的理论和事实资料。广博地收集资料，深入研究，仔细推敲，进行归纳、分析、批判性思考，是做任何研究的基本功。在此基础上，撰写论文时，才能旁征博引。但是所有研究资料无法全部

写到研究报告中，必须进行筛选，此时应该把最有代表性、最典型、最能深刻说明问题本质的材料选择出来。选择研究资料的总原则是去伪存真、去粗取精、由此及彼、由表及里，用最有说服力的材料来表现和论证主题。最终所选的材料必须与文章的观点和主题相统一、相对应。此外，筛选后得到的资料还应主次分明、详略得当。

相关链接

正确处理观点与材料的关系

撰写教育学术论文，必须在充分掌握材料的基础上，对材料进行分析、综合、整理，经过概括、判断、推理的逻辑组织和逻辑证明，最后得出正确的观点，并以观点为轴心，贯穿全文，用材料说明观点，使观点与材料统一；用观点去表现主题，使观点与主题一致。在这里，要尽量避免出现两种毛病：一是只有观点没有材料，空洞无物，没有说服力；另一种问题是只有材料没有观点，使人读起来不得要领。所以要写好学术论文，正确处理观点与材料的关系很重要。

3. 拟定提纲

在正式撰写教育研究论文之前，必须对文章的篇章结构、内容层次进行精心设计。拟定提纲，使文章的整体布局和框架了然于心，才能在正式撰写过程中有章法可循。

提纲是研究论文的框架，就像盖房子时搭建的钢筋结构，而文字表述和论证材料则像是在钢筋结构的基础上添砖加瓦。撰写科研论文，一般都应该写好提纲，然后按照提纲展开撰写工作。一般确定三级提纲即可行文。如果绕开拟定提纲的环节，一开始就急于撰写论文，就容易走弯路，甚至完全偏离主题。

实际上，拟定提纲的过程也是研究者梳理研究思路的过程。研究思路是作者对事物逻辑规律的认识，是对研究整体情况的思考。在刚开始认识事物的阶段，人们的思路往往表现出多层次和复杂的状况。而思路的层次性，正是文章划分层次的重要依据，思路的复杂性则可以使我们想到研究内容的更多方面。在梳理思路的过程中，需要做到：首先，明确中心思想。只有围绕着一定的目的和中心，思路才可能是清晰的。整篇文章的中心，各个段落的中心，都应该非常明确。其次，构思论证方法。要考虑观点和材料之间如何实现有机统一，如何对中心论点以及分论点进行科学而严密的论证。最后，确定结构形式。认真地梳理思路后，编写出来的提纲才能对论文的撰写发挥指导性的作用。

4. 规范行文

拟定好写作提纲后，就可以开始进入撰写论文初稿的环节。几乎所有类型的论文，一般都由论文前置部分、正文和参考文献 3 个部分组成，在本章第一节中已经详述每部分应包含的内容。本节主要介绍在撰写论文时应达到的标准。

(1)前置部分

题目，必须与文章内容一致，必须概括、简明、新颖、醒目、有吸引力。一般情况下，标题不超过 20 字。

作者，作者署名要用真实姓名和工作单位，在享受荣誉的同时，作者也要对论文负责。

摘要，写作的目的是概括研究的主要内容，让读者看过之后决定是否有必要阅读全文。所以好的摘要便于同行进行索引与查找，为其他研究者提供信息，有助于信息交流。摘要中需要包括研究成果、要点和结论，简单明了，一般 300 字左右。所以摘要一定要精练，成文时需要反复推敲，做到惜字如金。

关键词，要能对理解研究内容和成果起到关键性作用，一般 3～5 个。关键词的选取要遵循一定的规范，即为了满足文献标引或检索工作的需要，从研究论文的题目、摘要或正文中选取词汇或词组。

(2)正文

不同形式的教育研究论文在正文部分涉及的内容差异较大，撰写要求也不尽相同。在这里我们只介绍教育研究论文中最常用的写作方式——逻辑证明。

逻辑证明由论题、论据和论证 3 个部分组成。论题是需要加以证明的问题，论据是用来证明论题的一些判断和事实材料，论证是论题与论据之间的逻辑关系和证明方式。按照推理形式的不同，逻辑证明可分为归纳证明和演绎证明；按照证明方式的不同，可以分为直接证明和间接证明。

归纳证明，以个别或特殊的事实为论据，以归纳推理为论述方式来论证一般性论题的真实性和可靠性的论证。

演绎证明，以一般原理或原则为论据，以演绎推理为论述方式来论证特殊性论题的真实性和可靠性的论证。

直接证明，按照推理规则，从论据直接确定论题真实性的证明。

间接证明，通过以确定与原论题有关的判断为例来证明原论题为真的证明。间接证明有两种方法，即反证法(通过证明与原论题相矛盾的判断为假来证明原论题为真的证明方法)和排除法(通过证明与原论题并列的各种可能判断为假来证明原论题为真的证明方法)。

(3)参考文献

参考文献，在学术论文中引用的参考文献必须按照标准格式全部列出。这是尊重别人的劳动成果，也反映出作者严谨的科学态度，有利于读者更深入地探索这些问题。

附录，大多是测量工具和论文的重要附件，一般直接引用原始资料，放在论文后面。如果附录超过一种以上，必须加上附录编号，如附录一、附录二等。

5. 反复修改

论文初稿的撰写非一日之功，完成第一遍撰写后，还要进行反复推敲和不断修改。特别是如果文中引用到一些统计数字，一定要反复核实校对，否则可能会因为一个数字、一个小数点的误差而影响论文的科学性和准确性。在修改时，不但要对文章的内容进行核实、补充、删减或修改，必要时还需要对文章的结构进行适当的调整，在文字上必须进行认真的加工，使文章的撰写符合科学论文的文字表述规范。一篇教育研究论文，经过反复修改，自认为满意后，还需要请别人对文章提出意见和建议，再次反复修改。只有不厌其烦地反复审阅和修改，认真琢磨和推敲，文章才能达到比较成熟的程度。

(二)撰写教育研究论文的具体技巧

1. 题目精准

俗话说：题好文一半。确定了写作的选题或角度之后，就要构思一个既能准确反映主题，又能巧妙引人注意的题目。文章的主题与题目关联紧密，好的题目能够起到揭示主题或者画龙点睛的作用。

题目可以直接明确地点明题意，也可以提出问题。题目必须新颖、生动。作者的视野要开阔，同时题目要避免大而空。撰写论文时定题的范围一定要小一点，题目太大则容易显得内容空泛。由于一些原因，当要求撰写的主题比较大时，可以将主题分成几个小题目来写，使论点更明确、内容更集中、论述更深刻。否则，铺排太广，则难以深入论述。题目要简短明了，标题的简洁不但不会影响内容的表述，反而会深刻、准确、有力地表述内容。

2. 角度新颖

撰写教育研究论文的第一步，就是确定研究报告或学术论文的写作角度。一项好的研究项目，不仅确定研究选题要做到创新，写作的切入点同样需要创新。在选择撰写的角度时，可以尝试多方面考虑、多方位审视，尤其要反思自己的实际工作，从中发现、总结和提炼问题，选定有价值的角度作为写作切入口。对于同一个选题，从不同角度考察，会提出不同的解决策略与方案，所以必须选择最能呈现自己成果的、最能打动读者的切入点。

3. 布局合理

题目确定之后，需要拟定提纲来对论文的基本框架和总体布局进行设计和安排。首先，要对全文的结构做好整体安排，使全文按照研究的逻辑顺序合理排列，使论文各部分结构严密、条理清晰、推论合乎逻辑。其次，要使材料的选择取用清楚合理。要使研究过程中收集和积累下来的大量材料组成一个层次清楚的有机结合的整体，提供具有充分说服力的理论论据和事实材料。最后，安排好篇幅。例如，全文大约多少字，各部分大约多少字，使写作更有计划性。论文的篇幅应该根据题目的大小和掌握资料的多少而定。一般而言，学术刊物刊出的教育学术论文或研究报告通常为 6000～8000 字，最好不超过 10000 字。

4. 论证严谨

论证过程是表述教育研究结果的主要部分，一定要体现出教育研究论文的科学性，需要注意以下几点。首先，立论要注重科学性。科学性是指文章的基本观点和内容能够反映事物发展的客观规律。文章的基本观点必须从对具体材料的分析中产生，而不能是主观臆想出来的。在撰写过程中，从提出论点、运用概念，到进行推论都应该充分注意表述是否科学、严谨。其次，论证要突出逻辑性，即依据合理的逻辑顺序来进行论述。逻辑推理的前提是概念使用准确、判断科学合理。在此基础上还应做到有层次、有条理地说明研究对客观事物的认识过程，实现从感性认识上升到理性认识的飞跃。再次，数据等材料的引用与文字的表述要做到结合运用。最后，重视典型分析与一般论述相结合，使典型分析的生动丰富与一般论述的普遍意义相得益彰，从而突出论证的说服力。

5. 结论恰当

结论是研究结果和理论分析的逻辑发展，是问题解决的答案，是按照科学方法开展研究的必然发展结果。撰写结论时切忌主观武断，不能片面偏激，更不能随意引申和发挥，要做到持中平和。特别是不能为了突出自己研究的价值，而简单地全盘否定前人的研究成果，对其给予自己研究的启发和帮助要做出客观和恰当的合理评价。对自己在研究中的不足要有认真的反思，最好还能指出本研究所存在的不足，提出研究工作中尚未解决的问题，以及尚需进一步探讨的问题和可能解决的途径等。

6. 勤于修改

研究论文的撰写需要多次的修改和深入加工。论文初稿撰写结束后，可以先搁置一段时间，避免陷入思维定式的怪圈中，等到思路再次清晰开阔后，再重新进行修改，这样可能更容易发现问题与不足。对于研究成果的打磨，是一个反复多次的过程，也是一个螺旋式上升的过程。他山之石，可以攻玉，在成果的修改过程中，除了自己勤修改，还要勤求助，诚恳而虚心地请周围的同学、老师或同行审阅，多听取他人的修改意见，从而找到最好的修改方法。

四、撰写教育研究论文应注意的问题

(一)撰写教育学术论文和学位论文，应该注意文章的学术性、创新性和多元性

1. 学术性

学术论文如果缺乏学术性，读起来会更像是宣传普及性的一般科普文章。要使自己撰写的论文具备学术性的特点，需要做到：研究成果是对科学的某一领域提供新知识，或丰富所涉及领域的知识，为新的研究过程提供新材料、新观点；研究成果是对别人的某一理论观点或实验结果的验证，或推翻、修正别人的某一理论；研究成果是对前人的理论加以补充、完善或发展；把一些分散的材料加以综合、系统化，用新的观点或方法加以论证，得出新的结论；主题有一定的研究深度，对同行有启发性；理论观点有学术研讨价值，文字经得起推敲。

此外，除了研究本身的学术价值之外，规范的论文结构、行文方式和文字表述

也是学术性的重要要求之一。

2. 创新性

创新性是指学术论文有新发现、新见解，有作者的独到之处，对教育研究和教育实践有价值。研究思路和研究方法也应有所创新。在撰写学术论文时要做到破除迷信，不盲从权威，敢于怀疑，敢于提出自己不同的见解。

3. 多元性

多元性的要求是在学术论文中要善于参考和借鉴各种不同的观点，允许各种不同意见的存在。同时，运用各种分析方法，从不同的维度、方向、层次来论述问题。另外，在材料的运用上，要结合事例和数据、正面材料和反面材料、历史和现状、国内和国际研究情况等。总之，在一项学术研究中，要将各种方法结合起来，交错运用，各方面资料尽可能地结合使用，避免单一化。在结构上，也不强求统一的模式，只要整体结构完整，各组成部分可以多样化，详略可以自行安排。

(二)撰写教育调查研究报告，应注重全面性、真实性、针对性和时效性

1. 全面性

全面性强调在撰写教育调查研究报告时要注意全面、充分地使用材料。撰写调查研究报告必须大量使用调查资料，用调查的事实支持观点。使用调查资料时要注意既有典型事例，又有反映总体情况的综合资料。另外，要结合使用文字、数字和图表3种表达形式，文字表达具有叙述性、分析性和概括性，数字表达具有数量精确性和意义抽象性，图表表达具有直观性和示意性，三者结合可以充分发挥各自的表达优势，使调查报告更有说服力和感染力。最后统计资料要与座谈、访问、观察资料适当配合，可以提高调查资料的信度。

2. 真实性

真实性是指调查报告中所反映的全部材料都是真实的、客观存在的，而不能是虚构的、歪曲的。所以，在撰写调查报告时不可以用形象思维来虚构人物和事件，也不能用抽象的逻辑推理去论证观点，而是从教育的客观事实出发，抓住要点，占有详细的材料，经过认识、思考，进而形成符合客观规律的观点，回答和指导教育实践中亟待解决的问题。同时，行文上要一直做到用事实说话，忠于事实，坚持实事求是的原则，对事实材料的分析评价不夸大也不缩小，以事实为依据，用客观事实说明观点，讲清问题。

3. 针对性

针对性是指调查报告必须明确研究要解决什么问题，是理论问题还是实践问题。针对性还指明确调查报告的读者对象，是写给上级看的、同行看的，还是一般群众看的。所以，研究者对于调查报告要解决的问题和面对的读者群体必须做到心中有数，针对性越强，指导意义越大，调查报告的作用也就越大。

4. 时效性

教育调查研究报告格外强调时效性，即调查研究的对象一般需要注意时间效果，

强调写调查报告要及时，即调查工作结束后就要立即着手写调查报告，如果延误撰写时间，错过时机，就会失去其现实的社会意义。例如，研究目的是为某地教育改革提供理论和现实依据的调查研究报告，如果在教育改革完成之后才得以呈现，就失去了它的全部价值。

(三)撰写教育实验研究报告，应注意科学态度和结果表达

1. 科学态度

在撰写教育实验研究报告时要坚持实事求是的科学态度。一方面，实验研究报告所采用的材料应该是经过严格检查核实的，是真实可靠的；另一方面对材料的分析也要做到实事求是，不能弄虚作假，也不能故意夸大或拔高。一个教育实验的结果即使没有达到预期的假设，只要实验的过程和方法是科学的、实验结果是客观的，也能正确回答实验的研究问题，实现研究目的。把这个过程写成实验报告，同样有其价值和意义。

2. 结果表达

实验研究报告最突出的特点就是对研究结果的重视，所有论点的基础都来自实验结果。在表达结果时，要做到：第一，抓住主要问题，反映重要成果。一篇实验报告不必把整个实验过程中所做的所有事情和所发现的全部情况都一一罗列，要以主要问题为线索，对积累的全部材料和所发现的全部情况进行认真研究分析，从中找出最能反映问题本质的成果，并把这些成果反映到实验报告中。第二，重视数据、典型现象和新的发现。实验报告多以观点加例子的形式出现，此时要注意事例的代表性以及观点的正确性。还有一些实验报告重视数量和典型现象的分析，在使用统计资料时，要注意定质的分析和典型的描述，着重实验过程中的新发现。

(四)撰写教育经验总结报告，应注意典型性、全面性、实践性、概括性和创新性

1. 典型性

典型性是指教育经验总结报告中所选择的总结对象要有典型性。经验总结应以先进事迹与突出贡献为前提来确定研究对象。首先，要分析所研究对象本身所提供的主要内容，是否具有广泛的群众基础，是否具有公认的实践效果等。其次，经验总结报告要以总结先进经验为出发点，认真分析它在教育教学改革中的现实意义，分析它能否起到典型示范作用，以及发挥以点带面，推动全面的威力。

2. 全面性

撰写教育经验总结报告时要做到点面结合，全程分析。为了全面总结教育的实践过程，既需要总结正面的成功经验，也需要总结反面的失败教训。因此，所选择的对象常常要包括好、中、差 3 种类型。

3. 实践性

教育经验总结报告的立足点是教育实践活动。教育经验来自教育实践，所以在

总结过程中要完全尊重客观事实，不能先入为主，掺杂任何主观偏见，更不能夸大事实或隐瞒真相，甚至弄虚作假。

4. 概括性

撰写教育经验总结报告时要善于进行理论分析和概括。经验总结必须对教育实践中的感性材料进行分析、综合、抽象、概括，使之上升到理论的高度，这样才能使经验总结源于实践又能指导实践。因此，要在充分占有材料的基础上，采用各种方法对总结内容加以整理和提炼，如分门别类、去伪存真、核实数据、查对引证实例、删繁就简等，使其条理化和系统化。然后，认真分析事实本身所提供的普遍意义和社会效果，区分现象和本质，从现象入手，揭示具体事实的内在本质联系。这样才能概括出符合客观规律性的结论来。

5. 创新性

对同一事实材料，从不同的角度，或以不同的思想观念进行评价，就可能得到不同的结论。随着时代的发展，教育实践中会出现很多新情况、新问题，需要我们解放思想、与时俱进、更新观念，才能给予正确的理解和评价。

本章小结

本章共两节内容。第一节介绍了教育研究论文的一般结构，包括前置部分，正文和参考文献3个部分。并分别介绍了5种教育研究论文的具体结构要求。第二节介绍撰写教育研究论文的意义、基本要求和程序。其中，要求论文研究的科学性、方法的有效性、观点的创新性、论据的代表性、结构的规范性、行文的准确性与可读性；按照确定主题、筛选资料、拟定提纲、规范行文、反复修改的基本程序；具体技巧包括题目精准、角度新颖、布局合理、论证严谨、结论恰当并勤于修改。最后，从3个方面介绍了撰写教育研究论文中应注意的问题。

关键术语

教育研究论文，教育学术论文，教育学位论文，教育调查研究报告，教育实验研究报告，教育经验总结报告

思考题

1. 撰写教育研究论文有什么意义？
2. 教育研究论文有哪些形式？
3. 一般教育研究论文结构中包含哪些内容？

实训练习

教育研究论文的阅读和评价

教育研究离不开对前人工作经验和成果的全面而系统的了解，所以对于每一个教育研究者来说，阅读他人的研究报告就成为必须环节。第一次接触和阅读教育学学术论文可能会“读不懂”，不知道该如何把握。专业性质较强、行文简洁的学术论文便于同行交流，但是对于本科生而言却存在难度。阅读的同时，研究者还应对该研究论文有一定的评价，所以要掌握如何评价一篇论文的好坏。

阅读和评价研究论文不能漫无目的，最好在阅读每一部分时带着相应的问题，在阅读的同时寻找答案，在评价的过程中反思自己。通过培养这种习惯，在大量阅读和评价研究论文后，研究者也可以达到提高写作能力的目的。

1. 研究的是什么问题？

研究以问题为起点，作者能否清楚、具体地表述所要研究的问题？

如果我是研究者，我是否可以讲清楚这个问题？我会通过怎样的方法来考察这个问题？

2. 为什么要研究这个课题？

在引言部分，作者提出的论文选题背景、意义和价值是什么？

结合作者的研究结果，研究这个课题是否有必要性？

3. 研究方法是什么？

研究方法是否有效？

作者是否清楚、详细地介绍了研究方法？

通过作者对研究方法的介绍，我预期会出现怎样的结果或推论？

如果我是研究者，针对这个研究问题，是否还有更好的研究方法？

4. 研究是否具有创新性？

根据引言部分关于以往研究资料的介绍，该研究中哪些内容是已有的研究成果？哪些内容是创新成果？哪些内容是在别人研究的基础上进一步深化和完善的成果？

研究结果是否有新发现？或作者的理论观点是否有新意？

5. 如何解释研究发现的问题？

如果我是研究者，我会如何解释当前的研究结果？

作者的解释是否恰当，是否合理地对新情况、新问题、新发现做出了说明？

作者的论述过程是否具有逻辑性、条理性和完整性，有说服力？

你掌握了吗？请尝试着在学术刊物中找一些教育学术论文、教育学位论文、教育调查研究报告、教育实验研究报告、教育经验总结报告，分别对照上述问题进行阅读和评价。

拓展阅读

1．侯杰泰，邱炳武，常建芳．心理与教育论文写作：方法、规则与实践技巧[M]．北京：中国人民大学出版社，2013.

该书是应用性较强的指导论文写作的书籍，简洁而详细地介绍了论文写作的内容规范及常用写作技巧，在论文最后还介绍了论文投稿的规范，包括排版的规则、投稿及修改时的注意事项等。

2．郑也夫．科场现形记[M]．北京：中信出版社，2014.

该书共收录43篇调查报告，涉及教育领域中方方面面的问题，可用于指导学生撰写教育现状调查报告。

3．叶昂龙．小学教育论文撰写与例举[M]．浙江：宁波出版社，2004.

该书关于论文写作的指导针对小学教育，既有理论指导，也涵盖作者的写作经验，以及大量实例。

参考文献

[英]阿诺德·汤因比. 历史研究[M]. 郭小凌，等，译. 上海：上海人民出版社，2010.
[美]罗伯特·C. 波格丹，萨莉·诺普·比克伦. 教育研究方法：定性研究的视角(第四版)[M]. 钟周，李越，赵琳，等，译. 北京：中国人民大学出版社，2008.
[美]伯克·约翰逊，拉里·克里斯滕森. 教育研究：定量、定性和混合方法[M]. 马健生，等，译. 重庆：重庆大学出版社，2015.
[美]梅瑞迪斯·高尔，乔伊斯·高尔，沃尔特·博格. 教育研究方法(第六版)[M]. 徐文彬，侯定凯，范皑皑，等，译. 北京：北京大学出版社，2016.
[美]威廉·劳伦斯·纽曼. 社会研究方法：定性研究与定量研究(第6版)[M]. 北京：人民邮电出版社，2010.
[美]威廉维尔斯马，斯蒂芬·G. 于尔斯. 教育研究方法导论(第9版)[M]. 袁振国，译. 北京：教育科学出版社，2010.
[美]詹姆斯·H. 麦克米伦，萨利·舒马赫. 教育研究：基于实证的探究(第7版)[M]. 曾天山，译. 北京：教育科学出版社，2013.
陈向明. 质的研究方法与社会科学研究[M]. 北京：教育科学出版社，2000.
戴海崎，张峰，陈雪枫. 心理与教育测量[M]. 广州：暨南大学出版社，2011.
董奇. 心理与教育研究方法(修订版)[M]. 北京：北京师范大学出版社，2004.
郭春彦. 教育科学研究方法[M]. 北京：人民教育出版社，2003.
侯杰泰，邱炳武，常建芳. 心理与教育论文写作[M]. 北京：中国人民大学出版社，2013.
胡中锋. 教育科学研究方法[M]. 北京：清华大学出版社，2011.
黄希庭，张志杰. 心理学研究方法[M]. 北京：高等教育出版社，2010.
金瑜. 心理测量[M]. 上海：华东师范大学出版社，2012.
李秉德. 教育科学研究方法[M]. 北京：人民教育出版社，2001.
李海林. 美国中小学课堂观察——一位教育学教授的笔记[M]. 北京：教育科学出版社，2015.
李中国. 教育研究方法[M]. 北京：北京师范大学出版社，2016.
刘良华. 教育研究方法专题与案例[M]. 上海：华东师范大学出版社，2007.
马云鹏. 教育科学研究方法导论[M]. 长春：东北师范大学出版社，2002.

裴娣娜. 教育研究方法导论[M]. 合肥：安徽教育出版社，2016.

吴明隆. SPSS统计应用实务(问卷分析与应用统计)[M]. 北京：科学出版社，2003.

叶昂龙. 小学教育论文撰写与例举[M]. 宁波：宁波出版社，2004.

袁振国. 教育研究方法[M]. 北京：高等教育出版社，2000.

张志杰. 心理学研究方法[M]. 北京：开明出版社，2012.

郑日昌. 心理与教育测量(第 3 版)[M]. 北京：人民教育出版社，2015.

郑也夫. 科场现形记[M]. 北京：中信出版社，2014.

朱德全，李姗泽. 教育研究方法[M]. 重庆：西南师范大学出版社，2011.

朱德全. 教育测量学[M]. 北京：中国人民大学出版社，2016.

陈向明. 什么是“行动研究”[J]. 教育研究与实验，1999(02).

宁虹，刘秀江. 教师成为研究者：教师专业化发展的一个重要趋势[J]. 教育研究，2000(07).

王建军，黄显华. 校本课程发展与教育行动研究[J]. 华东师范大学学报(教育科学报)，2001(02).

Brannen, Julia. Mixing methods: Qualitative and quantitative research[M]. Routledge, 2017.

Hardman M L, Drew C J, Egan M W. Human exceptionality: School, community, and family[M]. Nelson Education, 2017.

Mertler, Craig A. Introduction to educational research[M]. SAGE Publications, 2015.

Borrego M, Douglas E P, Amelink C T. Quantitative, qualitative, and mixed research methods in engineering education[J]. Journal of Engineering education, 2009, 98(01): 53-66.

Boudah D J, Logan K R, Greenwood C R. The research to practice projects: Lessons learned about changing teacher practice[J]. Teacher Education and Special Education, 2001, 24(04): 290-303.

Chou C. Teachers' professional development: Investigating teachers' learning to do action research in a professional learning community[J]. The Asia-Pacific Education Researcher, 2011, 20(03): 421-437.

Education D F. Second report of the independent review of teachers' standards : post-threshold, excellent teacher and advanced skills teacher standards[J]. Critical Survey, 2002, 14(02): 8.

Hattie J, Marsh H W. The relationship between research and teaching: A meta-analysis[J]. Review of educational research, 1996, 66(04): 507-542.

Marianna M. What are the major ethical issues in conducting research? Is there a conflict between the research ethics and the nature of nursing? [J]. Health Science Journal, 2011.

Qing G. Teaching school sevaluation: Emerging issues from the early development of case study teaching school alliances[J]. Chemosphere, 2014, 16(s10-12): 2423-2428.

Lacey A. The research process[J]. The research process in nursing, 2006(05): 16-30.